*Jede Reform, wie notwendig sie auch sein mag,
wird von schwachen Geistern so übertrieben werden,
dass sie selbst der Reform bedarf.*

Samuel Taylor Coleridge (1772–1834),
englischer Lyriker und Literaturkritiker

Editorial
Liebe Leserinnen, liebe Leser,

*Dr. phil. Michael Broda,
Dipl.-Psych.*
Schriftleitung PiD

Jetzt haben wir ein paar Wochen lang Erfahrungen mit den neuen Psychotherapierichtlinien sammeln können. Diese zeigen uns, dass hier eine große Chance vertan wurde, die Versorgung psychisch kranker Menschen zu verbessern. Es mag zwar begrüßenswert sein, dass Patienten schnell das Angebot einer Sprechstunde bekommen sollen – einen qualifizierten Therapieplatz haben sie deswegen aber noch lange nicht. Durch die bescheidene Finanzierung der neuen Leistungen fallen alle Anreize weg, schnelle und kurze Versorgungsangebote bereitzustellen. Die neuen Terminvergabestellen bei den KVen sind eine Alimentierung schlecht ausgelasteter Praxen (wofür es Gründe geben dürfte …).

Schade, aber eine verbesserte Versorgung psychisch Kranker muss über mehr Kassensitze für Psychotherapeutinnen und -therapeuten erfolgen. Und diese politische Kinderkrankheit hat seit der Einführung des Psychotherapeutengesetzes Bestand.

Mit Kinderkrankheiten ganz anderer Art beschäftigt sich unser Schwerpunktthema – wir wünschen Ihnen eine gewinnbringende Lektüre!

Viele Grüße

Ihr

Michael Broda

Herausgegeben von: Maria Borcsa, Michael Broda, Christoph Flückiger, Volker Köllner, Henning Schauenburg, Barbara Stein, Silke Wiegand-Grefe, Bettina Wilms

Herausgebergremium

Prof. Dr. phil. Maria Borcsa, Dipl.-Psych. (*1967)

ist Professorin für Klinische Psychologie an der Hochschule Nordhausen. Nach Ausbildung und Tätigkeit an der Psychotherapeutischen Ambulanz der Universität Freiburg i.Br. und einer Psychosomatischen Fachklinik war sie in eigener Praxis als approbierte Psychologische Psychotherapeutin (VT) und Familientherapeutin tätig. Sie ist Dozentin für Systemische Beratung und Therapie im In- und Ausland und Supervisorin in Verhaltens- und Systemischer Therapie..

Dr. phil. Michael Broda, Dipl.-Psych. (*1952)
Schriftleitung

ist Psychologischer Psychotherapeut, Supervisor und Lehrtherapeut für Verhaltenstherapie. Nach universitärer Lehr- und Forschungstätigkeit im Bereich der Rehabilitationspsychologie war er leitend in einer psychosomatischen Fachklinik tätig. Seit 1997 arbeitet er niedergelassen in eigener Praxis in Dahn. Er ist Mitherausgeber der Lehrbücher „Praxis der Psychotherapie" (mit W. Senf) und „Technik der Psychotherapie" (mit W. Senf und B. Wilms) sowie Fachgutachter Verhaltenstherapie (KBV).

Prof. Dr. phil. Christoph Flückiger, Dipl.-Psych. (*1974)

ist Psychologischer Psychotherapeut, Supervisor und Referent an Ausbildungsinstituten für kognitive Verhaltenstherapie in der Schweiz, Deutschland und den USA. Er arbeitet als Forschungsgruppenleiter und Dozent an den Universitäten Zürich und Bern mit Schwerpunkt in klinischer Interventionspsychologie/Psychotherapie.

Prof. Dr. med. Volker Köllner (*1960)

ist Facharzt für Psychosomatische Medizin. Er war u. a. Oberarzt am Universitätsklinikum Dresden und Chefarzt der Fachklinik für Psychosomatische Medizin in Blieskastel. Seit 2015 ist er Chefarzt der Abteilung Verhaltenstherapie und Psychosomatik und ärztlicher Direktor am Rehazentrum Seehof der DRV in Teltow bei Berlin. Er ist Professor für Psychosomatische Medizin an der Medizinischen Fakultät Homburg/Saar und Lehrbeauftragter der Universitätsmedizin Charité, Berlin. Wissenschaftlich ist er in der Forschungsgruppe Psychosomatische Rehabilitation der Charité aktiv.

Prof. Dr. med. Henning Schauenburg (*1954)

ist Arzt für Neurologie und Psychiatrie, Arzt für Psychosomatische Medizin und Psychotherapie, Psychoanalyse. Er arbeitet als Professor für Psychosomatik und Psychotherapie an der Universität Heidelberg sowie als stellvertretender Ärztlicher Direktor der Klinik für Allgemeine Innere Medizin und Psychosomatik am Universitätsklinikum Heidelberg.

Dr. phil. Barbara Stein, Dipl.-Psych. (*1960)

ist Psychologische Psychotherapeutin und seit 2005 Leitende Psychologin der Klinik für Psychosomatische Medizin und Psychotherapie am Klinikum Nürnberg/Paracelsus Medizinische Privatuniversität (PMU). Ihre Schwerpunkte sind tiefenpsychologisch orientierte Psychotherapie, Paar- und Familientherapie, psychologische Beratung und Behandlung von körperlich Kranken, Supervision sowie Fort- und Weiterbildungstätigkeit.

Prof. Dr. rer. nat. Silke Wiegand-Grefe, Dipl.-Psych. (*1964)

ist Psychologische Psychotherapeutin (Psychoanalyse, Tiefenpsychologie), Paar- und Familientherapeutin und hat den Lehrstuhl für Klinische Psychologie und Psychotherapie der MSH Medical School Hamburg, University of Applied Sciences and Medical University, inne. Sie leitet die Forschungsgruppe für Psychotherapie- und Familienforschung am Universitätsklinikum Hamburg Eppendorf in der Klinik für Kinder- und Jugendpsychiatrie, -psychotherapie und -psychosomatik. Außerdem ist sie als Dozentin und Supervisorin an mehreren Ausbildungsinstituten tätig.

Dr. med. Bettina Wilms (*1964)

ist Fachärztin für Psychiatrie und Psychotherapie (Systemische Familientherapie und Verhaltenstherapie). Nach 11-jähriger Chefarzttätigkeit am Südharz Klinikum Nordhausen ist sie seit Februar 2016 Chefärztin der Klinik für Psychiatrie und Psychotherapie im Carl-von-Basedow Klinikum Saalekreis am Standort Querfurt. Ihre Schwerpunkte sind die psychiatrisch-psychotherapeutische Versorgung und berufliche Belastungssyndrome.

Dr. phil. Andrea Dinger-Broda, Dipl.-Psych. (*1957)
Leitung des Redaktionsbüros

ist Psychologische Psychotherapeutin (Verhaltenstherapie), Supervisorin, Lehrtherapeutin und Dozentin an Weiterbildungsinstituten. Nach wissenschaftlicher Mitarbeit an den Universitäten Freiburg (Rehabilitationspsychologie) und Bochum (Medizinische Psychologie) war sie als Leitende Psychologin an onkologischen, kardiologischen und psychosomatischen Rehabilitationskliniken tätig. Seit 1997 arbeitet sie niedergelassen in eigener Praxis in Dahn.

Gründungsherausgeber
Wolfgang Senf, Essen
Michael Broda, Dahn
Steffen Fliegel, Münster
Arist von Schlippe, Witten
Ulrich Streeck, Göttingen
Jochen Schweitzer, Heidelberg

Beirat
Cord Benecke, Kassel
Ulrike Borst, Zürich
Michael Brünger, Klingenmünster
Manfred Cierpka, Heidelberg
Stephan Doering, Wien
Ulrike Ehlert, Zürich
Michael Geyer, Erfurt
Sabine Herpertz, Heidelberg
Jürgen Hoyer, Dresden
Johannes Kruse, Gießen
Hans Lieb, Edenkoben
Wolfgang Lutz, Trier
Dietrich Munz, Stuttgart
Hans Reinecker, Salzburg
Babette Renneberg, Berlin
Martin Sack, München
Silvia Schneider, Bochum
Gerhard Schüßler, Innsbruck
Bernhard Strauß, Jena
Kirsten von Sydow, Berlin
Kerstin Weidner, Dresden
Ulrike Willutzki, Witten/Herdecke

Leserbeirat
Siegfried Hamm, Köln
Karl Mayer, Freren
Heinz-Peter Olm, Wuppertal
Uta Preissing, Stuttgart
Jessica Schadlu, Düsseldorf

Verlag
Georg Thieme Verlag KG
Rüdigerstraße 14 · 70469 Stuttgart
Postfach 301120 · 70451 Stuttgart
www.thieme-connect.de/products
www.thieme.de/pid

Besuchen Sie die PiD im Internet! Private Abonnenten können dort alle bisher veröffentlichten Artikel über das Online-Archiv abrufen.

Indexiert in: PSYNDEX

Inhalt
2 • 2017

Beim Übergang vom Kindheits- ins Erwachsenenalter müssen Adoleszente zahlreiche Krisen überwinden. Doch wo liegt dabei die Grenze zwischen „normal" und „pathologisch"? Und wie kann die Psychotherapie bei psychischen Erkrankungen in dieser Lebensphase helfen? Diese PiD-Ausgabe beleuchtet sowohl die Entwicklungsaufgaben Heranwachsender und die Herausforderungen der Adoleszenz in unserer Zeit als auch konkrete Probleme, Störungen und therapeutische Ansätze.

Für Sie gelesen

6	Migranten in Deutschland – Wie verbreitet sind Depression, Angst und Selbstmordgedanken?
7	Psychische Erkrankungen – Jede(r) Fünfte bricht die Therapie ab
8	Binge-Drinking – Mobiles Programm für Jugendliche erfolgreich
9	Funktionelle somatische Syndrome – Verhaltenstherapeutisches Gruppenprogramm hilft Patienten und senkt Kosten

Therapiemethoden kompakt

10	Non-Suizid-Verträge – Limitationen und alternative Empfehlungen

Editorial

12	Alles brennt – Alles wird gut?
14	**Essentials**

Standpunkte

16	Herausforderungen an eine Psychologie und Psychopathologie des Transitionsalters *Jörg M. Fegert, Harald J. Freyberger*
22	Adoleszenz – Identitätsentwicklungen zwischen Krise und Diffusion *Annette Streeck-Fischer*
30	Das adoleszente Entwicklungsdreieck: Familie – adoleszentes Selbst – Gleichaltrige *Vera King*

Aus der Praxis

36	Generation Internet *Christiane Eichenberg, Ulrich A. Müller*
41	Trans im Jugendalter *Inga Becker, Peer Briken, Timo O. Nieder*
46	Flucht und Migration in der Adoleszenz *Esther Kleefeldt, Janina Meyeringh*

51	**Struktur psychodynamisch-diagnostischer Gespräche mit Adoleszenten** *Franz Timmermann*
56	**Suizidales und selbstverletzendes Verhalten in der Adoleszenz** *Michael Kaess, Alexandra Edinger*
60	**Alkoholbezogene Störungen in der Adoleszenz** *Silke Diestelkamp, Florian Ganzer, Rainer Thomasius*
65	**Adoleszenzentwicklung und Essstörungen** *Günter Reich*
70	**Familie und Individuation** *Ingo Spitczok von Brisinski*
74	**ADHS in der Lebensspanne** *Rolf-Dieter Stieglitz*
80	**Selbstverletzendes Verhalten als Symptom von (Borderline-) Persönlichkeitspathologie bei Jugendlichen im Rahmen der MBT-A** *Kathrin Sevecke, Astrid Bock*
84	**Multifamilientherapie und Adoleszenz** *Birgit Riediger, Fritz Handerer*

Über den Tellerrand

89	**Trotz Krankheit zur Schule?** *Wolfgang Jansen, Ursula Ranke, Elvira Steuck*
94	**Machen Tattoos selbstbewusst?** *Erich Kasten, Nina Zeiler*
99	**CME-Fragen**

Interview

101	**Generation Z – Die Millenium-Babys werden erwachsen** *Klaus Hurrelmann*

Dialog Links

104	**„Typisch Teenie" oder echte Krise?** *Johanna Tränkner*

Dialog Books

108	**Adoleszenz – Bücher zum Thema** *Ann-Kathrin Fischer*

Resümee

112	**Neue Rollen, neue Risiken**

Ein Fall – verschiedene Perspektiven

114	**Fallbericht Depression, Essstörung und selbstverletzendes Verhalten – „Mit meiner Mutter kann ich nicht über Gefühle reden…"**

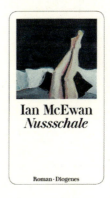

Lesenswert

118	**Ian McEwan: Nussschale – Sein oder Nicht-Sein? Ein Fötus im Dilemma**

Backflash

119	**Besondere Fähigkeiten**
120	**Vorschau**

Impressum auf der letzten Seite

Für Sie gelesen

Migranten in Deutschland
Wie verbreitet sind Depression, Angst und Selbstmordgedanken?

Der Anteil der in Deutschland lebenden Migranten beträgt derzeit ca. 20 %, mit steigender Tendenz. Bisherige Studien zur psychischen Gesundheit dieser Personengruppe zeigen uneinheitliche Befunde z. B. hinsichtlich der Raten von Depression oder Angst. Vereinzelt werden größere psychische Probleme für die Migranten im Vergleich mit der deutschen Bevölkerung berichtet, ebenso eine für bestimmte Gruppen erhöhte Suizidrate. Allerdings fehlt es an tragfähigen Repräsentativstudien zu diesen Fragen.

Beutel et al. haben nun die Daten der Gutenberg-Gesundheitsstudie (2007–2012) mit Blick auf dieses Problemfeld ausgewertet. Dabei untersuchen sie zunächst, ob sich die Migranten der 1. Generation (nach 1949 eingewandert) und die der 2. Generation (in Deutschland geboren) von der deutschen Bevölkerung unterscheiden. Eine 2. Fragestellung zielt auf mögliche Unterschiede zwischen einerseits den türkischen und polnischen Migranten der 1. Generation und andererseits der deutschen Bevölkerung.

In der vorliegenden Studie wurden nahezu 15 000 Personen im Alter von 35–74 Jahren befragt, davon 10,6 bzw. 13 % Migranten der 1. bzw. 2. Generation. Die größten Gruppen waren Türken (n = 141) und Polen (n = 295). Rund 3 Viertel der Befragten hatten keinen Migrationshintergrund. Die Autoren haben u. a. zur Erfassung der Depression und Angst den PHQ-8 und den GAD-2 verwendet. Mögliche Suizidgedanken wurden durch das Einzelitem des PHQ-9 beurteilt. Die Daten wurden in einem computergestützten Interview erfasst.

Die psychische Gesundheit der Migranten der 1. Generation zeigte die höchsten (schlechtesten) Werte für Depressionen, generalisierte Angst, Panikattacken, Depersonalisierung, soziale Phobie, Selbstmordgedanken sowie für die Einnahme von Antidepressiva. Die multivariaten Ergebnisse der Regression zeigen unter Kontrolle des Geschlechts, des Alters und des sozioökonomischen Status signifikant höhere Depressionsraten für die Migranten der 1. Generation (OR 1,24), höhere generalisierte Angst zu (OR 1,38), mehr Panikattacken in den letzten 4 Wochen (OR 1,43) und mehr Suizidgedanken (OR 1,44) im Vergleich zur deutschen Bevölkerung. Im Unterschied zu diesen Befunden wiesen die Migranten der 2. Generation keine Differenzen zur deutschen Bevölkerung auf.

Betrachtet man die beiden größten Migrantengruppen (Türken und Polen) gesondert, so zeigten sich im Vergleich mit der deutschen Bevölkerung bei den türkischen Migranten der 1. Generation mehr Depressionen und Panikattacken und wesentlich mehr Selbstmordgedanken (OR 3,02). Polnische Migranten berichteten demgegenüber nur über im Vergleich zur deutschen Bevölkerung vermehrte Suizidgedanken. Die türkischen Migranten wiesen auch verglichen mit polnischen höhere Depressionsraten (OR 2,61) und mehr Panikattacken auf (OR 3,38). Die Summe der in Deutschland gelebten Jahre war hierbei ohne signifikanten Einfluss.

Fazit

Die Autoren belegen auf einer breiten und soliden Datenbasis eine unter dem Aspekt der psychischen Gesundheit erfolgreiche Integration der 2. Generation der Migranten in Deutschland. Problematischer ist demgegenüber die Situation der Migranten der 1. Generation. Diese ist möglicherweise noch unterschätzt, da Personen ohne deutsche Sprachkenntnisse nicht einbezogen wurden und bei der türkischen Subgruppe eine Reihe von relevanten Daten nicht vorlag. Nach der Deskription der wichtigsten Befunde, so die Autoren, müssen nunmehr die Ursachen der psychischen Belastungen und entsprechende Implikationen für die Gesundheitsversorgung der betroffenen Menschen verfolgt werden.

Dr. phil. habil. Jochen Ernst, Leipzig

Literatur
Beutel ME, Jünger C, Klein EM et al. Depression, anxiety and suicidal ideation among 1st and 2nd generation migrants - results from the Gutenberg health study. BMC Psychiatry 2016; 16: 288. Doi: 10.1186/s12888-016-0995-2

Beitrag online zu finden unter
http://dx.doi.org/10.1055/s-0043-103878

Psychische Erkrankungen
Jede(r) Fünfte bricht die Therapie ab

Quelle: Robert Kneschke / Fotolia.com

Therapien können mehr oder weniger wirksam sein – Mindestvoraussetzung für eine Wirkung ist aber, dass sie angewendet werden. Verweigert der Patient die Behandlung oder bricht sie ab, hat die Maßnahme keine Chance. Aber wie oft passiert das eigentlich? Und welche Behandlungsformen sind eher betroffen?

Ein systematischer Literaturreview von J. K. Swift fand 186 Vergleichsstudien für verschiedene Therapieformen psychischer Erkrankungen. Die gepoolten Daten belegen: In 8,2 % der Fälle wird eine angebotene Behandlung vom Patienten nicht begonnen. Diese Zahl erscheint auf den ersten Blick niedrig. Die Autoren geben aber zu bedenken, dass es sich um Patienten handelt, die bereits zugestimmt hatten, die jeweilige Therapie anzutreten.

Pharmakotherapie war dabei offenbar besonders unbeliebt – die Wahrscheinlichkeit, dass sie vom Patienten abgelehnt wurde, war in den untersuchten Studien 1,76-mal so hoch wie für die Ablehnung von Psychotherapie. Die Unterschiede bei der Akzeptanz verschiedener Therapieformen sind besonders markant für Depressionen (2,16), Panikstörungen (2,79) und soziale Ängste (1,97), während z. B. Patienten mit Essstörungen oder Posttraumatischer Belastungsstörung Psychotherapie und medikamentöse Behandlung etwa gleich annehmbar fanden.

Die Zahl der Patienten, die eine begonnene Behandlung abbrechen, ist noch wesentlich höher: Im Schnitt wurden 21,9 % der Behandlungen vorzeitig abgebrochen – Pharmakotherapien 1,2-mal so oft wie Psychotherapien. Ob es sich um eine Monotherapie (Psycho- oder Pharmakotherapie) oder eine Kombinationstherapie (Pharmakotherapie plus Psychotherapie bzw. Psychotherapie plus medikamentöses Plazebo) handelte, schien dagegen keine große Rolle zu spielen: Nicht-Start- und Abbruchzahlen waren hier sehr ähnlich wie bei Monotherapien.

Was zur Therapieverweigerung oder zum vorzeitigen Abbruch geführt hatte, wurde in den meisten Studien nicht erhoben. Swift et al. vermuten, Patienten könnten beim Therapiestart gescheitert sein oder unzufrieden mit dem Behandlungsfortschritt, während anderen vielleicht die Therapiezeiten nicht gut passten. Sie gehen davon aus, dass im Einzelfall sehr unterschiedliche Gründe vorlagen.

Frühere Studien haben gezeigt: Patienten verweigern eine Behandlung v. a. dann oft, wenn sie nicht ihrem Therapiewunsch entspricht. Und sie bevorzugen – wie in der aktuellen Studie – meist Psychotherapie gegenüber Pharmakotherapie. Gründe für die Präferenzen könnten soziales Stigma, Zugang, Kosten, praktische Umsetzbarkeit und angenommene Prognosen sein. In großen Meta-Analysen brachen nur etwa 20 % der Patienten mit psychischen Erkrankungen eine einmal begonnene Psychotherapie vorzeitig ab, für Pharmakotherapie lag die Rate bei 30–50 %.

Fazit

Die Möglichkeit, dass Patienten eine Therapie abbrechen oder gar nicht erst antreten könnten, sollte bei der Therapieempfehlung berücksichtigt werden, finden die Autoren. Schließlich könne selbst eine hoch effektive Behandlung nur wirken, wenn Patienten sich auf sie einlassen. Psychotherapie könnte die Behandlung der 1. Wahl für viele psychische Probleme sein. Andererseits ist vielleicht nicht dieselbe Therapie für alle gleich gut – Vorlieben des Patienten sollten bei der Wahl berücksichtigt werden.

Dr. Nina Drexelius, Hamburg

Literatur
Swift JK et al. Treatment refusal and premature termination in psychotherapy, pharmacotherapy, and their combination: A meta-analysis of head-to-head comparisons. Psychotherapy 2017; 54: 47–57

Beitrag online zu finden unter
http://dx.doi.org/10.1055/s-0043-103872

Für Sie gelesen

Binge-Drinking
Mobiles Programm für Jugendliche erfolgreich

Die neuen Medien für Interventionen bei Jugendlichen zu nutzen, scheint naheliegend. Die Studienlage deutet daraufhin, dass Kurzinterventionen auf elektronischem Weg kosteneffektiv sind und von jungen Menschen eher akzeptiert werden als solche von Angesicht zu Angesicht. Nach ersten Pilotstudien mit Alkoholpräventionsprogrammen hat eine schweizerische Arbeitsgruppe nun ein solches Programm in einer größeren Gruppe getestet.

Von einem problematischen Alkoholkonsum geht man aus bei täglich mehr als 2 „Standarddrinks" (Männer) bzw. 1 Drink (Frauen) – oder wenn bei einzelnen Gelegenheiten mindestens 5 (Männer) bzw. 4 (Frauen) Drinks konsumiert werden. Unter Jugendlichen und jungen Erwachsenen ist vor allem die 2. Variante verbreitet: das „risky single-occasion drinking" (RSOD) oder umgangssprachlich Binge-Drinking. Dabei scheint eine Rolle zu spielen, dass der Alkoholkonsum in der Peergroup oft überschätzt wird – ebenso wie seine soziale Akzeptanz. Dieser Punkt spielte im MobileCoach-Alcohol-Programm eine besondere Rolle.

1041 Schüler aus 80 Schulklassen in weiterführenden und Berufsschulen nahmen teil – unabhängig von ihrem Alkoholkonsum. Nach einem Online-Screening, in dem u. a. nach dem Alkoholkonsum gefragt wurde, kamen ganze Klassen randomisiert entweder in den Genuss der Intervention oder nicht.

Teilnehmern der Interventionsgruppe wurden weitere Fragen gestellt. Dann bekamen alle ein individuelles Feedback und während der folgenden 3 Monate 1–3 maßgeschneiderte SMS pro Woche, die darauf abzielten, den Alkoholkonsum zu reduzieren. Die klang z. B. bei einer Teilnehmerin mit niedrigem Risiko so: „Hey Cindy23. Du hast recht; wenn du mäßig Alkohol trinkst, wirst du von anderen respektiert und kannst dein Verhalten kontrollieren – und wirst dich nicht verhalten wie in diesem Video." Und bei einem Teilnehmer mit hohem Risiko: „Hi Robin. Machst du dir Sorgen wegen deines Alkoholkonsums oder dem eines Freundes? Mit jemandem darüber zu reden kann helfen. Die Website … bietet Hilfe an. Schreib eine E-Mail an … oder ruf … an."

Hoch-Risiko-Schüler profitieren besonders

Die Zahl der Jugendlichen mit RSOD war nach 6 Monaten in der Interventionsgruppe um 5,9 % (von 47,2 auf 41,3 %) gesunken, in der Kontrollgruppe um 2,6 % (von 42,7 auf 45,3 %) gestiegen. Vor allem Jugendliche mit hohem Risiko (mindestens 2 RSOD im Monat vor der Randomisierung) profitierten von der Intervention – die Zahl jener mit RSOD sank um 23,7 % (in der Kontrollgruppe 8,1 %). Schüler mit niedrigem Risiko wurden durch die Intervention nicht negativ beeinflusst – damit widerlegt die Studie Befürchtungen, die Intervention könne einen riskanten Alkoholkonsum erst hervorrufen. Eher zeigte sich ein leichter protektiver Effekt: Nur 16,8 % in der Interventionsgruppe hatten nach der Intervention RSOD (in der Kontrollgruppe 21,2 %). In punkto RSOD-Häufigkeit, Menge des konsumierten Alkohols, geschätzter Peak-Blutalkoholspiegel und Überschätzung der Trinknormen in der Peergroup unterschieden sich die beiden Gruppen nicht.

Besonders stolz sind die Studienautoren auf die hohe Teilnehmerrate von 76,8 % der angefragten Schüler. Sie führen das auf die proaktive Art der Einladung zurück (das Screening fand während des Unterrichts statt), kombiniert mit dem Angebot einer attraktiven, niedrigschwelligen Intervention über das Smartphone. Und: Fast alle Teilnehmer blieben bis zum Ende eingeloggt.

Dass die SMS zu Zeiten verschickt wurden, in denen RSOD häufig stattfindet (abends und am Wochenende), verbuchen die Autoren als möglichen Grund für den Erfolg. Oft waren die Zeiten individuell mit den Teilnehmern abgesprochen, und der Inhalt zielte besonders auf die Reduzierung von RSOD.

Fazit

Das MobileCoach-Alcohol-Programm konnte Binge-Drinking bei Jugendlichen reduzieren. Teilnehmer mit hohem Risiko für riskanten Alkoholkonsum profitierten besonders von der Kombination aus Online-Fragen und gezielten SMS. Die Intervention ist aber für alle Jugendlichen geeignet – auch für jene, die wenig Alkohol zu sich nehmen. Hohe Akzeptanz und gute Kosteneffektivität sprechen für solche elektronischen Maßnahmen.

Dr. Nina Drexelius, Hamburg

Literatur
Haug S et al. Efficacy of a web- and text messaging-based intervention to reduce problem drinking in adolescents: Results of a cluster-randomized controlled trial. J Consult Clin Psychol 2017; 85: 147–159

Beitrag online zu finden unter
http://dx.doi.org/10.1055/s-0043-103873

Funktionelle somatische Syndrome
Verhaltenstherapeutisches Gruppenprogramm hilft Patienten und senkt Kosten

Quelle: Zerbor / Fotolia.com

Funktionelle somatische Syndrome (FSS) wie Fibromyalgie, Reizdarmsyndrom oder Chronisches Erschöpfungssyndrom sind häufig – und verursachen hohe Kosten. Psychotherapeutische Behandlungen wie Verhaltenstherapie können die Symptome von FSS lindern und die Lebensqualität der Betroffenen verbessern. Eine dänische Arbeitsgruppe hat jetzt die Langzeitwirkungen einer solchen Behandlung untersucht.

Dem Problem der in der Praxis häufig limitierten Ressourcen begegneten A. Schröder et al. mit einem verhaltenstherapeutischen Gruppenprogramm – dem Specialised Treatment for Severe Bodily Distress Syndromes (STreSS), das sich bereits als kurzfristig wirksam erwiesen hatte. Randomisiert erhielten 54 Patienten STreSS und 66 Patienten die übliche Behandlung, erweitert um eine gründliche klinische Beurteilung, die eine Verschiebung von diagnostischen Maßnahmen hin zu einem Management der somatischen Symptome bewirken sollte (enhanced usual care; EUC). Das Follow-up lief bis zu 40 Monate nach der Randomisierung.

Die Untersuchung machte sich zugute, dass in Dänemark sowohl das Gesundheitssystem als auch das Wohlfahrtssystem steuerfinanziert sind und die Daten in Registern zur Verfügung stehen. So konnten sowohl die direkten Kosten (für gesundheitliche Versorgung) als auch die indirekten (etwa durch Arbeitsausfall) relativ zuverlässig erfasst und die Kosten pro qualitätskorrigiertem Lebensjahr (quality-adjusted life year; QALY) errechnet werden.

Schon mittelfristig lag die STreSS-Gruppe bei den Kosteneinsparungen vorn: Die Wahrscheinlichkeit, dass STreSS bei Schwellenwerten von 25 000 und 35 000 € pro QALY kosteneffektiv war, lag bei 93–95 % – allerdings nur bei 50–55 % für die gesellschaftlichen Kosten. Die Autoren vermuten, dass hier v. a. Krankschreibungen im Rahmen der intensiven Therapie zu Buche schlagen. Danach schnitt STreSS immer besser ab. Vor allem die Tatsache, dass zunehmend mehr Patienten sich selbst unterhalten konnten, machte sich bei den Kosten bemerkbar. Blieben auch die Ausgaben für die gesundheitliche Versorgung auf niedrigem Niveau stabil, waren STreSS-Patienten im 3. Jahr durchschnittlich 7184 € billiger als jene, die nur die erweiterte übliche Versorgung erhielten.

STreSS umfasst 9 Module einer Gruppen-Verhaltenstherapie mit 3,5 Stunden pro Sitzung nach einem festgeschriebenen Manual. Das kostet insgesamt 1545 € pro Patient. Diese Summe wurde durch die guten Therapieerfolge mehr als ausgeglichen – für das Wohlbefinden der Patienten als auch für die Kosten der Allgemeinheit. Letztere wurden hier eher unterschätzt als überschätzt, denn nur die staatlichen Ausgaben wurden erfasst, während etwa eine reduzierte Produktivität am Arbeitsplatz infolge von Krankheitsgefühl nicht in die Rechnung einging.

Fazit

Die maßgeschneiderte Gruppen-Verhaltenstherapie für FSS-Patienten hatte eindrucksvolle Effekte – unabhängig von Art und Ausmaß der Erkrankung. Den Patienten ging es besser, die Kosten sanken v. a. langfristig. Eine breitere Anwendung von STreSS erscheint deshalb sinnvoll – für das Wohlbefinden der Betroffenen und für die Gemeinschaft, die die Kosten der Erkrankung trägt, gleichermaßen.

Dr. Nina Drexelius, Hamburg

Literatur
Schröder A et al. Long-term economic evaluation of cognitive-behavioural group treatment versus enhanced usual care for functional somatic syndromes. J Psychosom Res 2017; 94: 73–81

Beitrag online zu finden unter
http://dx.doi.org/10.1055/s-0043-103866

 Therapiemethoden kompakt

Juliane Brüdern

Non-Suizid-Verträge
Limitationen und alternative Empfehlungen

Non-Suizid-Verträge werden in der klinischen Praxis oft verwendet, um suizidales Verhalten zu verhindern. Ihre Wirksamkeit wurde bisher jedoch nicht empirisch bestätigt. Die internationalen Behandlungsrichtlinien der APA (American Psychiatric Association) und der AAS (American Association of Suicidology) raten von der Anwendung von Non-Suizid-Verträgen ab. Psychoedukative Aufklärung über Suizidalität und ein eigenverantwortliches Krisenmanagement sind eine Alternative.

Definition Bisher gibt es keine einheitliche Definition, was unter einem Non-Suizid-Vertrag (NSV) verstanden wird. Laut Rudd et al. (2006) wird ein NSV zwischen Patient und Therapeut schriftlich aufgesetzt und beinhaltet eine explizite Erklärung des Patienten, sich nicht das Leben zu nehmen, unabhängig vom Verlauf der Therapie oder anderen äußeren Gegebenheiten. Weiterhin sollte der Vertrag eine spezifische Zeitabsprache beinhalten, für welchen Zeitraum der Vertrag gilt.

Das Wort „Vertrag" ist missverständlich: Ein Non-Suizid-Vertrag ist kein rechtsverbindliches Dokument, welches dem Therapeuten vor Gericht ein ausreichendes Suizidrisikomanagement bescheinigt.

Mangelnde theoretische und empirische Grundlagen Üblicherweise wird ein NSV mit Patienten vereinbart, die ein erhöhtes Suizidrisiko aufweisen. Trotz der weiten Verbreitung von NSV in der Praxis gibt es bisher keine konzeptuellen Grundlagen, aus denen hervorgeht, wann ein solcher Vertrag indiziert ist. So bleibt offen, ob sich ein NSV für alle suizidalen Patienten oder nur für bestimmte Untergruppen eignet, etwa für chronisch suizidale Patienten. Zudem konnte der suizidpräventive Nutzen dieser Verträge in unkontrollierten Studien bisher nicht nachgewiesen werden (Range et al. 2002, Rudd et al. 2006). Wissenschaftlich kontrollierte Studien, die den Einfluss von NSV auf das Suizidrisiko untersuchen, fehlen bislang.

Es gibt bislang keine empirische Evidenz für die Annahme, dass Non-Suizid-Verträge eine suizidpräventive Wirkung haben.

Suizidalität als emotionaler Ausnahmezustand Es ist bekannt, dass die Entwicklung von suizidalem Verhalten selten ein kontinuierlicher Prozess ist. Die Mehrheit der Suizidversuche wird impulsiv durchgeführt (Millner et al. 2016). Neurobiologisch konnte gezeigt werden, dass bei Personen in diesem emotionalen Ausnahmezustand die Aktivität in Bereichen des präfrontalen Cortex reduziert ist – also die Aktivität der Gehirnregion, die beim Treffen langfristig vorteilhafter Entscheidungen und dem Aufschub von sofortigen Belohnungen involviert ist. Aus dieser Perspektive könnte u. a. nachvollziehbar werden, warum in diesem Zustand ein unterzeichnetes Dokument weniger gewichtet wird als eine sofortige Beendigung unerträglicher psychischer Schmerzen. Ein Non-Suizid-Vertrag kann daher für Kliniker schnell zu einer Illusion der Sicherheit werden, da weder die Dynamik des Prozesses noch die mangelnde Fähigkeit zur Selbstregulation während dieses emotionalen Ausnahmezustands ausreichend berücksichtigt werden.

Bedeutung der therapeutischen Beziehung Im Gegensatz zur Wirksamkeit von NSV konnte belegt werden, dass eine gute therapeutische Beziehung suizidales Verhalten reduziert (Gysin-Maillart et al. 2016). Es erscheint plausibel, dass die Wirksamkeit von NSV stark von der therapeutischen Beziehung beeinflusst wird und ein NSV nur soviel wert ist, wie die therapeutische Beziehung selbst.

Eine Schlussfolgerung könnte lauten, dass es für die Verhinderung suizidalen Verhaltens nicht notwendigerweise einen Vertrag braucht, sondern in erster Linie eine gute therapeutische Beziehung, die mit einem auf den Patienten zugeschnittenen Suizidrisikomanagement verbunden ist.

Alternative Handlungsempfehlungen Um diese beiden Punkte in der Therapie mit suizidalen Patienten umzusetzen, werden hier die wichtigsten Empfehlungen in Kürze dargestellt. Als Vertiefung empfiehlt sich hier das Kurztherapieprogramm ASSIP

(Attempted Suicide Short Intervention Program) für suizidale Patienten von Gysin-Maillart & Michel (2013).

1. **Die suizidale Krise verstehen:** Der Therapeut sollte sich ausreichend Zeit dafür nehmen, die individuelle Geschichte des Patienten anzuhören, die sich hinter der suizidalen Krise verbirgt. Dies kann beispielsweise in Form eines narrativen Gesprächs stattfinden, in dem der Therapeut völlig wertfrei zuhört und dem Patienten das Gefühl gibt, dass er der Experte für seine Geschichte ist und der Therapeut diese verstehen möchte. Ziel ist es, dass Patient und Therapeut ein gemeinsames Verständnis entwickeln, wie beim Patienten suizidale Krisen ausgelöst werden.

2. **Warnsignale identifizieren:** Im Anschluss sollten mit dem Patienten Warnsignale der suizidalen Krise identifiziert und dokumentiert werden. Dies könnte z. B. eine Veränderung in der Stimmung oder eine Zunahme abwertender Gedanken sein („Ich bin es nicht wert.", „Die anderen sind besser ohne mich dran." u. Ä.).

3. **Notfallstrategien erarbeiten:** Gemeinsam mit dem Patienten sollte eine Hierarchie alternativer Copingstrategien erarbeitet werden, die er im Falle einer Krise anwenden sollte, anstatt auf suizidales Verhalten zurückzugreifen. Zu diesem „Krisenplan" gehören auch Telefonnummern, wenn die Suizidgefahr akut wird, z. B. von wichtigen Bezugspersonen, professionellen Helfern und Krisenanlaufstellen.

4. **Längerfristige Maßnahmen und Gründe für das Leben erarbeiten:** Neben Notfallstrategien geht es bei der Reduktion des Auftretens suizidalen Verhaltens auch um grundlegendere Maßnahmen, die ganz individuell auf den Patienten abgestimmt werden müssen. Diese können z. B. die Verbesserung der Medikamentencompliance, eine Traumatherapie oder die Organisation einer Familienbegleitung beinhalten. Außerdem sollte der Patient aktiv darin unterstützt werden, Gründe zu erarbeiten oder sich in Erinnerung zu rufen, die ihn am Leben halten. Dies ist jedoch keine einfache Aufgabe, weil eine suizidale Krise stark durch psychische Inflexibilität und spezifische dysfunktionale Ziele geprägt ist (siehe hierzu Brüdern et al. 2015). Psychotherapie ist hier eine effektive Methode, um die psychische Flexibilität zu erhöhen und die Auftretenswahrscheinlichkeit suizidalen Verhaltens signifikant zu reduzieren (Calati & Courtet 2016).

5. **Psychoedukative Informationen vermitteln:** Es ist wichtig, den Patienten über psychische und neurobiologische Prozesse des suizidalen Modus aufzuklären. So wird nachvollziehbar, dass suizidales Verhalten ein klinisches Störungsbild ist, das einer professionellen Behandlung bedarf. Dabei sollte Wert darauf gelegt werden, gemeinsam mit dem Patienten zu erarbeiten, für welche Aspekte er bei der Behandlung der Suizidalität die Verantwortung übernimmt.

Alternative: „Commitment zum Leben"

Die genannten Punkte können mit dem Patienten schriftlich festgehalten werden. Das Dokument kann als eine Art „Commitment zum Leben" verstanden und ebenfalls vom Patienten unterschrieben werden. Im Gegensatz zu einem NSV wird dem Patienten nicht grundsätzlich die Option des Suizids genommen, was v. a. zu Therapiebeginn für ihn schwierig sein kann. Der Schwerpunkt liegt vielmehr auf dem gemeinsamen Verständnis der suizidalen Krise, dem individuellen und eigenverantwortlichen Krisenmanagement und der Entwicklung einer aktiv auf das Leben ausgerichteten Perspektive.

Literatur

Brüdern J, Berger T, Michel K et al. Are suicide attempters wired differently? A comparison with nonsuicidal depressed individuals using Plan Analysis. J Nerv Ment Dis 2015; 7: 1–8

Calati R, Courtet P. Is psychotherapy effective for reducing suicide attempt and non-suicidal self-injury rates? Meta-analysis and meta-regression of literature data. J Psychiatr Res 2016; 79: 8–20

Gysin-Maillart A, Schwab S, Soravia L et al. A novel brief therapy for patients who attempt suicide: A 24-months follow-up randomized controlled study of the Attempted Suicide Short Intervention Program (ASSIP). PLOS Medicine 2016; 13: e1001968

Gysin-Maillart A, Michel K. Kurztherapie nach Suizidversuch. ASSIP – Attempted Suicide Short Intervention Program. Therapiemanual. Bern: Huber; 2013

Millner AJ, Lee MD, Nock MK. Describing and measuring the pathway to suicide attempts: A preliminary study. Suicide and Life Threat Behav 2016; DOI: 10.1111/sltb.12284

Range LM, Campbell C, Kovac SH et al. No-suicide contracts: an overview and recommendations. Death Stud 2002; 26: 51–74

Rudd MD, Mandrusiak M, Joiner TE. The case against no-suicide contracts: The commitment to treatment statement as a practice alternative. J Clin Psychology 2006; 62: 243–251

Dr. phil. Juliane Brüdern, Dipl.-Psych.

Psychiatriezentrum Münsingen
Hunzigenallee 1
CH-3110 Münsingen
juliane.bruedern@pzmag.ch

Psychologische Psychotherapeutin auf der Psychotherapiestation des Psychiatriezentrum Münsingen, Bern; bis 2015 wissenschaftliche Mitarbeiterin im Lehrstuhl Klinische Psychologie der Universität Bern bei Prof. Franz Caspar; neben der klinischen Tätigkeit Mitarbeit in verschiedenen Suizidforschungsprojekten; Forschungs- und Arbeitsschwerpunkte: Selbstregulative und eigendynamische Prozesse im suizidalen Verlauf, implizite und explizite Motive bei suizidalen Patienten, KVT mit interpersonalem Schwerpunkt nach Grawe.

Beitrag online zu finden unter
http://dx.doi.org/10.1055/s-0043-103886

Adoleszenz

Editorial
Alles brennt – Alles wird gut?

*Prof. Dr. rer. nat.
Silke Wiegand-Grefe,
Dipl.-Psych.*

Universitätsklinikum
Hamburg-Eppendorf
s.wiegand-grefe@uke.de

*Prof. Dr. phil.
Maria Borcsa,
Dipl.-Psych.*

Institut für Sozialmedizin,
Rehabilitations-
wissenschaften und
Versorgungsforschung
Hochschule Nordhausen
Weinberghof 4
99734 Nordhausen

borcsa@hs-nordhausen.de

Würden wir die Adoleszenz mit Musik assoziieren, dann fällt uns dieses wunderbare Lied von Johannes Oerding ein. Es heißt darin: „Alles brennt – Alles geht in Flammen auf". In einer der Strophen lautet der Text: „Zu wenig Platz, zu eng, selbst für einen allein. Bevor sie auf mich fall'n, reiß ich die Mauern ein. Komm steh' auf, komm steh' auf, sag ich mei'm Verstand, und gibt es keine Tür, dann geh' ich halt durch die Wand. Das alles muss weg, das alles muss neu. Steine schmelzen, Scherben fliegen, g'radeaus auf neuen Wegen, durch den Feuerregen."

Entwicklungsaufgaben

Alles wird neu in der Adoleszenz. Alles verändert sich: der Körper, die Beziehungen – zu den Eltern, zu Freunden, zur Familie. Eine Zeit des Auf- und Umbruchs, eine Zeit, in der Weichen gestellt und Wege eingeschlagen werden für die weitere Lebensplanung. Es gilt, wichtige Entwicklungsaufgaben für den weiteren Lebensweg zu meistern: die Ablösung vom Elternhaus, die Individuation (wie es in der Fachsprache heißt), die Entwicklung der verschiedenen Identitäten wie der Geschlechts-, der sexuellen und der beruflichen Identität. Oder in Fragen formuliert: Wer bin ich? Wen liebe ich? Was soll aus mir werden? Maßgebliche Entscheidungen für den weiteren Lebensweg werden getroffen.

Alles brennt – Alles geht in Flammen auf. Adoleszente unserer Zeit lieben dieses Lied.

Im Zeichen der Transition

Die Phase der Adoleszenz steht im wissenschaftlichen Diskurs im Moment im Zeichen der Transition. Es werden v. a. die Übergänge dieser Lebensphase betrachtet: von der Kinder- und Jugendmedizin und -Versorgung in die Erwachsenenmedizin. Für körperlich oder psychisch beeinträchtigte Jugendliche und deren Eltern ist das eine große Herausforderung, diese Übergänge zu meistern. Oft ist es ein steiniger Weg aus der Kinder- und Jugendlichen- in die Erwachsenenversorgung. Daher steht auch unser Heft im Zeichen der Transition.

In dieser Ausgabe möchten wir konzeptionell zunächst die normalen Entwicklungsaufgaben Heranwachsender und die Herausforderungen der Adoleszenz in unserer Zeit beschreiben – einerseits im individuellen Kontext, andererseits erweitert auch im Kontext der Gesellschaft und unserer digitalen Welt. Dann möchten wir auf einige klinische Phänomene dieser wichtigen Lebensphase und schließlich exemplarisch auf einige Therapieansätze eingehen.

Was ist in dieser Generation anders?

Namhafte Autoren und Autorinnen waren bereit, Beiträge für dieses Adoleszenzheft zu schreiben. Jörg Fegert und Harald Freyberger eröffnen das Heft mit einem State-of-the-Art-Beitrag über „Adoleszenz – eine Lebensphase weitet sich aus. Herausforderungen an eine Psychologie und Psychopathologie des Transitionsalters". Annette Streeck-Fischer beschreibt die Identitätsbildung und „Identitätsentwicklungen zwischen Krise und Diffusion". Vera King hat einen Artikel über „Das adoleszente Entwicklungsdreieck: Familie – adoleszentes Selbst – Gleichaltrige" beigetragen.

Es erschien uns nicht möglich, heutiges Heranwachsen zu betrachten ohne die Möglichkeiten und Herausforderungen unserer digitalen Welt. So haben wir Christiane Eichenberg und Ulrich Müller für einen Beitrag „Generation Internet – Zu den Chancen und Risiken der Internetnutzung für die psychische Entwicklung Jugendlicher" gewonnen. Das Thema Transgender beleuchten Inga Becker, Peer Briken und Timo Nieder in ihrem Artikel „Trans im Jugendalter". Sie berichten aktuelle Forschungsergebnisse über Transgender, Transsexualität, Geschlechtsdysphorie und Geschlechtsinkongruenz und ihre Bedeutung für die therapeutische Praxis. Den Reigen über aktuelle Herausforderungen unserer Gesellschaft setzen Esther Kleefeldt und Janina Meyeringh mit „Flucht und Migration in der Adoleszenz" fort.

Störungen und Therapieansätze

Im klinisch orientierten Teil unseres Heftes hat Franz Timmermann die Struktur diagnostischer Gespräche mit Adoleszenten untersucht und berichtet Ergebnisse aus einer qualitativen Studie. Michael Kaess und Alexandra Edinger betrachten in einer Übersicht das Phänomen der Suizidalität und des selbstverletzenden Verhaltens. Mit Adoleszenz und Sucht – insbesondere mit alkoholbezogenen Störungen in der Adoleszenz und deren Frühintervention und stationärer Behandlung – beschäftigen sich Silke Diestelkamp, Florian Ganzer und Rainer Thomasius. Günter Reich untersucht in seinem Beitrag die Adoleszenzentwicklung und Essstörungen.

Ingo Spitczok von Brisinski schreibt über Familie und Individuation sowie systemische Perspektiven in der Behandlung. Damit läutet er den Teil des Heftes ein, in dem exemplarisch verschiedene therapeutische Ansätze vorgestellt werden: Rolf-Dieter Stieglitz berichtet über Verhaltenstherapie der ADHS im Übergang des jungen, mittleren und fortgeschrittenen Lebensalters. Über MBT-A mit Adoleszenten bei Borderline-Persönlichkeitsstörungen und selbstverletzendem Verhalten stellen uns Kathrin Sevecke und Astrid Bock ihre Arbeiten vor. Zu den therapeutischen Ansätzen schreiben Birgit Riediger und Fritz Handerer über Multifamilientherapie.

Unsere beiden Beiträge über den Tellerrand sind: „Trotz Krankheit zur Schule?! Klinikschule – Ein Beitrag zur Unterstützung von Jugendlichen mit einer chronischen Erkrankung" von Wolfgang Jansen, Ursula Ranke, Elvira Steuck und „Machen Tattoos selbstbewusst?" über das interessante Phänomen der Body-Modification von Erich Kasten und Nina Zeiler. Im Interview mit Klaus Hurrelmann geht es um Einstellung und Mentalität der jungen Generation. Inge-Seiffke-Krenke hat für unser Heft einen Fallbericht geschrieben, der wieder aus den verschiedenen therapeutischen Perspektiven beleuchtet wird.

Am Ende heißt es im Lied bei Johannes Oerding: „Alles was bleibt, sind Asche und Rauch. Doch zwischen schwarzen Wolken seh' ich ein kleines bisschen Blau, ich halt die Luft an, lauf über die Glut. Alles wird gut. Alles wird gut".

Wir hoffen es.

Silke Wiegand-Grefe   Maria Borcsa

Beitrag online zu finden unter
http://dx.doi.org/10.1055/s-0043-103865

Adoleszenz

Adoleszenz als Übergang

Adoleszenz (lat. adolescere: heranwachsen) bezeichnet die Lebensphase des Jugendalters, d. h. den Abschnitt des Lebens, in dem man sich am Ende seiner Kindheit und zu Beginn des Erwachsenwerdens befindet. Dieser Übergang vom Kind zum Erwachsenen kann in 3 Phasen untergliedert werden: die frühe Adoleszenz (10–14 Jahre), die mittlere Adoleszenz (15–18 Jahre) und die späte Adoleszenz (19–21 Jahre).

Generation Internet

Im Durchschnitt beginnen heute Kinder bereits im Alter von 8 Jahren einen Computer zu nutzen. Mit zunehmendem Alter steigt nicht nur die tägliche Nutzung (12- bis 13-Jährige 48 %, 14- bis 15-Jährige 69 %, 16- bis 17-Jährige 77 %, 18- bis 19-Jährige 78 %), sondern auch die tägliche durchschnittliche Nutzdauer (12- bis 13-Jährige 95 min, 14- bis 15-Jährige 125 min, 16- bis 17-Jährige 148 min, 18- bis 19-Jährige 156 min). Dabei stoßen Jugendliche immer wieder auch auf Seiten, die für ihr Alter als nicht geeignet gelten. Neben den vielfältigen Möglichkeiten des Internets gibt es somit auch vielerlei problematische Aspekte und Risiken. Dazu gehören u. a. die Abnahme der Privatsphäre, Cybermobbing, sexuelle Belästigung, Konfrontation mit gewalthaltigen und pornografischen Videos sowie Internet- und Computerabhängigkeit.

Zentrale Entwicklungsaufgaben der Adoleszenz

Nach Robert Havighurst gibt es in jedem Lebensabschnitt Entwicklungsaufgaben, denen sich ein Individuum stellen muss. Dabei ist die Adoleszenz von enormer Bedeutung für gesunde Entwicklungsverläufe. Besondere Herausforderungen sind folgende Aufgaben:

- persönliche und emotionale Ablösung von den Eltern,
- Entwickeln einer eigenen Identität,
- Akzeptanz körperlicher Veränderungen und Entwicklung der Geschlechtsidentität,
- Aufbau neuer und reifer Beziehungen zu Altersgenossen beiderlei Geschlechts,
- Beginn einer Zukunftsorientierung (Vorbereitung auf berufliche und finanzielle Selbstständigkeit).

Entwicklungsprobleme

Verschiedene psychiatrische Erkrankungen kommen im Jugendalter besonders häufig vor oder bilden sich erstmals in dieser Lebensphase aus. Dazu gehören:

- Missbrauch illegaler Drogen, Alkohol und Nikotin: Im Jugendalter findet meist ein erstes Experimentieren mit unterschiedlichen Substanzen statt. So geben 37 % der 16- bis 17-Jährigen an, mindestens einmal pro Woche Alkohol zu trinken. Unter den 14- bis 15-Jährigen rauchen 29 % ständig oder gelegentlich (44 % der 16- bis 17-Jährigen). Zumindest einmal in Kontakt mit der illegalen Droge Cannabis sind 26 % der 12- bis 25-Jährigen gekommen, wobei das durchschnittliche Alter beim Erstkontakt 16 Jahre ist. 4 % der 18- bis 25-Jährigen konsumieren regelmäßig illegale Drogen.
- Essstörungen: Körperliche Veränderungen bringen die Gefahr von Unzufriedenheit mit dem Körper, Selbstwertreduzierung und auch von Essstörungen mit sich. Vor allem bei Mädchen ist das Risiko hoch (Verhältnis von Männern zu Frauen 1 : 10). Die Prävalenzrate der Anorexia nervosa bei 15- bis 24-jährigen Mädchen liegt bei 0,3–1 %, die der Bulimia nervosa bei 2–3 %. Der Erkrankungsgipfel für die Anorexia nervosa liegt zwi-

schen dem 14. und 16. Lebensjahr, für die Bulimia nervosa zwischen 16 und 19 Jahren und damit deutlich in der Adoleszenz.

- Depressionen: Körperliche, aber auch familiäre Veränderungen, steigende Anforderungen bei gleichzeitigem Übersteigen der vorhandenen Ressourcen sind Gründe, weshalb sich bereits im Jugendalter eine depressive Symptomatik entwickeln kann. Das Erkrankungsrisiko in der allgemeinen Bevölkerung ist 7 %, in klinischen Stichproben liegt der Anteil bei 42 %, d. h. fast die Hälfte aller psychiatrisch behandelten Jugendlichen leidet an einer Depression.
- Persönlichkeitsstörungen: Die Persönlichkeit eines Individuums bildet sich über das junge Erwachsenenalter aus. Sie ist zum einen genetisch determiniert, zum anderen können ungünstige frühe psychosoziale Lebensumstände wie körperliche und / oder sexuelle Gewalt sowie Vernachlässigung oder dysfunktionale familiäre Kommunikationsstrukturen die Persönlichkeitsentwicklung belasten. Daneben können auch Vorbilder in der Familie, die z. B. ängstlich-vermeidend oder wenig selbstbewusst sind, die Persönlichkeitsentwicklung beeinflussen.
- Suizide: Besorgniserregend ist auch die Zahl der Suizide in der Adoleszenz:
  - Anzahl der Suizide auf 100 000 10- bis 14-jährige männliche Jugendliche: 1,08; weibliche Jugendliche: 0,39
  - Anzahl der Suizide auf 100 000 15- bis 19-jährige männliche Jugendliche: 9,68; weiblichen Jugendliche: 2,48

Therapeutische Herausforderungen

Jugendliche begegnen Therapeuten zu Beginn der Behandlung meist skeptisch, da sie es u. U. gewohnt sind, „gute Ratschläge" von Erwachsenen zu bekommen, die im Widerspruch zu ihrem Bedürfnis nach Ablösung und Selbstständigkeit stehen. Vor allem die Beziehungsgestaltung ist somit eine besondere Herausforderung für den Therapeuten, dem es gelingen sollte, im Laufe der Zeit nicht als „Verbündeter" der Eltern wahrgenommen zu werden. Eine wichtige therapeutische Intervention ist die Verhaltenstherapie, die sowohl problem-, als auch zielorientiert ist: Gemeinsam mit dem Jugendlichen wird das Problem identifiziert und Therapieziele werden festgelegt. Dies kann eine weitere Herausforderung sein, wenn das mit dem Jugendlichen definierte Nah- und Endziel nicht mit den Vorstellungen der Eltern übereinstimmt. Zum anderen gehört die Familientherapie zu den Behandlungsmethoden bei psychischen Störungen im Kindes- und Jugendalter. Dabei geht es darum, Zusammenhänge zwischen Merkmalen des Familiensystems und individuellen psychischen Störungen zu erkennen und zu behandeln sowie positive Entwicklungsmöglichkeiten zu unterstützen. Auch tiefenpsychologische Ansätze zählen zu den therapeutischen Interventionen in der Adoleszenz, wobei v. a. unbewusste innere Konflikte im Fokus der Behandlung stehen.

Katharina Senger, Landau

Literatur

Esser G. Lehrbuch der Klinischen Psychologie und Psychotherapie des Kindes- und Jugendalters. Stuttgart: Thieme; 2002
Grob A, Jaschinskis U. Erwachsen werden: Entwicklungspsychologie des Jugendalters. Weinheim / Basel / Berlin: Beltz; 2003
Porsch T, Pieschl S, Hrsg. Neue Medien und deren Schatten. Mediennutzung, Medienwirkung und Medienkompetenz. Göttingen: Hogrefe; 2014
Schneider S, Margraf J, Hrsg. Lehrbuch der Verhaltenstherapie. Band 3: Störungen im Kindes- und Jugendalter. Heidelberg: Springer; 2009

Beitrag online zu finden unter http://dx.doi.org/10.1055/s-0043-103864

Jörg M. Fegert • Harald J. Freyberger

Adoleszenz – eine Lebensphase weitet sich aus
Herausforderungen an eine Psychologie und Psychopathologie des Transitionsalters

Quelle: Photodisc

Die Transition von der kinderpsychiatrischen in die erwachsenenpsychiatrische Behandlung bzw. von der kinder- und jugendlichenpsychotherapeutischen in die erwachsenenpsychotherapeutische Behandlung wird durch das Erreichen der Volljährigkeit festgelegt. Diese Altersgrenze wird jedoch den unterschiedlichen Entwicklungsständen und Reifungsgraden junger Menschen mit psychischen Störungen nicht gerecht. Psychische Störungen und die rechtliche Einordnung dieser Zeitperiode, Bruchstellen im Übergang zwischen den Einrichtungen sowie Transitionsprogramme und Konzepte werden diskutiert.

Adoleszenz – Emerging adulthood – Transition

Zwischen Frühadoleszenz und Erwachsenenalter In den vergangenen Jahren häufen sich Belege, dass die Adoleszenzphase sich stärker ausweitet bzw. aufspaltet in eine Früh- und eine Spätadoleszenz bzw. ein „emerging adulthood" (Fegert et. al 2009). Arnett (2004) und Arnett & Tanner (2006) beschreiben als Erste diese neue Entwicklungsphase, die sich zwischen das frühe Jugendalter und das Erwachsenenalter schiebt.

Viele Entwicklungsaufgaben, die früher für das Jugendalter charakteristisch waren, haben sich in weiten Teilen der Allgemeinbevölkerung in das junge Erwachsenenalter hinein ausgedehnt.

Verlängerte Identitätsentwicklung

Seiffge-Krenke bezeichnet die verlängerte Identitätsentwicklung als „paradigmatisches Charakteristikum" für diese neue Entwicklungsphase (Seiffge-Krenke 2012, 2015). Sie benennt auch verschiedene Belege dafür, dass sich die klassischen Erkennungsmerkmale des Erwachsenseins zunehmend bis in die Zeit des 24. oder 30. Lebensjahrs verschoben haben. Das heißt, vor allem junge Männer wohnen länger bei ihren Eltern. Auch verschiebt sich der Einstieg in eine Vollzeiterwerbstätigkeit zunehmen nach hinten, ebenso wie die Phase der Familiengründung.

Einstieg in Beruf und Familie verschoben „Generation Praktikum" und „Hotel Mama" sind Schlagworte, die diesen verlängerten Übergang im Volksmund negativ charakterisieren und damit die enttäuschten Erwartungen der Elterngeneration thematisieren, die aber auch auf eine veränderte Arbeitsmarktsituation hinweisen. Demografische Daten belegen diesen Trend. So hat sich der Einstieg in die Berufstätigkeit ebenso verschoben wie das durchschnittliche Heiratsalter oder das durchschnittliche Alter der Mütter und Väter bei der Geburt eines ersten Kindes.

Sorge vor (zu) früher Festlegung Die Debatte um sogenanntes „social freezing", also das Einfrieren von Eizellen, um zu einem späteren Zeitpunkt mit möglichst gutem biologischem Material Kinderwünsche erfüllen zu können, wenn dann der Richtige im Leben aufgetaucht ist, oder wenn die berufliche Rushhour des Lebens entzerrt werden konnte, ist auch Ausdruck dieser Sorge vor zu früher Festlegung, vor dem Verlust von Wahlmöglichkeiten, angesichts der scheinbaren reproduktionsmedizinischen Machbarkeit. Bemerkenswerterweise haben amerikanische „Silicon-Valley-Unternehmen" das Angebot des social freezing für junge Mitarbeiterinnen auf Anregung einer Mitarbeiterversammlung eingeführt, also auf Wunsch junger Frauen selbst. Dies entspricht im weitesten Sinn der Charakterisierung von emerging adulthood durch Arnett als eine Phase der verlängerten Exploration der eigenen Identität im partnerschaftlichen und beruflichen Bereich.

Mehr Wahlfreiheit, mehr Instabilität
Seiffge-Krenke (2015) weist darauf hin, dass das hohe Maß an Wahlfreiheit zu mehr Instabilität und häufiger Anpassung an neue Situationen führt. Diese Anpassungsleistung könne von den jungen Erwachsenen „nicht nur als Chance, sondern auch als Belastung wahrgenommen (werden), die Gefühle von Stress, Überforderung und Angst auslösen kann". Im europäischen Raum ist diese Entwicklung zu unterscheiden von den ökonomisch bedingten langen Abhängigkeiten, die sich in Familien im Mittelmeerraum, zum Beispiel in Spanien oder in Griechenland, ergeben haben, wo es sich junge Menschen ökonomisch nicht leisten können, selbstständig zu wohnen, zum Beispiel während des Studiums. In Deutschland mögen veränderte Einstellungen der Eltern und verringerter Konformitätsdruck in der Gesellschaft erheblich mit zu dieser Veränderung beigetragen haben. Allerdings gibt es auch in Deutschland mögliche ökonomische Gründe: So führen zunehmende befristete Arbeitsverhältnisse vor allem bei jungen Menschen dazu, beispielsweise keine langfristigen Mietverträge abschließen zu können. Auch erschweren die Regelungen des Arbeitslosengeldes II jungen Menschen in Arbeitslosigkeit die Selbständigkeit.

Tolerante Eltern in der „homebase"
Wenn heutzutage moderne Eltern fast alles verstehen, tolerant Sexualität und wechselnde Partnerschaften zu Hause im „Kinderzimmer" tolerieren, wenn verschiedene Praktika junge Menschen für kurze Zeit in unterschiedliche Städte, oft auf unterschiedlichen Kontinenten führen, gibt es wenig Gründe, einen definitiv eigenständigen Hausstand aufzubauen. Statt dessen wird die sichere „homebase" in der Elternwohnung zunehmend zu einem Modell, welches Halt in der verlängerten privaten und beruflichen Orientierungsphase bieten kann oder in Phasen der Arbeitslosigkeit auch muss.

Verlängerte Abhängigkeit Gleichzeitig führt dies natürlich zu einer neuen Form von Abhängigkeits- und Autonomiekonflikten. Viele Eltern fragen sich, ob sie in der Erziehung zum selbstständigen Leben versagt haben, machen mehr oder weniger latent Druck, dass sich das Leben in geordnete Bahnen bewegen möge. Konflikte entstehen auch rund um die ökonomischen Beiträge zur Aufrechterhaltung dieser Lebensbedingungen und die Beteiligung der jungen Menschen an den Kosten des Lebensunterhalts im Elternhaus. Zwar mag diese Lebensform in gewisser Weise attraktiv sein, sie beinhaltet aber auf der anderen Seite die teilweise schambesetzte Akzeptanz einer verlängerten kindlichen Abhängigkeit.

Herausforderung für die Psychotherapie
Für die Krankenbehandlung, insbesondere für die Psychotherapie junger Menschen, bedeuten diese vielfach belegten Veränderungen, dass die verlängerten Übergänge ins Erwachsenenalter sehr viel stärker auch in der Behandlung vor allem chronisch psychisch kranker junger Menschen thematisiert und berücksichtigt werden müssen. Transitionspsychiatrie und -psychotherapie ist sowohl eine Herausforderung für die Kinder- und Jugendpsychiatrie und -psychotherapie als auch für die Erwachsenenpsychiatrie und -psychotherapie bzw. die psychosomatische Medizin.

Multidimensionaler Prozess Meleis (2007) definiert Transition als einen multidimensionalen Prozess, der Änderungen im Leben einer Person beschreibt. „Diese Änderungen machen eine Anpassung an neue Situationen notwendig und erfordern eine Etablierung neuer Verhaltensweisen sowie die Integration eines neuen Selbstverständnisses." Die Society for Adolescent Medicine definiert für den Bereich der Medizin den Begriff der Transition als „gezielter, geplanter Prozess weg vom kindeszentrierten hin zu einem erwachsen orientierten Gesundheitssystem" (Rosen et al. 2003). Während also innerhalb der Krankenversorgung schon immer Übergänge zwischen der Kinder- und Jugendmedizin und Erwachsenenmedizin zu organisieren waren, haben sich die gesellschaftlichen Rahmenbedingungen für diese Übergänge in den letzten 20 Jahren radikal verändert.

Den Übergang neu gestalten Jungen Adoleszenten ist gesellschaftlich schon sehr viel früher vieles erlaubt, was früher erst mit der Volljährigkeit möglich war. Sie teilen oft dieselben Interessen wie junge Erwachsene und leben in denselben Abhängigkeitsverhältnissen im Elternhaus. Autonomiekonflikte werden weniger durch einen klaren Schnitt als durch schamhafte Verleugnung oder ein mehr oder weniger bewusstes Ausnutzen der Ressourcen im Elternhaus deutlich.

Ein notwendiger Übergang, in dem sich ja auch die rechtlichen Rahmenbedingungen erheblich ändern, muss vor dem Hintergrund gesellschaftlich gewandelter Lebensphasen neu gestaltet werden: Das ist die Herausforderung der Psychiatrie und Psychotherapie des Transitionsalters.

Die komplexe rechtliche Situation im Übergang

Eltern: von Sorgeberechtigten zu Angehörigen
Tatsächlich ändert sich die Einwilligungssituation in die Behandlung innerhalb einer Nacht zum 18. Geburtstag radikal. Aus sorgeberechtigten Eltern werden ggf. mit einzubeziehende Angehörige.

„Naturrecht der Eltern" bei minderjährigen Kindern
Am deutlichsten wird die Position der Eltern Minderjähriger derzeit

im Rahmen psychiatrischer Zwangsmaßnahmen, wo seit der Entscheidung des BGH in Zivilsachen vom 7.8.2013 (vgl. Salgo) Eltern ohne gerichtliche Genehmigung z.B. über Fixierung oder eine Medikamentengabe gegen den Willen des Jugendlichen entscheiden können. Die häufigste Form der geschlossenen psychiatrischen Behandlung von Kindern und Jugendlichen ist eine Unterbringung auf Antrag der Eltern durch das Familiengericht nach § 1631 b BGB, die primär dem Kindeswohl dienen muss. Der BGH in Zivilsachen betonte explizit das Naturrecht der Eltern, welches nicht mit den Rechten eines Betreuers oder Vormundes zu vergleichen ist, wenn es um Entscheidungen bei ihren nicht einwilligungsfähigen Kindern geht.

Autonomie der Kinder nach dem 18. Geburtstag

Ganz anders dagegen ist die Situation im Erwachsenenalter, also direkt ab dem 18. Geburtstag, für das das Bundesverfassungsgericht Eingriffe in die persönliche Autonomie im Rahmen einer psychiatrischen Zwangsbehandlung z.B. bei einer akuten Psychose sehr viel restriktiver bewertet. Die Angehörigen haben zwar häufig als verzweifelte Beobachter der Situation eine Rolle. Sie können Zwangsmaßnahmen anregen, sie spielen aber im Rahmen der Unterbringung nach Unterbringungsrecht bzw. PsychK(H)G keine zentrale Rolle als Entscheidungs- oder Prüfinstanz.

Gewisse Entscheidungsfähigkeit schon vor dem 18. Geburtstag

Gleichwohl geht auch das deutsche Zivilrecht davon aus, dass Einwilligungsfähigkeit schon vor dem 18. Geburtstag gegeben sein kann, wenn die betroffenen Jugendlichen die Tragweite ihrer Entscheidungen verstehen können. Eltern sind im Rahmen der elterlichen Sorge dazu aufgefordert, die zunehmende entwicklungsbedingte Entscheidungsfähigkeit ihrer Kinder zu berücksichtigen. Das Jugendhilferecht kennt Bedingungen, unter denen auch Jugendliche ohne Einschaltung der Eltern Beratung erhalten können, wenn ansonsten der Zweck der Beratung gefährdet würde. Aber grundsätzlich gilt, dass im Jugendalter ohne die sorgeberechtigten Eltern viele wichtige Entscheidungen, wie z.B. auch ein Heilversuch mit einem nicht zugelassenen Medikament oder die Teilnahme an einer Medikamentenstudie bzw. einer Psychotherapiestudie ohne die Einwilligung der Eltern nicht möglich sind.

Heute haben wir zunehmend Verhältnisse, in denen junge Erwachsene, die alles allein entscheiden können, sich dafür entscheiden, in einer häuslichen Gemeinschaft mit den Eltern zu leben, ohne diese wesentlich an ihren Entscheidungen, auch Behandlungsentscheidungen, zu beteiligen.

Übergang in den Hilfesystemen

Gute psychiatrische/psychotherapeutische Versorgung ist ohne komplementäre Hilfesysteme nicht denkbar. Transitionspsychiatrie benötigt deshalb gut gestaltete Übergänge in den Hilfesystemen. Doch auch hier ist es rechtlich so, dass z.B. bei der Eingliederungshilfe für Menschen mit seelischer Behinderung ganz unterschiedliche Maßstäbe im Jugendalter und im Erwachsenenalter angelegt werden: Im Jugendalter ist die drohende seelische Behinderung der tatsächlichen Behinderung gleichgestellt und reicht als Anspruch begründende Tatsache für Hilfen nach § 35 a SGB VIII zum Teil auch über den 18. Geburtstag hinaus aus, maximal bis 27 Jahre nach § 41 SGB VIII. Im Erwachsenenalter besteht ein Rechtsanspruch nur bei einer wesentlichen seelischen Behinderung.

Kaum spezielle Angebote für 16-bis-24-Jährige

Die Angebotsträgerstrukturen in der komplementären Versorgung zur Erwachsenenpsychiatrie unterscheiden sich erheblich von den Jugendhilfeträgern. Es gibt wenig gestaltete Übergänge und kaum Institutionen, die speziell die Altersgruppe zwischen 16 und 24 adressieren, obwohl gerade junge Menschen, die aufgrund ihrer Problematik nicht mehr in der Familie leben können, in den veränderten gesellschaftlichen Rahmenbedingungen und Entwicklungsaufgaben noch verlängert Halt, z.B. in einer betreuten WG, benötigen würden. Hier steht zu hoffen, dass nicht aus ökonomischen Gründen die Abgrenzungskonflikte rund um die Volljährigkeit zwischen Jugendhilfe und Sozialhilfe verstärkt werden, sondern dass es gelingen möge, intelligentere Übergänge aus der eher fürsorglichen Jugendhilfe hin zum Fördern und Fordern im Erwachsenen-Sozialhilfebereich im Rahmen der Teilhabereform zu erreichen.

Strafrecht

Selbst das Strafrecht kennt eine Transitionsphase, in der junge Erwachsene noch wie jugendliche Straftäter behandelt werden können. Sie werden bis zum Alter von 21 Jahren als Heranwachsende bezeichnet und die Anwendung von Jugendstrafrecht ist in solchen Fällen abhängig davon, ob bestimmte Reifekriterien zum Zeitpunkt der Tat erfüllt oder nicht erfüllt waren.

Reifekriterien für Heranwachsende

Diese Reifekriterien, die vor mehreren Jahrzehnten deskriptiv zusammengetragen wurden, entsprechen teilweise wiederum nicht mehr der Lebensrealität im Transitionsalter, sodass die unselbstständige Lebensweise noch im Elternhaus, ständiger Wechsel der Partnerschaften, keine feste Beschäftigung, Studienabbrüche etc. teilweise vielleicht auch zu Unrecht dazu als Unreifekriterien gewertet werden, entsprechen sie doch zunehmend der gesellschaftlichen Norm in dieser Altersphase.

Im Konfliktfeld des Rechts und der Kostenträger

Psychotherapie und Krankenversorgung im Transitionsalter handeln also unter komplexen rechtlichen Rahmenbedingungen in einem Konfliktfeld der Kostenträger und der altersgruppenspezifischen Angebote. Versuche, zeitgemäße Versorgungsformen zu etablieren, bedingen (in der Klinik wie auch in der niedergelassenen Praxis) die Zusammenarbeit von Spezialistinnen und Spezialisten für die Behandlung im Jugendalter mit Expertinnen und Experten für die Behandlung im (jungen) Erwachsenenalter.

Versorgungslücke in der Transitionsphase – Über Sonderzulassungen nachdenken Auch wenn z. B. bezogen auf die Niederlassungsmöglichkeiten im Erwachsenenbereich in vielen Regionen alle Kapazitäten erschöpft sind, bedeutet dies nicht, dass ein junger Mensch mit einer psychischen Erkrankung wie ADHS oder Autismus, der 18 geworden ist, einen Erwachsenenpsychiater findet, der bereit ist, begonnene Behandlungen fortzuführen, und der damit Erfahrung hat. Insofern ist auch über Sonderzulassungen zur Schließung dieser Versorgungslücke in der Altersgruppe zwischen 16 und 24 nachzudenken.

Psychische Störungen im Transitionsalter

Jede zweite Erwachsenenstörung beginnt in der Jugend Die Hälfte aller psychischen Störungen des Erwachsenenalters beginnen im Teenageralter. So liegt epidemiologisch der Erkrankungsbeginn bei Störungen mit Substanzkonsum, ebenso bei Schizophrenie und bei affektiven Störungen, in der Regel in der Adoleszenz (Paus et al. 2008).

Reifungsveränderungen In dieser Phase vollzieht sich neurobiologisch eine zentrale Weiterentwicklung des Gehirns durch das sogenannte „synaptic pruning". Bei diesem werden überflüssige synaptische Verbindungen, die in der Kindheitsentwicklung entstanden sind und aufgebaut wurden, reduziert und teilweise eliminiert.

> Es kommt in der Adoleszenz zu Reifungsveränderungen mit einer Gleichgewichtsveränderung des Einflusses von frontalen, kortikalen und subkortikalen monoaminergen Systemen.

Erhöhte Risikobereitschaft Milz et al. (2014) formulierten deshalb die „developmental mismatch hypothesis", wonach sich in der Adoleszenz affektverarbeitende und für Belohnung verantwortliche subkortikale Strukturen vor kognitiv regulierenden kortikalen Strukturen entwickeln. Klassische Folge ist die erhöhte Risikobereitschaft von Jugendlichen, die häufig mit einer noch nicht hinreichend entwickelten Verhaltenssteuerung einhergeht. „Sensation seeking" und „risk taking behavior" sind typische Phänomene in dieser Altersgruppe, die erste Erfahrungen mit Substanzkonsum oft bewusst sucht, zu Exzessen auch im Internetkonsum neigt und ein deutlich erhöhtes Risiko für nicht-suizidales selbstverletzendes Verhalten und auch für Suizidalität zeigt.

Unterschiedliche Bewertung von Verhalten je nach Alter Nicht-suizidales selbstverletzendes Verhalten und seine ganz unterschiedliche pathognomonische Bedeutung bei 15-Jährigen im Vergleich zu 25-Jährigen ist ein gutes Beispiel für diese neurobiologischen Veränderungen in der Entwicklungspsychopathologie und der Persönlichkeitsentwicklung.

> Die gleiche Symptomatik kann also in der jüngeren Adoleszenz ein vielschichtig motiviertes, nicht unbedingt stark die Teilhabe beeinträchtigendes Phänomen sein, während das gleiche Phänomen in der Phase der „emerging adulthood" eher für eine erheblich problematische Persönlichkeitsentwicklung spricht.

Altersspezifische Entwicklungspsychopathologie Ohne entsprechende Kenntnisse in altersspezifischer Entwicklungspsychopathologie in dieser Übergangsphase kann man schnell diagnostisch und therapeutisch bei Interventionsentscheidungen zur falschen Einschätzung kommen. Deshalb braucht es Wissen über diese Entwicklungsphase in den Fachgebieten, die Kinder und Jugendliche behandeln, ebenso wie bei den Behandlerinnen und Behandlern, die sich um erwachsene Patientinnen und Patienten kümmern.

Stationärer Behandlungsbedarf nimmt zu Offensichtlich nimmt in Deutschland der stationäre Behandlungsbedarf, insbesondere bei Jugendlichen, deutlich zu. Plener et al. (2015) zeigten hochsignifikante Steigerungen in der stationären psychiatrischen Versorgung Adoleszenter in Deutschland. Diese Untersuchung mit Daten des statistischen Bundesamts zeigte aber auch, dass systembedingte Diskontinuitäten auftauchen. So „verschwanden" zum Beispiel Jugendliche mit Störungen des Sozialverhaltens weitgehend aus der Inanspruchnahme-Klientel.

Der Systemübergang in die Erwachsenenversorgung

Erziehung: nur für Kinder Die psychotherapeutische und psychiatrische Behandlung von Kindern und Jugendlichen ist gekennzeichnet durch die Miteinbeziehung der Bezugspersonen und durch eine fürsorgliche, oft auch pädagogische Grundhaltung. Deutlich werden diese Unterschiede zwischen Jugendpsychiatrie und Erwachsenenpsychiatrie sogar in der Psychiatriepersonalverordnung, wo für die Jugendpsychiatrie ein kombinierter Pflege- und Erziehungsdienst die Regel ist und entsprechende Kompetenzen vorgehalten werden müssen, während in der Erwachsenenpsychiatrie Erziehung (abgesehen von Psychoedukation) keinen Platz hat, sondern eine Unterstützung der autonomen Entscheidung der Patienten angestrebt wird.

Verschlechterung in der Transition Vor allem in Australien wurden Zentren mit spezifischen Dienstleistungen für junge Menschen auf der Ebene der Gemeinde gegründet. Integriert war dabei auch ein spezifisches „headspace trainings package" zur lokalen Fortbildung von Fachkräften (McGorry et al. 2007). Paul et al. (2013) zeigten bezogen auf die Forschungsliteratur in der Kinderheilkunde auf, dass für eine erfolgreiche Transition vier P´s beachtet werden sollten (o Infobox).

Standpunkte

Infobox

Die vier Ps für eine erfolgreiche Transition (nach Paul et al.)

- **People:** Um wen geht es – um den Jugendlichen oder jungen Erwachsenen, seine Eltern oder Betreuer, die betreuenden Ärzte und Psychotherapeuten etc.
- **Process:** Z. B. Standards gelingender Transition, Richtlinien bei Krankenhausträgern oder Verbünden etc.
- **Paper:** Informationsmaterial, administrative Unterstützung
- **Place:** Altersentsprechende Umgebung, Umgebungsgestaltung

---

Solche strukturellen Gegebenheiten und die schlichte Unkenntnis über die jeweiligen Angebotsstrukturen führen dazu, dass sich Verläufe psychischer Erkrankungen im Übergang zwischen Jugendlichen- und Erwachsenenalter häufig verschlechtern (vgl. Mayr et al. 2015, Singh et al. 2010).

Gleiche Herausforderungen, unterschiedliche Gestaltung

Der Vorschlag, Transitionsprozesse systematisch durch ein Liaisonmodell (Singh et al. 2005) zu gestalten, wird derzeit im Rahmen des Milestone-Projektes europaweit untersucht. Dabei zeigen sich erhebliche nationale Unterschiede in der Ausgestaltung der Übergänge. Gleichzeitig können aber systematisch vergleichbare Transitionsherausforderungen festgestellt werden.

Übergang jugendlicher Patienten ins Erwachsenenalter als Herausforderung in der Psychotherapie und psychiatrischen Behandlung

Eckpunkte für die Transition

Die Deutsche Gesellschaft für Psychiatrie und Psychotherapie, Psychosomatik und Nervenheilkunde (DGPPN) und die Deutsche Gesellschaft für Kinder- und Jugendpsychiatrie, Psychosomatik und Psychotherapie (DGKJP) haben Eckpunkte zur Transitionspsychiatrie der Adoleszenz und des jungen Erwachsenenalters miteinander vereinbart (Fegert et al. 2016). Dabei geht es darum, Transitionsmedizin für Menschen mit psychischen Erkrankungen zu stärken sowie alters- und reifungsspezifische Besonderheiten in der Therapie zu berücksichtigen. Eine zentrale Herausforderung ist das Erreichen eines Bildungsabschlusses, der den Einstieg in das Berufsleben ermöglicht. Beide Fachgesellschaften wollen die Abstimmung komplementärer Versorgungssysteme verbessern und fordern dazu auf, neue kooperative Angebote zu entwickeln.

Regionale Modelle

Dabei wird auf bereits bestehende transitionspsychiatrische Modelleinrichtungen Bezug genommen, wie sie zum Beispiel in Heidelberg (Resch & Herpertz 2015) bzw. in Hamburg in Kooperation zwischen den kinder- und jugend- und den erwachsenenpsychiatrischen Kliniken geschaffen wurden. Während diese Zentren in eng besiedelten Regionen ambulante, tagesklinische und stationäre Angebote verknüpfen und als wesentlichen Baustein Früherkennungs- und Frühbehandlungszentren für psychotische Störungen beinhalten, wurde in Stralsund ein tages- und poliklinisches Angebot mit zum Teil regionalisierten Sprechstunden geschaffen, das den internen und externen Transitionserfordernissen Rechnung trägt (Armbruster & Freyberger, im Druck). Als ein Beispiel für eine spezialisierte Einrichtung ist darüber hinaus das Kooperationsprojekt im Zentralinstitut für Seelische Gesundheit in Mannheim zu nennen, das sich mit Störungen der Affektregulation an der Transitionsschnittstelle beschäftigt.

Psychotherapie im Transitionsalter

Kein linearer Verlauf

Charakteristisch für die Behandlung im Einzelfall ist, dass der Übergang vom jugendlichen Alter zum Erwachsenenalter nicht linear erfolgt. Gerade aufgrund einer psychischen Erkrankung können manche Jugendliche einen verzögerten Entwicklungsverlauf nehmen oder zeigen ein Schwanken progressiver und rückwärtsgewandter Tendenzen. Teilweise möchten sie sich nichts mehr von ihren Eltern sagen lassen, gleichzeitig sind sie in vielen Punkten noch von ihnen abhängig. Insofern ist die Wahl des Behandlungssettings unter Einbezug der Bezugspersonen ein wesentlicher Faktor in der psychotherapeutischen Behandlung von Jugendlichen mit psychischen Störungen.

Identitätsbildung

Die zentralen Fragen der Identitätsbildung, die schon Erikson (1959) beschrieben hat, also was sich aus der Kindheit als Synthese der bisherigen Erfahrungen und Identifikation mitnehmen lässt und was zu einer Konfusion in Bezug auf Identität führt, sind nach wie vor wichtige Dimensionen.

Therapeutisch ist es wichtig, die Exploration, das Ausprobieren (Generation Praktikum) im Bereich Beruf, aber auch im Bereich Sexualität/Partnerschaft therapeutisch zu begleiten und nicht normativ erzieherisch zu kommentieren.

Verantwortung für die eigene Behandlung

Die große Frage für viele junge Menschen mit einer psychischen Erkrankung ist die Frage nach der Verantwortungsübernahme für die eigene Krankenbehandlung. Dies ist häufig in Konflikte mit der Herkunftsfamilie, insbesondere mit den Eltern, eingebettet. Wie bei manchen chronischen körperlichen Erkrankungen machen sich die Eltern Sorgen, dass die Jugendlichen ihre Tabletten nicht einnehmen etc., und provozieren durch Kontrolle und Nachfragen Trotzreaktion.

Deshalb ist es in der Psychotherapie wichtig, zur Vorbereitung der Transition sicherzustellen, dass Jugendliche selbst über ihr Krankheitsbild hinreichend Bescheid wissen

(Psychoedukation) und für ihr Krankheitsbild auch selbst Verantwortung übernehmen: Einhaltung von Therapiestunden, Vereinbarung von Terminen, Einladung von Eltern zu Elterngesprächen, Besuch einer Selbsthilfegruppe etc.

Scham und Stigma Wurmser hat den Konflikt bezüglich Abhängigkeits-, Scham- und Schuldgefühlen bei Autonomiebestrebungen in seinem Buch zur Scham (Wurmser 1993), aber auch in seinen anderen Werken ausführlich beschrieben. Scham und Stigma, die Angst anders zu sein und deshalb keinen Partner zu finden, keinen Arbeitsplatz zu finden, sind große Themen, gerade in der Psychotherapie von Jugendlichen und jungen Erwachsenen. Die Angst, bei autonomen Entscheidungen die Unterstützung der Eltern zu verlieren, die Angst davor, demütigend zu scheitern, all dies sind normale und entwicklungsadäquate Konflikte, welche durch die Dimensionen der Erkrankung verstärkt werden können.

Autonomie – nicht erst mit 18 Es ist zu spät, wenn erst im Erwachsenenalter die Verantwortung langsam von den Eltern abgegeben wird. Gerade in der Behandlung chronisch psychisch kranker Kinder und Jugendlicher ist es wichtig, frühzeitig auf die Autonomieentwicklung der Jugendlichen zu achten und diese zu bestärken, selbst wenn es dadurch teilweise zu Problemen in der Compliance kommen sollte. Autonomie und Selbstverantwortung müssen erlernt werden, sie entsteht nicht mit dem 18. Geburtstag von einem Tag auf den anderen.

Leben im Internet Gerade psychisch kranke Jugendliche und junge Erwachsene haben häufig eine Tendenz, sich sozial zu isolieren, und verbringen unzählige Stunden mit dem Internet, sei es in sozialen Netzwerken, sei es in Computerspielen. Nicht selten beinhalten von ihnen selbstgestaltete Spielfiguren, also Avatare, Projektionen und Träume über Beziehungswünsche, Geltungsanspruch, Macht und Karriere.

> Es ist sinnvoll und richtig, sich mit Jugendlichen über ihre Freundschaften in sozialen Netzwerken oder über Computerspielinhalte ausführlich zu unterhalten und diese Inhalte therapeutisch deutend zu nutzen.

Projektionen und Wunschvorstellungen Viel zu oft schließen sich Therapeuten und Eltern zusammen, um die Jugendlichen zu einer Teilhabe im wirklichen Leben aufzufordern, und setzen sich gar nicht mit dem Material, das die Internetbeschäftigung bietet, therapeutisch auseinander. Sie verpassen dabei gerade in Bezug auf Identitätsentwicklung und Fantasien über Lebensentwürfe wichtige Inhalte, die von Jugendlichen angeboten werden – z. B. im Rahmen von Therapiegesprächen über Internetavatare, die häufig zahlreiche Projektionen und Wunschvorstellungen enthalten.

Probehandeln im Internet Probehandeln im Internet ist eine wichtige Ebene, die psychotherapeutisch viel zu wenig untersucht ist. Manche der alten psychodynamischen Vorstellungen über die Funktion des Kinderspiels sind sicher auch auf diese Spieleformen zu übertragen. Bemerkenswert ist, dass gerade Jugendliche hier eine Fülle von Material bieten, das einen Einblick in ihre Fantasiewelt erlaubt.

Begleitung der Fantasiewelt Hier ist es wichtig, sich in der Übergangsphase zwischen Jugendlichen- und Erwachsenenalter stark auf die therapeutische Rolle und die Begleitung der Fantasiewelt und des Probehandelns der jungen Menschen einzulassen. Viel wichtiger, als den besorgten, erzieherischen Fragen der Eltern zu folgen, ob so viel Internetkonsum gut sein könne, wie viele Stunden am Tag das Kind mit dem Computer verbringen dürfe, etc.

Internet nutzen für die Psychoedukation Auch für die Psychoedukation bietet das Internet zahlreiche Chancen, die zum Teil in der somatischen Transitionsmedizin schon stark genutzt werden. Peer-to-peer-Ansätze können hier ebenso hilfreich sein wie Unterstützung durch organisierte „care leaver" (heranwachsende Personen, die die Jugendhilfe bereits verlassen haben), die auch Institutionen oder Projekte im Umgang mit jungen Menschen, die Betreuung (zum Beispiel auch Heimerziehung oder Pflegefamilien) verlassen, unterstützen können.

Fazit

Fasst man die therapeutischen Foki, die eine transitionstherapeutische Behandlung kennzeichnen sollten, noch einmal zusammen, so ergeben sich die folgenden Schwerpunkte (vgl. Fegert et al. 2009, Armbruster & Freyberger, im Druck):

- Entwicklung und Verfolgung eines eigenen Lebenskonzepts bzw. -entwurfs
- Anerkennung der Tatsache des Auf-sich-gestellt-Seins im Loslösungsprozess vom Elternhaus
- Entwicklung einer stabilen persönlichen Identität
- Akzeptanz des eigenen (sexuellen) Körpers
- tragfähige Beziehungen zu Gleichaltrigen
- Fähigkeit zu Intimität und Partnerschaft
- Verzicht auf bzw. Integration von Omnipotenz- und Grandiositätsphantasien
- Entwicklung eines reifen Ich-Ideals
- Bereitschaft und Fähigkeit zu sozialer Verantwortung und politischem Handeln
- Stabilisierung der eigenen Moralität
- Erreichen ökonomischer Unabhängigkeit

Literatur
Armbruster C, Freyberger HJ. Interne und externe Transition in die Erwachsenenpsychiatrie – erste Arbeitserfahrungen mit einer Tages- und Poliklinik für Adoleszenzpsychiatrie in Stralsund. Psychotherapeut 62; im Druck
Arnett JJ. Emerging adulthood: The winding road from the late teens through the twenties. New York: Oxford University Press; 2004
Arnett JJ, Tanner JL. Emerging adults in America: Coming of age in the 21st century. Washington D.C.: American Psychological Association; 2006
BGH in Zivilsachen, Beschluss vom 7. August 2013 – XII ZB 559/11 – OLG Oldenburg AG Varel 2013
Erikson EH Identity and the Life Cycle. New York: International Universities Press 1959
Fegert JM Streeck-Fischer A, Freyberger HJ, Hrsg. Adoleszenzpsychiatrie. Psychiatrie und Psychotherapie der Adoles-

zenz und des jungen Erwachsenenalters. Stuttgart: Schattauer-Verlag; 2009

Fegert JM, Hauth I, Banaschewski T et al. Übergang zwischen Jugend- und Erwachsenenalter: Herausforderungen für die Transitionspsychiatrie. Z Kinder Jugendpsychother 2017; 45: 80–85. Im Internet: http://dgkjp.de/images/files/aktuelles/2016-06-23_Eckpunkte_Transitionspsychiatrie_der_Adoleszenz_und_des_jungen_Erwachsenalters_FINAL.pdf

Mayr M, Kapusta ND, Plener PL et al. Transitionspsychiatrie der Adoleszenz und des jungen Erwachsenenalters. ZPPP 2015; 63: 155–163

McGorry PD, Tanti C, Stokes R et al. Australia's National Youth Mental Health Foundation--where young minds come first. Med J Austr 2007; 187(7 Suppl): 68–70

Meleis AI. Theoretical nursing: Development and progress. 4th ed. Philadelphia: Lipincott Williams & Wilkins; 2007

Paul M, Ford T, Kramer T et al. Transfers and transitions between child and adult mental health services. Br J Psychiatry 2013; 54: 36–40

Paus T, Keshavan M, Giedd JN. Why do many psychiatric disorders emerge during adolescence? Nat Rev 2008; 9: 947–957

Plener PL, Groschwitz RC, Franke CF et al. Die stationäre psychiatrische Versorgung Adoleszenter in Deutschland. Z Psychiatr Psychol Psychother 2015; 63: 181–186

Resch F, Herpertz SC. Die kooperative Adoleszentenstation in Heidelberg: Das „Frühbehandlungszentrum für Junge Menschen in Krisen" – FBZ. In: Lehmkuhl G, Resch, F. Herpertz SC, Hrsg. Psychotherapie im jungen Erwachsenenalter. Stuttgart: Kohlhammer; 2015

Rosen DS, Blum RW, Britto M et al.; Society for Adolescent Medicine. Transition to adult health care for adolescents and young adults with chronic conditions: position paper of the Society for Adolescent Medicine. J Adolesc Health 2003; 33: 309–311

Salgo L. § 1631b BGB: Fixierung mdj. Kinder ist keine Unterbringung. FamRZ 2013; 21: 1719–1720

Seiffge-Krenke I. Therapieziel Identität: Veränderte Beziehungen, Krankheitsbilder und Therapie. Stuttgart: Klett-Cotta; 2012

Seiffge-Krenke I. Emerging Adulthood: Forschungsbefunde zu objektiven Markern, Entwicklungsaufgaben und Entwicklungsrisiken. Z Psychiatr Psychol Psychother 2015; 63: 165–174

Singh SP, Evans N, Sireling L et al. Mind the gap: the interface between child and adultmental health services. Psychiatr Bull 2005; 29: 292–294

Singh SP, Paul M, Ford T et al. Process, outcome and experience of transition from child to adult mental healthcare: multiperspective study. Br J Psychiatr 2010; 197; 305–312

Wurmser L. Die Maske der Scham. Berlin, Heidelberg: Springer; 1993

Prof. Dr. Jörg M. Fegert

Universitätsklinikum Ulm
Klinik für Kinder- und Jugendpsychiatrie und Psychotherapie
Steinhövelstraße 5
89075 Ulm
joerg.fegert@uniklinik-ulm.de

Ärztlicher Direktor der Abteilung für Kinder- und Jugendpsychiatrie/ Psychotherapie des Universitätsklinikums Ulm, Leiter des Kompetenzzentrums Kinderschutz in der Medizin in Baden-Württemberg und Vorstandsmitglied der Aktion Psychisch Kranke. Arbeitsschwerpunkte sind u. a. Vernachlässigung, Misshandlung, Missbrauch, Frühe Hilfen, psychosomatische Störungen im Kindes- und Jugendalter, das Verhältnis Jugendhilfe/Jugendpsychiatrie sowie andere sozialrechtliche und forensische Fragen.

Prof. Dr. med. Harald J. Freyberger

C4-Professor für Psychiatrie und Psychotherapie an der Universität Greifswald, Direktor der am Hanse-Klinikum Stralsund ausgelagerten Universitätsklinik für Psychiatrie und Psychotherapie. Promotion 1986 über eine einzelfallstatistische psychophysiologische Psychotherapiestudie. Habilitation 1995. Forschungsschwerpunkte: diagnostische und epidemiologische Fragestellungen, Traumatisierung und Dissoziation, Versorgungsforschung und Psychotherapieforschung.

Interessenkonflikt
Der korrespondierende Autor gibt an, dass kein Interessenkonflikt vorliegt.

Beitrag online zu finden unter
http://dx.doi.org/10.1055/s-0043-103880

Annette Streeck-Fischer

Adoleszenz
Identitätsentwicklungen zwischen Krise und Diffusion

Das Jugendalter ist eine Zeit der Umstrukturierung. Die damit verbundenen Instabilitäten münden nicht selten in krisenhafte Verläufe zwischen Normalität und Pathologie. Im günstigen Fall kommt es zu einer Identitätsintegration. Traumatisierungen können zu Identitätsdiffusion führen. Gefährdet wird der Prozess der Identitätsfindung auch durch militante Ideologien, die Größe und Heldentum versprechen, oder gesellschaftliche Umbrüche.

Adoleszenz und Identität

Zeit der Krisen Psychoanalytische Adoleszenztheorien, die das Jugendalter mit seinen Umstrukturierungen der Persönlichkeit als Zeitspanne der Krisen, des Sturms und Drangs und des Aufruhrs sehen, werden durch epidemiologische Untersuchungen ebenso bestätigt wie Theorien der akademischen Psychologie, die den emotionalen und kognitiven Reifungsprozess des Jugendlichen mit seinen adaptiven Fähigkeiten hervorheben.

Unscharfe Grenze Die Adoleszenz ist die Zeit einer tiefgreifenden biopsychosozialen Umstrukturierung. Epidemiologische Untersuchungen zeigen, dass diese Zeitspanne durch erhebliche Instabilitäten gekennzeichnet ist. Die Grenzen zwischen Normalität und Pathologie sind unscharf, sodass es mitunter schwer ist, zwischen gesundem und pathologischem Narzissmus oder zwischen Borderline-Störung und Borderline-ähnlichem Verhalten zu unterscheiden (Giovacchini 1978, Streeck-Fischer 2014).

Das oft risikoreiche Verhalten von Jugendlichen ist vor dem Hintergrund des biologischen Ungleichgewichtes zu verstehen.

Fähigkeit zur Selbstregulierung noch nicht voll entwickelt So sind Jugendliche nur eingeschränkt fähig, ihr Verhalten zu kontrollieren und neigen zur Suche nach schnellen Erfolgen, Abwechslung und Sofortbefriedigung, statt langfristige Ziele zu verfolgen. Dabei sind ihre Fähigkeiten zur Selbstregulierung noch nicht voll entwickelt. Der unreife präfrontale Kortex kann noch keine ausreichende Top-down-Kontrolle der Affekte und der Belohnung versprechenden Regionen (Casey et al 2008: Amygdala, Nucleus accumbens) übernehmen. Damit können eine Vielzahl von Auffälligkeiten in der Adoleszenz erklärt werden.

Wegweiser für die Identität Zwar gilt die Identitätsbildung als ein lebenslanger Prozess, dennoch sind gerade die Schritte in der Adoleszenz wegweisend für die Zukunft. Identität beinhaltet die jeweils individuelle Persönlichkeit eines Menschen, die aus Beziehungen zu wichtigen anderen im Laufe des Lebens hervorgegangen ist (Seiffge-Krenke 2012). Identität wird auch das Empfinden von Kohärenz und Kontinuität genannt (Ermann 2011). Die Entwicklung einer individuellen und ethnischen Identität ist komplex und resultiert aus einer Mischung von biologischen, sozialen, kulturellen und Umgebungsfaktoren (Mann 2006). Die Identität des Jugendlichen ist dabei nicht einfach die Summe seiner Kindheitsidentifizierungen, sondern eine Kombination von früheren und neuen Identifizierungen (Erikson 1950). Dieser Prozess ist krisenreich und gefährlich und u. a. bestimmt von der Reifung der Fähigkeit zur Selbstregulation und zu komplexem sozialem Funktionieren.

Kognitive Veränderungen Jugendliche erlangen jetzt nicht nur die Fähigkeit, differenziert über sich selbst nachzudenken, sondern es kommt auch zu kognitiven Veränderungen bei der Verarbeitung von Beziehungserfahrungen. Jugendliche verbinden die eigene Vergangenheit mit der Gegenwart und der Zukunft und entwickeln daraus im günstigen Fall identitätsstiftende Narrative und Ziele.

Stufen der Identitätsfindung Marcia (1966) unterscheidet vier verschiedene Stufen der Identitätsfindung, die insbesondere den Adoleszenzverlauf kennzeichnen, aber auch darüber hinaus Bedeutung haben können.

- Die *erreichte Identität (achievement)* bildet die höchste Stufe, nämlich eine Integration der Identität. Sie ist mit einem stabilen Selbstwertgefühl und guten interpersonellen Fähigkeiten verbunden. Über diese Fähigkeiten verfügen Jugendliche in der Regel erst am Ende der Adoleszenz.
- Für die Zeitspanne der Adoleszenz ist das *Identitätsmoratorium* (vgl. Erikson 1950) kennzeichnend. Es ist – so Marcia – von Explorationsverhalten bestimmt, ohne dass daraus schon Entscheidungen folgen.
- Die *Identitätsabschottung (foreclosure)* geht demgegenüber mit nicht-explorativem, gehorsamem und konformem Verhalten einher. Erdheim (1983) hat diese Form als „kalte" Adoleszenz bezeichnet. Die Adoleszenz findet gleichsam nicht oder – wie Hagemann-White (1992) bei weiblichen Jugendlichen beschrieben hat – erst im Erwachsenenalter statt.
- Die *Identitätsdiffusion* ist meist mit erheblichen psychischen und sozialen Problemen verbunden. Sie wird von Kernberg (1978) u. a. als Folge einer strukturellen Pathologie aufgefasst. Insbesondere Jugendliche, die Gefahr laufen, in ihrer Identitätsdiffusion zu verharren, können als Sorgenkinder sowohl in gesellschaftlichen und versorgungsrelevanten Kontexten mit Entwicklung hin zu Dissozialität, Verwahrlosung, Sucht, Psychiatrisierung, Borderline-Entwicklungen gelten. Es handelt sich dabei zumeist um Jugendliche, die Traumatisierungen, wie Vernachlässigung, Misshandlung und/oder Missbrauch, in ihrer Entwicklung erfahren haben.

Identitätskrise versus Identitätsdiffusion

Krise, nicht Krankheit Adoleszenzkrise, normative Krise, Reifungskrise, adoleszente Identitätskrise und adoleszente Entwicklungskrise sind Begriffe, die synonym gebraucht werden. Sie kennzeichnen eine kritische Phase der Entwicklung; eine Krise, die keine Krankheit darstellt, sondern zu einem normalen Entwicklungs- oder Reifungsablauf gehört (vgl. Remschmidt 1992, Streeck-Fischer, Fegert & Freyberger 2009).

Unberechenbar und unverlässlich – ganz normal Anna Freud hat die krisenhafte Instabilität eindrücklich beschrieben: „Unberechenbarkeit und Unverlässlichkeit gehören meiner Ansicht nach zum Bild des normalen Jugendlichen. Während der Dauer der Pubertät kann der Jugendliche nicht anders. Er wehrt seine Triebregungen ab, gibt ihnen aber auch nach, er vollbringt ein Wunder an Selbstbeherrschung, ist aber auch ein Spielball seiner Gefühle, er liebt seine Eltern und hasst sie zugleich, er ist gleichzeitig in voller Revolte und voller Abhängigkeit … er hat mehr künstlerisches Verständnis, ist idealistischer, großzügiger als je vorher und nachher; aber er ist auch das Gegenteil: egoistisch, selbstsüchtig und berechnend…" (Freud 1958, S. 1767).

> Eine adoleszente Identitätskrise ist ein krisenhafter, jedoch vorübergehender Zustand, der die Potenziale einer zweiten Chance in der Adoleszenz berücksichtigt und im Zusammenhang mit den anstehenden Entwicklungsaufgaben steht.

Krise oder Diffusion? Dabei spielen der Zeitfaktor, der jeweilige adoleszenzspezifische Auslöser für das krisenhafte Geschehen und die strukturelle Ausstattung eine Rolle. Sobald eine strukturelle Pathologie vorliegt, mit mangelnden Grenzziehungen zwischen dem Selbst und den Objekten, einer ausgeprägte Selbst- und Impulsregulationsstörung, Störungen in der Realitätsprüfung, ist von einer Identitätsdiffusion auszugehen.

Trauma – Folgen für die Identitätsentwicklung

Bedrohung, Schmerz, Panik Ein Jugendlicher, der als Kind Misshandlungen durch Personen ausgesetzt war, die für seine Entwicklung wichtig waren, hat mit seinem noch rudimentären Ich traumatische Überwältigungen im Aufbau einer Bindungsbeziehung erfahren, die ihn mit massiver Bedrohung, Schmerz und Panik konfrontieren. Traumatische Belastungen und Bindungswünsche konfligieren miteinander – mit komplexen Folgen (Streeck-Fischer 2014, Fonagy 2008).

Trauma Ein psychisches Trauma ist ein Ereignis, das sowohl die psychischen als auch die biologischen Bewältigungsmechanismen einer Person überfordert und *„das nicht durch die Unterstützung einer anderen Person, die die Unfähigkeit dieses Menschen bzw. Organismus ausgleichen könnte, kompensiert werden kann"* (Streeck-Fischer & van der Kolk 2000). Ein Trauma ist somit kein objektives Ereignis, sondern eine Erfahrung, die aufgrund der persönlichen Interpretation des Opfers und seines Entwicklungsstandes sowie seiner konstitutionellen Voraussetzungen – in Verbindung mit der frühen Pflegeperson – überwältigend ist.

Umweltbedingungen Fischer & Riedesser (1998) haben darauf aufmerksam gemacht, dass es wichtig ist, zwischen der traumatischen Situation (dem Zusammenspiel von Innen- und Außenperspektive, traumatischen Umweltbedingungen und subjektiver Bedeutungszuschreibung), der traumatischen Reaktion und dem traumatischen Prozess zu unterscheiden.

> Im Fall der Traumatisierung von Kindern und Jugendlichen – das heißt, bei Traumatisierung in der Entwicklung – bekommen die Umweltbedingungen eine hervorgehobene Bedeutung. Sie beeinflussen, wie die traumatische Belastung verarbeitet wird und ob es zu Chronifizierungen kommt.

Borderline-Störungen Jugendliche, die Misshandlung, Missbrauch und/oder Vernachlässigung erfahren haben, entwickeln häufig die Symptomatik der Borderline-Persönlichkeitsentwicklungsstörung. Es sind Jugendliche mit einer Identitätsdiffusion. Inwieweit Borderline-Störungen Traumafolgestörungen sind oder nicht (Kernberg 1999, Herman et al. 1989, Zanarini et al. 1997), ist allerdings ein Streitthema. Kernberg (1999) und Kernberg & Hörz (2011) stellen sich Bestrebungen entgegen, die Folgen früher Traumatisierung in der Entwicklung von Borderline-Störungen übermäßig zu gewichten bzw. die Borderline-Störung als komplexe traumatische Belastungsstörung zu sehen. Körperliche Misshandlung, sexueller Missbrauch oder das Miterleben körperlicher und sexueller Gewalt sind für Kernberg (1999) als schmerzhafte Erlebnisse relevant, die reaktive Aggression auslösen und zu einem Vorherrschen primitiver Aggression als zentralem Element für die Entwicklung von Persönlichkeitsstörungen führen. Chronische Aggression und traumatische Erfahrungen miteinander zu verbinden, heißt aus Kernbergs Sicht, ätiologische Faktoren zu verwischen. Kernberg lehnt das Konzept chronischer und komplexer Traumata ab. Die posttraumatische Belastungsstörung (PTBS) geht – so Kernberg – ausschließlich auf einmalige, intensiv überwältigende und desorganisierende Erfahrungen zurück. Er meint damit den Traumatyp I nach Terr (1991).

Komplexe Traumatisierungen Traumatische Belastungsstörungen bei Jugendlichen sind jedoch häufig eine Kombination von frühen Folgen emotionaler Vernachlässigung sowie sexuellem und körperlichem Missbrauch. Diese komplexen Traumatisierungen in der Entwicklung haben zerstörerische Folgen für die Fähigkeit zur Integration. Darüber hinaus spielt die Faktizität der jeweiligen Traumatisierung in der Behandlung eine wichtige Rolle, da nicht nur die von Kernberg (1978) beschriebenen pathologischen Objektbeziehungen, sondern insbesondere die komplexen Entwicklungsstörungen und traumatischen Reinszenierungen zu berücksichtigen sind.

Persönlichkeitsveränderungen statt PTBS Es wäre ein Fehler anzunehmen, bei Traumatisierungen in der Entwicklung komme es zu dem Bild einer PTBS wie im ICD-10/DSM-IV beschrieben. Das Bild einer PTBS bleibt bei Traumatisierungen in der Entwicklung in der Regel subklinisch, andere Störungen stehen im Vordergrund. Aus den ursprünglichen traumatisch bedingten Zuständen werden Traites (Gordon & Wraith 1993), die mit Persönlichkeitsveränderungen und -störungen verbunden sind.

Verlust von Kohärenz Eine bedeutsame Folge früher und komplexer Traumatisierungen ist der Verlust von Kohärenz. Dabei geht die Einheit des Selbst verloren. Integrationsfähigkeiten, über die der Säugling von Geburt an verfügt, wie z. B. die sensomotorische Integration oder die Verbindung von Körper und Psyche, brechen unter derartigen traumatischen Belastungen zusammen (vgl. Dornes 1993). Die Kohärenz des Selbst zerbricht. Es kommt zu einer Verdoppelung der Persönlichkeit, zur Aufspaltung in verschiedene Selbstzustände im affektiven Erleben, in den kognitiven und sprachlichen Fähigkeiten und der somatosensorischen Integration – Bedingungen, die kennzeichnend für die Identitätsdiffusion sind.

Trigger lösen verschiedene States aus Aus der Perspektive der Traumaforschung kann der Abwehrmechanismus der Spaltung, der bei diesen Jugendlichen häufig festzustellen ist, anders verstanden und interpretiert werden. Der Jugendliche gerät – ausgelöst durch äußere Trigger – in verschiedene Zustände (States). Er kippt gleichsam in Verbindung mit bedrohlichen, beängstigenden Auslösern, die mit verzerrten Wahrnehmungen verbunden sind, aus altersentsprechenden Zuständen in Verhaltensweisen, die früheren Entwicklungsphasen entsprechen (Streeck-Fischer 2014).

Handeln statt Reden Die beeinträchtigte Selbst-, Affekt- und Impulsregulation wird im Zusammenhang mit der neuropsychobiologisch gestörten Stressregulation gesehen. Diese mangelnde Fähigkeit der Stressregulation zeigt sich u. a. in Notregulationen und missglückten Selbsthilfemaßnahmen wie in selbst- und fremddestruktivem Verhalten, Alkohol- und Drogenmissbrauch, Thrill- und Kick-Erlebnissen wie U-Bahn-Surfen. Gedächtnisstörungen führen zu massiven Erinnerungslücken und dazu, dass diese Jugendlichen sich so verhalten, als sei die Vergangenheit gegenwärtig.

> Infolge ausgeprägter Mentalisierungsstörungen handeln Jugendliche in einer Krise, statt sich mit Worten mitzuteilen.

Die verschiedenen dissoziativen Phänomene erklären Beeinträchtigungen dieser Jugendlichen wie affektive Blindheit, Lernstörungen und Körperwahrnehmungsstörungen.

Fallbeispiel 1

Der 17-jährige B. hatte folgenden Wunsch- und Tagtraum, den er zu Papier brachte: „Ich träume, dass ich ein berühmter Gelehrter sei, der sich mit Waffentechnologie und Kernenergie beschäftigte. Durch Zufall wurde ich durch einen Zeitsprung in die Vergangenheit versetzt. Es war das Jahr 1939. Ich sah sofort die Chance, mit meinem Wissen und meinen Unterlagen der deutschen Kriegsführung dienlich zu sein. Ich ging sofort zum Reichskriegsministerium. Dort erklärt man mich zuerst für verrückt, führte mich aber trotzdem zu ihrer Exzellenz, Reichsmarschall Hermann Göring. Dieser erkannte sofort anhand meines Wissens und meiner Unterlagen, wie wichtig ich bin. Man stellte die Kriegsrüstung sofort um. ... Ich wurde der Vertreter von Hermann Göring und wurde einer der höchsten Würdenträger des Deutschen Reiches. Durch meine Hilfe gewann das Deutsche Reich den Krieg. ... Ein deutsches Weltreich wurde errichtet, mit der Hauptstadt Germania (früher Berlin). Durch mich wurde das 1000-jährige Reich gegründet und dem deutschen Volk der ewige Friede gebracht. ... Durch mich wurde die Welt gerettet." (Streeck-Fischer 2014)

Depression, Essstörungen, Suizidversuche Darüber hinaus entwickeln Jugendliche in der Adoleszenz mit ihrer Identitätsdiffusion Depressionen und unternehmen Suizidversuche. Sie zeigen ausgeprägte Essstörungen mit der Entwicklung von Fettsucht, fallen durch Promiskuität und Prostitution auf (Gilbert et al. 2009) und neigen zu kriminellem Verhalten. Besonderes gefährlich ist es jedoch, wenn sich der Prozess der Identitätsentwicklung mit jeweils in der Gesellschaft oder Subkultur dargebotenen Ideologien verbindet.

Identitätsdiffusion und gesellschaftliches Entgegenkommen

Brutale Bilder als Metaphern Jugendliche greifen gerne aktuelle Themen von gesellschaftlicher Brisanz auf, besonders brutale oder traumatische Inszenierungen, z. B. die im Internet verbreiteten Darstellungen islamistischen Terrors. Es sind Bilder, die als Metaphern innere Zustände symbolisieren (Laub & Auerhahn 1993). Solche Bilder können auch als Versatzstücke einer Bilderleere verwendet werden, die infolge früher Dissoziationen bei unverdauten schrecklichen Erfahrungen auftritt. Das Grauen und der Schrecken dieser Bilder werden dann zu leiblichen Spuren früher Misshandlungen oder auch im Schweigen transportierter unerledigter Konflikte aus der Eltern- und Großelterngeneration.

> Jugendliche mit traumatischen Erfahrungen haben besonders ungünstige Voraussetzungen, ihren Platz in der Gesellschaft zu finden. Sie sind nicht nur in ihrer Fähigkeit, Beziehungen herzustellen, beeinträchtigt, sondern auch in ihren kognitiven Fähigkeiten und ihrer Fähigkeit, sich mitzuteilen und verständlich zu machen.

Suche nach Kontinuität und Identität Jugendliche suchen nach Kontinuität und Identität. Die Sprachlosigkeit traumatisierter Jugendlicher mündet häufiger in gehandelten Botschaften, die ihre Entmenschlichung zum Ausdruck bringen. Ideologien, die ihnen Größe, Identität und Kontinuität anzubieten scheinen, sind für sie besonders verführerisch (○ **Fallbeispiel 1**).

Der mächtige Vater Um einem drohenden Identitätsverlust entgegenzuwirken, greifen Jugendliche bei fehlendem, abgewertetem oder mangelhaft präsentem Vater auf ein mächtigeres und scheinbar liebevolleres väterliches Objekt zurück. Diese Bedeutung kann auch die Gestalt Hitlers annehmen (wie in ○ **Fallbeispiel 1**), der mit seiner Lebensgeschichte eines Gedemütigten und Beschädigten bei solchen Jugendlichen eine bewunderte Größe und Heldenhaftigkeit erreichen kann.

Scheinbar identitätsstiftende Ideologien Insbesondere in Zeiten gesellschaftlichen Umbruchs, wie das etwa bei der deutschen Wiedervereinigung Anfang der 1990er-Jahre der Fall war, oder auch bei der gegenwärtigen „Flüchtlingskrise" werden in Jugendlichen mit einer erschütterten Selbst-Entwicklung (Streeck-Fischer 1992) zusätzliche Verunsicherungen aktiviert, die dazu führen können, sich an scheinbar identitätsstiftenden Ideologien zu orientieren. Obwohl die Statistik rechtsradikal begründeter Gewalttätigkeiten verdeutlicht, dass Ausländerfeindlichkeit und Rechtsradikalismus ein anhaltendes Problem mit besonderer Tragweite in den neuen Bundesländern darstellt, war sie bis zur Aufdeckung der rechtsextrem motivierten Morde des Nationalsozialistischen Untergrunds (NSU) im November 2011 in den Medien kaum präsent. Betrachtet man die Lebensgeschichten der beiden Männer des NSU, Uwe Mundlos und Uwe Böhnhardt, so scheint es, dass sie ihre rechtsextremen Identifikationen als Adoleszente vollzogen haben – also Ende der 80er-, Anfang der 90er-Jahre, als es im gerade wiedervereinigten Deutschland heftige Ausschreitungen gegen Ausländer gab (Streeck-Fischer 1992). Soweit ihre Lebensgeschichten bekannt sind, lassen sich Parallelen zu den hier beschriebenen Mechanismen einer Identitätsdiffusion wiederfinden, die sowohl einen individuellen als auch kulturellen Hintergrund hat.

Zwischen zwei Kulturen Erschwert ist der Prozess der Identitätsfindung auch bei Jugendlichen mit Migrationshintergrund, insbesondere Jugendlichen der zweiten Generation. Sie wachsen in Deutschland auf, erfahren jedoch über ihre Eltern gleichsam eine halbierte Welt mit einem Mutterland und einem Vaterland, oder einem Herkunftsland der Eltern und einem Land, in dem sie aufwachsen.

Fallbeispiel 2

C., ein 15-jähriger Jugendlicher, war der Sohn einer deutsch-osteuropäischen Mutter und eines türkischen Vaters, die beide als Jugendliche nach Deutschland gekommen waren und sich hier kennengelernt, aber nie geheiratet hatten. Neben einem jüngeren Bruder habe er angeblich zehn Halbbrüder, davon neun aus Verbindungen des Vaters. C. lebte bei der Mutter. Der Vater hatte sich von ihr getrennt, als C. sieben Jahre alt war. C. hatte sporadische Kontakte zum Vater, der immer wieder für längere Zeit unterwegs auf Montage war.

C. kleidete sich ganz in Weiß, trug Mike-Tyson-ähnlich geschnittene Haare und machte den Eindruck eines gewaltbereiten Machos bzw. eines rechtsextremen Jugendlichen, der sich an Regeln eines Gangmilieus orientierte. Im Erstgespräch meinte er: „Ihr Deutschen versteht uns nicht. Wenn man arm ist, dann geht man eben in den Supermarkt, um sich da zu holen, was ihr habt."

Multiple Symptome wie selbst- und fremddestruktives Verhalten, grenzen- und regelnüberschreitendes Verhalten, erhöhte Reizbarkeit und eine geringe Impuls- und Affektsteuerung bestimmten sein Störungsbild. Zugleich glorifizierte er die türkische Kultur. Er idealisierte den Vater und meinte, in Identifikation mit ihm Stärke beweisen zu können. Die Mutter blieb in seinen Schilderungen blass. Zugleich war ihm die Familie heilig, wie er betonte.

C. lebte in einem sozialen Brennpunkt, wo Straßenkämpfe von türkischen und kurdischen Jugendbanden ausgefochten wurden. Die Integration in Schule und Beruf war für ihn nicht erstrebenswert; er musste sich an die Regeln der Straße halten, wo das Recht des Stärkeren galt. Infolge von Sprachproblemen und einer Lese-Rechtschreib-Schwäche drohte er in der Schule zu scheitern.

So suchte er als Stütze seines erschütterten Selbst Orientierung in der Ideologie der grauen Wölfe, einer türkischen ultranationalen (rechtsextremen) Vereinigung. Als türkischer Nationalist konnte er sich als jemand Besonderes fühlen. Er fand darin Kraft, Orientierung und narzisstische Aufwertung, um Diskriminierungen, die er in seinem Umfeld erfahren hatte, entgegentreten und überleben zu können. Ähnlich wie der Vater, der sich an veralteten Lebensformen seines Landes orientierte, z.B. mehrere Frauen hatte, griff C. auf Legitimationen zurück, die ihm erlaubten, Taten außerhalb von Recht und Ordnung zu begehen, denn – so C. – „wenn man arm ist, ist es erlaubt sich zu bedienen." Seine Identitätsbildung mündete in eine gefährliche Pararealität.

Das Leben zwischen zwei verschiedenen Welten bekommt meist in der Adoleszenz eine destabilisierende Bedeutung. Vor allem dann, wenn sie wenig integriert sind, geraten Migranten der zweiten Generation dann leicht zu „Borderland-Jugendlichen", die zwischen zwei Kulturen leben.

Die Herkunftswelt als Anker Scheitern sie in der Gesellschaft, in der sie sich befinden, gerät die Herkunftswelt zu einem Anker für ihre Identitätsfindung. Folgt man Akhtar (1999), geht die Identitätsentwicklung bei fremdem kulturellem Hintergrund mit einer Labilisierung des Selbstkonzepts, einer dritten Individuationsphase einher. Diese Labilisierung wird gleichsam verdoppelt, wenn es sich um Jugendliche mit Migrationshintergrund in ihrer zweiten Individuationsphase handelt. Die adoleszenzspezifische Neigung zur Polarisierung, zur Entwertung und Idealisierung, verbunden mit erhöhter Kränkbarkeit, kommt bei diesen Jugendlichen verschärft zum Tragen (o **Fallbeispiel 2**).

Leicht verführbar Das Beispiel in Kasuistik 2 zeigt, dass Jugendliche mit Migrationshintergrund und schulischem Scheitern allzu leicht verführbar sind. Nationalistische Ideologien des Herkunftslandes dienen zur Selbstüberhöhung. Die Aktionsszene mit Straßenschlachten wirkt auf Jugendliche mit niedrigen Bildungsabschlüssen und ebenso geringen Zukunftsaspirationen anziehend. Allein die Zugehörigkeit zu bestimmten Gruppierungen wertet narzisstisch auf. Solche Jugendliche suchen offen destruktive Bewältigungsstrategien, um Lähmungs-, Ohnmachts- und Leeregefühle zu überwinden. Ein anderer Weg für türkische Jugendliche ist die Orientierung am islamischen Glauben. Der Weg zum Gotteskrieger ist dann, wenn religiöse fundamentalistische Führer aktiv werden, nicht mehr allzu weit.

Fazit

In der Psychotherapie von Jugendlichen gibt es ausgefeilte psychotherapeutische Konzepte, die die Besonderheiten dieser Lebensphase berücksichtigen. Dabei spielen die Beziehungsgestaltung, der Umgang mit Übertragung und Gegenübertragung und die Einbindung in die sozialen Bezugssysteme, um nur einiges zu nennen, eine besondere Rolle (vgl Streeck-Fischer 2014, Streeck-Fischer et al. 2016). Insbesondere für Jugendliche mit Folgen traumatischer Belastungen und Identitätsdiffusion werden therapeutische Konzepte entwickelt, die bereits zum Teil ihre Wirksamkeit gezeigt haben, wie etwa ambulante und stationäre Borderline-Behandlungen. Noch relativ wenig entwickelt sind therapeutische Konzepte für Jugendliche im Migrationsprozess oder Jugendliche der zweiten Generation von Migranten. Therapeutisch schwer erreichbar sind vor allem Jugendliche, die mithilfe narzisstisch überhöhender Ideologien eine Orientierung suchen. Hier sind zumeist komplexere Interventionen erforderlich, wenn präventive Maßnahmen nicht greifen.

Literatur

Akhtar S. The third individuation. Immigration, identity, and the psychoanalytic process. J Am Psychoanal Ass 1999; 49: 1051–1084

Casey BJ, Jones RM, Hare TA. The adolescent brain. Ann N Y Acad Sci 2008; 1124: 111–126

Dornes M. Der kompetente Säugling. Frankfurt am Main: Fischer; 1993

Erdheim M. Die gesellschaftliche Produktion von Unbewußtheit. Frankfurt am Main: Suhrkamp; 1983

Erikson EH. Childhood and society. New York: Norton & Company; 1950

Ermann M. (2011) Identität, Identitätsdiffusion, Identitätsstörung. Psychotherapeut 2011; 56: 135–141

Fischer G, Riedesser P. Lehrbuch der Psychotraumatologie. München, Basel: Reinhardt; 1998

Fonagy P, Gergeley G, Jurist EJ, Target M. Affektregulierung, Mentalisierung und die Entwicklung des Selbst. Stuttgart: Klett-Cotta; 2004

Fonagy P. Psychoanalyse und Bindungstrauma unter neurobiologischen Gesichtspunkten. In: Leuzinger-Bohleber M, Roth G, Buchheim A, Hrsg. Psychoanalyse, Neurobiologie, Trauma. Stuttgart: Schattauer; 2008

Freud A. Probleme der Pubertät. In: Die Schriften der Anna Freud. Bd. VI. München: Kindler; 1958/1980: 1739–1770

Gilbert R, Spatz-Widom C, Brown K et al. Burden and consquences of child maltreatment in high income countries. Lancet 2009; 373: 68–81

Giovacchini P. The Borderline Aspects of Adolescence and the Borderline State. In: S Feinstein, P Giovacchini, eds. Adolescence psychiatry. Chicago; 1978: 320–338

Gordon R, Wraith R. Responses of Children and Adolescents to Disasters. In: Wilson JP, Raphael B, eds. International Handbook of Traumatic Stress. New York: Wilson and Beverley Raphael Plenum Press; 1993: 561–575

Hagemann-White C. Berufsfindung und Lebensperspektive in der weiblichen Adoleszenz. In: Flaake K, King V, Hrsg. Weibliche Adoleszenz. Zur Sozialisation junger Frauen. Frankfurt am Main: Campus; 1992: 64–83

Herman JL, Perry JC, van der Kolk BA. Childhood trauma in Borderline Personality Disorder. Am J Psychiatry 1989; 146: 490–495

Jaspers K. Allgemeine Psychopathologie. Ein Leitfaden für Studierende, Ärzte und Psychologen. 1. Aufl. Berlin: Springer; 1913

Kernberg O. Borderline-Störungen und pathologischer Narzissmus. Frankfurt am Main: Suhrkamp; 1978

Kernberg O. Persönlichkeitsentwicklung und Trauma. Persönlichkeitsst Theor Therap 1999; 1: 5–15

Kernberg O, Hörz S. Persönlichkeitsentwicklung und Trauma. Persönlichkeitsst Theor Therap 2011; 1: 1–15

Laub A, Auerhahn NC. Knowing and not knowing. Massiv psychic trauma. Int J Psychoanal 1993; 74: 287–302

Laufer M, Laufer ME. Adoleszenz und Entwicklungskrise. Stuttgart: Klett-Cotta; 1989

Levi-Strauss C. Strukturale Anthropologie. Frankfurt: Suhrkamp; 1975

Lichtenberg D. Eine selbstpsychologische Betrachtung der Adoleszenz. Übergangsphase oder Sturm und Drangkomplex? In: Hartmann HB, Milch W, Kutter P, Paul J, Hrsg. Das Selbst im Lebenszyklus. Frankfurt: Suhrkamp; 1998: 59–84

Mann MA. The formation and development of individual and ethnic identity. Insights from psychiatry and psychoanalytic theory. Am J Psychoanal 2006; 66: 211–234

Marcia JE. Development and validation of ego identity states. J Pers Soc Psychol 1966; 3: 551–558

Remschmidt H. Adoleszenz. Stuttgart: Thieme; 1992

Seiffge-Krenke I. Therapieziel Identität. Klett-Cotta: Stuttgart; 2012

Stern D. Die Lebenserfahrung des Säuglings. Stuttgart: Klett-Cotta; 1985/1996

Streeck-Fischer A. Geil auf Gewalt – Adoleszenz und Rechtsextremismus. Psyche 1992; 46: 745–768

Streeck-Fischer A. Trauma und Entwicklung – Folgen in der Adoleszenz. Stuttgart: Schattauer; 2014

Streeck-Fischer A, van der Kolk B. Down will come baby, cradle and all: diagnostic and therapeutic implications of chronic trauma on child development. J Psychiatry 2000; 34: 903–918

Streeck-Fischer A, Fegert J, Freyberger H. Gibt es Adoleszenzkrisen? In: Fegert J, Streeck-Fischer A, Freyberger H, Hrsg. Adoleszenzpsychiatrie. Stuttgart: Schattauer; 2009: 183–185

Streeck-Fischer A, Cropp C, Streeck U, Salzer S. Borderline-Störungen bei Jugendlichen. Die psychoanalytisch-interaktionelle Methode. Göttingen: Hogrefe; 2016

Terr L. Childhood traumas: An outline and overview. Am J Psychiatry 1991; 27: 96–104

Zanarini MC, Williams AA, Lewis R et al. Reported Pathological Childhood Experiences Associated with the Development of Borderline-Personality Disorder. Am J Psychiatry 1997; 154: 1101–1106

Prof. Dr. Annette Streeck-Fischer

International Psychoanalytic University (IPU)
Stromstr. 3
10555 Berlin
annette.streeck-fischer@ipu-berlin.de

Kinder- und Jugendpsychiaterin, Psychoanalytikerin, Hochschullehrerin der International Psychoanalytic University Berlin (IPU) seit 2009, 1983–2013 Chefärztin der Abteilung Psychiatrie und Psychotherapie von Kindern und Jugendlichen des Akademischen Lehrkrankenhauses Tiefenbrunn bei Göttingen, Lehr- und Kontrollanalytikerin am Lou-Andreas-Salomé-Institut Göttingen.

Interessenkonflikt

Die Autorin gibt an, dass kein Interessenkonflikt vorliegt.

Beitrag online zu finden unter
http://dx.doi.org/10.1055/s-0043-103845

Psychotherapie für Geflüchtete

Der Kern des Lehrbuchs besteht aus praxisnahen Hinweisen für die psychotherapeutische Behandlung von Geflüchteten. Die Autoren führen Sie kompetent und auf den Punkt in die Flüchtlingsthematik ein, geben Ihnen Sicherheit bei der Therapie von Flüchtlingen und beim Umgang mit rechtlichen Fragen. Im Vordergrund stehen Traumafolgestörungen, depressive Erkrankungen, Angsterkrankungen sowie Suchterkrankungen. Der Blick auf spezifische Personengruppen innerhalb der Geflüchteten (z.B. alleinreisende Jugendliche, ältere Menschen) und ein Praxisleitfaden runden das Buch ab.

Psychotherapie nach Flucht und Vertreibung
Borcsa/Nikendei
2017. 1. Aufl.
Ca. 220 S., ca. 30 Abb., kart.
ISBN 978 3 13 240745 9
ca. 49,99 € [D]
ca. 51,40 € [A]

[Krisenintervention und langfristige Begleitung für Geflüchtete]

Versandkostenfreie Lieferung innerhalb Deutschlands!

 Telefonbestellung: 0711/8931-900
 Faxbestellung: 0711/89 31-901
 Kundenservice @thieme.de
 www.thieme.de/shop

Vera King

Das adoleszente Entwicklungsdreieck:
Familie – adoleszentes Selbst – Gleichaltrige

Das adoleszente Entwicklungsdreieck besteht aus Familie, Adoleszenten und Gleichaltrigen. In diesem Beitrag wird das Konzept dieser Triade vorgestellt: Unter welchen Bedingungen und in welchen Hinsichten kann daraus in der Adoleszenz Neues entstehen und wie lässt sich der generative Beitrag der Eltern bestimmen? Und welche Rolle spielen digitale Umwelten bei der Ablösung von der Familie, in Peer-Beziehungen und bei der Ermöglichung oder Verhinderung von Individuation?

Einleitung

Ablösung Die adoleszente Entwicklung und Ablösungsprozesse vollziehen sich im Wesentlichen im „Dreieck" von Familie, Adoleszenten und Gleichaltrigen. Die „Ablösung" von der Familie beinhaltet eine Transformation des Verhältnisses zum kindlichen Selbst, zur Welt der Kindheit und der Eltern-Kind-Beziehung, bei der eine neue Balance von Bindung und Autonomie gefunden werden muss – und dabei spielen wiederum die Beziehungsveränderungen zu Gleichaltrigen eine bedeutsame Rolle.

Wechselwirkungen im Individuationsprozess Zwischen Familien- und Peer-Erfahrungen und den Entwicklungen des adoleszenten Selbst gibt es zahlreiche Wechselwirkungen. Insbesondere wandeln sich die Fähigkeiten der Verarbeitung von Erfahrungen mit sich und anderen sowie der damit verbundenen Affekte. Konstruktive und produktive Entwicklungen im adoleszenten Individuationsprozess basieren insofern

▶ auf wachsenden Kompetenzen zur emotionalen und mentalen Bewältigung bisheriger und neuer Beziehungserfahrungen sowie zur Regulation von begleitenden Affekten, und
▶ auf der triadischen Struktur von individuellen, familialen und außerfamilialen Relationen.

Transformationen der Adoleszenz

Veränderung der Definitionen Sowohl die Definition von „Adoleszenz" oder „Jugend" als auch die sozialen Gestaltungen der Lebensphase zwischen Kindheit und Erwachsensein unterliegen historischen und kulturellen Wandlungen. In soziologischer Sicht stellen Gestaltungen und Normierungen von Jugend und Erwachsensein überdies eine Form der Regulation der Generationsabfolge dar (King 2013).

In entwicklungspsychologischer Perspektive gilt die Adoleszenz als eine bedeutsame Phase der Transformation.

Verabschiedung von der Kindheit In der Adoleszenz bereiten sich die Heranwachsenden zum einen auf das künftige erwachsene Leben vor, zum anderen stellt der adoleszente Entwicklungsspielraum auch eine Art „Aus-Zeit" dar, in dem herangewachsene junge Männer und Frauen eigensinnig experimentierend Abschied von der Kindheit, von kindlichen Beziehungsformen und Selbstbildern nehmen und neue Formen des „In-der-Welt-Seins" hervorbringen.

Neues in der Generationsabfolge In den Kulturen der Moderne gilt ein adoleszentes Moratorium (Erikson 1959) daher auch als eine wesentliche Bedingung für die Entstehung des Neuen in der Generationsabfolge: Durch die potenziell schöpferischen Umgestaltungen der Adoleszenz kann die jeweils nachfolgende Generation „aufbauend auf dem Herkömmlichen die Gesellschaft nach ihren Vorstellungen" verändern (Youniss 1994a).

Individuation Auf individueller Ebene sind adoleszente Entwicklungen übergreifend gekennzeichnet durch eine schrittweise und im günstigen Fall nachhaltige Modifizierung des Verhältnisses zu den Eltern, die als Ablösung oder Individuation bezeichnet wird. Sie geht einher mit:
- psychischer Aneignung des geschlechtsreifen Körpers
- Ausgestaltung der Geschlechtsidentität und Sexualität
- entsprechender Entwicklung von neuen Beziehungs- und Lebensentwürfen

Wie Neues entsteht Der Individuationsprozess bringt neue Entwicklungen hervor – aus der zunehmenden reflexiven Kompetenz und wachsenden Fähigkeiten der Verarbeitung von Beziehungserfahrungen, von Affekten, Erregungen und emotionalen Veränderungen. Kreativer Schwung wird dabei phasenweise gespeist aus Größen- und Allmachtsphantasien, die dann auch wieder mit der Realität versöhnt werden müssen (Erdheim 1982). Neues entsteht überdies aus der triadischen Struktur von individuellen, familialen und außerfamilialen Erfahrungen, die im günstigen Fall in wechselseitiger Verstärkung die Fähigkeiten zur Perspektivenänderung steigern können.

Vulnerable Phase Die Individuation in der Adoleszenz ist jedoch zugleich ein störbarer Prozess. Ob und wie Individuation gelingen kann, hängt ab von (King 2013):
- biografischen Ressourcen
- sozialen Bedingungen
- Qualität der Generationenbeziehungen
- sozial und kulturell ungleicher Chancenstruktur des adoleszenten Möglichkeitsraums

Die Individuation hängt im Besonderen ab von der generativen Haltung der Erwachsenen, die die adoleszente Entwicklung ermöglichen und nicht (unbewusst) hemmen oder verhindern sollen.

Individuelle Entwicklung im Kontext sozialer Wandlungen

Generativität Die als „Generativität" bezeichnete Anforderung an Erwachsene, eine generativ ermöglichende Haltung zu wahren, gilt als Bedingung für die adoleszente Individuation (King 2013, King 2015). Sie hat sich – soziologisch betrachtet – in der Folge gesellschaftlicher Modernisierung und Individualisierung von Generationenverhältnissen neu gestaltet. In vor- und frühmodernen Gesellschaften wurde die Verarbeitung von Trennung, Ambivalenz und Aggression in stärkerem Maße durch Rituale und festgefügte soziale Konventionen teils erleichtert, teils erzwungen. In modernisierten Gesellschaften gibt es größere Spielräume – zugleich obliegen die notwendigen Trennungen zunehmend der individuellen psychosozialen Kompetenz.

Wenn Eltern überfordert sind Entsprechend gestiegene, individualisierte Anforderungen an elterliche Kompetenzen können in der Erwachsenengeneration zu Überforderungen führen. Es kann sein, dass Erwachsene die mit dem Großwerden der Kinder verbundenen Trennungen nicht ertragen können. Eltern können von der Autonomisierung der adoleszenten Söhne oder Töchter überfordert oder auch von Neid überwältigt sein und unterschwellig gegen die adoleszente Progression „opponieren". Überwiegen die Momente der Verhinderung, so werden Umgestaltungsprozesse und Abschluss der Adoleszenz gehemmt.

Der adoleszente Möglichkeitsraum Die Entstehung des Neuen in der Adoleszenz ist insofern auch an soziale Konstellationen, Generationen- und Geschlechterverhältnisse gebunden, die die Qualität des adoleszenten Möglichkeitsraums prägen. Während Privilegien zu Beginn der Moderne noch darin zum Ausdruck kamen, dass nur für männliche, bürgerliche Jugendliche eine adoleszente Bildungs- und Experimentierphase zur Verfügung stand (Flaake & King 1992), verändern sich die ungleichheitsreproduzierenden Momente in modernisierten Gesellschaften: Anforderungen, Chancen und Risiken erscheinen zunehmend in individualisierter Form und sind zugleich jedoch, wenn auch auf komplexere Weise, mit der sozialen und kulturellen Herkunft oder dem Geschlecht verknüpft.

Zeitgenössische Entwicklungsprozesse In den heutigen Gesellschaften sind die Anforderungen an die Adoleszenten gestiegen, eigenverantwortlich den Weg ins Erwachsenenleben zu finden. Flexibilisierung, Beschleunigung und Optimierungsdruck haben zugleich die Bedingungen für Autonomie- und Identitätsentwicklung in vielen Hinsichten verändert. Gerade die Suchbewegungen selbst, im Sinne eines fortgesetzten Ringens um die Bewältigung biografischer Themen unter sich rasch wandelnden kulturellen Bedingungen, können als Merkmale zeitgenössischer Entwicklungsprozesse angesehen werden.

Identitätssuche Einige Stichworte der Sozialwissenschaften (wie „Patchworkidentität") suggerieren in diesem Zusammenhang mitunter beliebige Wahlmöglichkeiten, als könnte eine Identität nach eigenem Gutdünken stets aufs Neue verändert werden. Demgegenüber lehrt die differenzierte Analyse psychischer Entwicklungsprozesse, dass das Verhältnis von Festgelegtheit und Neuschöpfung komplexer ist (Bohleber 2009). In jeder Biografie schält sich heraus, welche zentralen Themen nachhaltig bedeutsam werden, auch welche Bürden und familial unbewältigten Fragen bearbeitet werden müssen – also welche „Identitätsthemen" weichenstellend werden.

Ressourcen Ebenso entscheidend wie die Identitätsthemen sind zugleich die Ressourcen für ihre psychische Bearbeitung. Ressourcen sind die Potenziale, über die jemand verfügt, um biografische Konflikte produktiv gestalten zu können und um die eigene Geschichte konstruktiv anzueignen. Sie sind wichtig, um die familial und biografisch vorgegebenen Themen nicht einfach zu wiederholen oder von ihnen getrieben zu sein, sondern sie in diesem Sinne zu „verwandeln".

Wechselwirkungen Die Beziehungen zu Erwachsenen und zu Gleichaltrigen (zwischen familialen und außerfamilialen Erfahrungen) spielen hierbei eine wichtige Rolle. Hinsichtlich der außerfamilialen Erfahrungen werden insbesondere die Peers fokussiert – außerhalb der Familie können jedoch auch andere signifikante Erwachsene eine wichtige Rolle beim Ablösungsprozess spielen.

Familienbindung

Loslösung von den Eltern Individuation wird als komplexer Prozess der Neukonstruktion verstanden – der „Ko-Konstruktion" (Youniss 1994b) und aktiven Selbsttätigkeit, bei dem die vormalige kindliche Beziehung verändert wird. Damit akzentuieren Youniss und Smollar (1985) – ähnlich wie z. B. die Forschungen von Gilligan (1992) – dass Adoleszente im Versuch der abgrenzenden Loslösung von den Eltern diesen auf eine neue Weise zugleich verbunden bleiben. Studien wie die von Youniss und Smollar (1985) haben deutlich gemacht:

> Konflikte zwischen Adoleszenten und Eltern dürfen weder als Ausdruck dafür gewertet werden, dass die Beziehungen zu den Eltern als zunehmend bedeutungslos einzuschätzen wären, noch sind sie zwangsläufig Ausdruck dessen, dass die Beziehungen aufgelöst werden.

Bindung zu den Eltern Forschungen zu Familiendynamiken, Bindungsqualitäten und biografischen Verläufen haben weiterhin gezeigt, dass Verbundenheit zwischen Adoleszenten und Eltern nicht nur die Ebene der manifesten Beziehungsgestaltungen einschließt, sondern auch Identifizierungen und „unsichtbare Bindungen" (Boszormenyi-Nagy & Spark 1981, Buchholz 1990). Auch diese sind unabhängig davon wirksam, ob nun manifest das Moment der Abgrenzung oder der Übereinstimmung überwiegt.

Einfluss der elterlichen Lebensthemen Überdies sind gerade Adoleszente aufgrund ihrer ausgeprägten Sensibilität und Wahrnehmungsschärfe besonders nah an den unterschwellig wirksamen oder verborgenen Lebens- und Identitätsthemen der Eltern, die gleichsam einen Stoff ihrer eigenen Entwürfe bilden. Die Lebensthemen der Eltern können die Identitätssuche der Adoleszenten durch Negation bestimmen, z. B. auf keinen Fall so an der Arbeit leiden zu wollen wie der Vater, oder auf keinen Fall so wenig Zeit für sich zu finden wie die Mutter.

Auf Lebensformen und -themen kann jedoch auch affirmierend Bezug genommen werden im Sinne einer Anknüpfung an das von den Eltern Erreichte, an ihre Lebensthemen oder Leidenschaften. Auf einer tieferen Ebene werden auch die verschiedenen Facetten der elterlichen Paarbeziehung zum Reibungspunkt eigener Wünsche und Ängste (vgl. King 1995).

Identifizierung Auch dann, wenn die Momente der Abgrenzung überwiegen, bildet die Gesamtheit der elterlichen Identitätsaspekte – und zwar sowohl jener, die verwirklicht wurden, als auch jener, die gewünscht, aber unerreicht blieben – einen Ausgangspunkt der adoleszenten Identitätsprojekte der Kinder. Die Macht der Identifizierungen zeigt sich regelmäßig dann, wenn z. B. junge Eltern bemerken, dass sie unerwünschte Verhaltensschemata der eigenen Eltern reproduzieren. Andererseits bietet die Adoleszenz die ebenfalls nicht zu vernachlässigende Chance zur Transformation und damit auch für kulturellen Wandel.

Bedeutung der Peer-Beziehungen

Peers als Quelle Eine Quelle für die Neukonstruktion liegt darin, dass familiale Beziehungs- und Interaktionserfahrungen und außerfamiliale Erfahrungen mit Gleichaltrigen und Institutionen neu zusammengesetzt werden. Intensive Freundschaften, Gleichaltrigengruppen in Schule und Freizeit, auch unter Bezugnahme auf alte und neue Medien, gewinnen an Bedeutung.

> Dass im Rahmen von Peer-Beziehungen neuartige Erfahrungen gesammelt werden können, ist jedoch nicht gleichbedeutend damit, dass die Elternbeziehungen oder die soziale Herkunft dadurch bedeutungslos würden.

Wer hat mehr Einfluss? Da bei der Auswahl von Freunden und den sozialen Netzwerken von Adoleszenten die Merkmale des Herkunftsmilieus eine große Rolle spielen, geht es nicht primär um die Frage, ob Heranwachsende stärker von Eltern oder von Gleichaltrigen beeinflusst werden. Sinnvoller scheint die Untersuchung, wie die verschiedenen familialen und außerfamilialen Beziehungen interagieren. Nach Youniss (1994c) sehen Jugendliche selbst die Formen ihrer Beziehungen zu Eltern und Gleichaltrigen als deutlich verschieden an hinsichtlich:

- Konfliktbereiche
- Arten der Konfliktlösung
- Themen
- Kommunikationsweisen

Interaktionsstile Auch diese Untersuchungsergebnisse sprechen dafür, dass gerade in der Spannung, die aus den Relationen, Gemeinsamkeiten und Differenzen resultiert, ein Potenzial der Neukonstruktion liegt – nicht allein zwischen den verschiedenen Konfliktinhalten, sondern insbesondere auch zwischen den Kommunikations- und Beziehungsstilen.

Aus unterschiedlichen Stilen der Interaktion entwickelt sich die Möglichkeit, Inhalte aus verschiedenen Richtungen zu betrachten.

Reflexivität Gerade dadurch werden die geläufigen Beziehungsmuster und eingespielten familialen Selbstverständlichkeiten reflektierbar. Reziprok tragen zu solchen Differenzierungsprozessen auch neue, adoleszenztypische Formen von Aushandlungen zwischen Eltern und Adoleszenten bei (vgl. Hauser et al. 1991, Smetana et al. 1991, Seiffge-Krenke 1995, Kreppner 1996). Beides befördert die Fähigkeit, aus der Unmittelbarkeit von selbstbezogener Erfahrung und damit einhergehendem Affekt in eine sich selbst betrachtende und reflexive Position zu wechseln.

Erweiterte Erfahrungen Im Lichte der Gleichaltrigenerfahrungen können im günstigen Fall Aspekte der eigenen Familienbiografie neu erlebt, betrachtet, reflektiert oder einfach besser ertragen werden, während umgekehrt die familialen Erfahrungen in die Ausgestaltungen von Peer-Erfahrungen einfließen – in Gruppenprozesse, Freundschaften oder Liebesbeziehungen.

Phasenweises Polarisieren Der Prozess der Individuation ist von daher geknüpft an ein Oszillieren zwischen Ein- und Ausschlüssen von Themen und Interaktionsformen in unterschiedlichen Lebensbereichen und Beziehungen: Phasenweise stehen Gleichaltrige im Zentrum der Leidenschaften, dann werden Eltern wieder stärker einbezogen; phasenweise sind Gruppenerfahrungen von größter Relevanz, dann wiederum die Intimität der Freundschaft oder der Liebesbeziehung. Aus diesem adoleszenztypischen phasenweisen Polarisieren und sogar Fragmentieren von Erfahrungsbereichen (das in isolierter Betrachtung als problematisches oder gar pathologisches Phänomen erscheinen könnte) entstehen im günstigen Fall nach und nach neue Perspektiven und erweiterte Deutungs- oder Erlebensspielräume für die eigene Biografie.

Bewusstsein und Emotion

Verhältnis zueinander Doch wie ist dabei das Verhältnis von Bewusstsein und Emotion, von kognitiven und emotionalen Aspekten, von „Bewusstem" und „Unwillkürlichem"? Potenziale der Reflexivität sind sowohl eng verknüpft mit neuen kognitiven Fähigkeiten als auch mit der Art und Weise, in der affektives Erleben und emotionale Erfahrungen zugänglich werden. Die wachsende Fähigkeit, über sich und andere nachzudenken, erzeugt eine „Hypersensibilität für mentale Zustände" (Fonagy et al. 2002).

Alles tanzt Der Drang zur inneren Umgestaltung wiederum speist sich aus der Intensität des adoleszenten Erlebens, das mit neuen und erregenden Phantasien und Vorstellungswelten verbunden ist. Diese innere Welt drängt zur handelnden Umsetzung – sei es im denkenden und phantasierenden Probehandeln, sei es im adoleszenten Experimentieren manifester Handlungen. Die festgefügten Bilder und Identifizierungen der Kindheit werden unter dem Druck veränderten Erlebens gleichsam in Schwingungen versetzt und „zum Tanzen gebracht".

Körperliche Veränderungen Der Verlust der Kindheit manifestiert sich unumgänglich zunächst in der Metamorphose des Körpers. Gerade der Körper ist von daher als ein „Austragungsort adoleszenter Konflikte" (King 2003) und auch als Seismograf potenziell überfordernder sozialer Wandlungsprozesse prädestiniert (Gerisch 2009, Gerisch 2017) – ein Umstand, der in verschiedenen Symptomatiken, z. B. Essstörungen (Flaake 2001, Streeck-Fischer 2004) oder in anderen Formen adoleszenten Risikoverhaltens, zum Ausdruck kommen kann (vgl. King 2010).

Die Wandlung der Bedeutung von Körper und Sexualität stellt einen wichtigen Antrieb der Neustrukturierung dar.

Trennungsaggression Neue Erregungs- und Phantasiequalitäten leiten die schmerzlichen Trennungen von kindlichen Bindungsformen ein, also von den Liebesobjekten der Kindheit. Die dabei freigesetzte „Trennungsaggression", die „während des Trennungsprozesses […] mit der liebenden Wiederannäherung im Wechsel verlaufen kann" (Bosse 2000), trägt dazu bei, dem Verlusterleben eine aktive Wendung zu geben.

Trennungsschmerz Aggression und Trauer, Erregung, Begierde und Neugier sind in diesen Trennungsprozessen oft unkenntlich und bilden den affektiven Stoff, aus dem der Drang zur Suche nach neuen Erfahrungen und außerfamilialen Objekten hervorgeht. Heftiges Agieren und Experimentieren in der Adoleszenz können aus dieser Sicht auch eine verdeckte Form der Bewältigung von Trennungsschmerz darstellen, während Trauerempfindungen oft erst dann ins Bewusstsein kommen können, wenn ein neues Niveau von Getrenntsein und Selbst-Sicherheit erreicht ist.

Objektbeziehungen Neue Objektbeziehungen schließen dabei immer auch an primäre Bindungserfahrungen an, die jedoch – im günstigen Fall – auf neue, adoleszent veränderte Weise erlebbar sind. Erfahrungen der Kindheit werden dadurch nicht rückgängig oder bedeutungslos gemacht – innere Bilder, begleitende Affekte und entsprechende Erlebens- und Handlungsmuster können jedoch neu geordnet werden. Welche Bedingungen für die adoleszente Entstehung des Neuen zeichnen sich gegenwärtig ab? Im letzten Schritt sollen dazu einige Überlegungen zu Lebensbedingungen

Standpunkte

und Formen adoleszenter Entwicklung in digitalen Umwelten skizziert werden.

Adoleszente Entwicklung und Ablösung im Kontext von Digitalisierung

Neue Medien Die Entwicklung von Heranwachsenden ist gegenwärtig in hohem Maße geprägt von Digitalisierung (BMFSFJ 2013, Autenrieth & Neumann-Braun 2016, Vogelsang 2010). Bezogen auf die Ablösung von den Eltern betont der 14. Kinder- und Jugendbericht, dass neue Medien auch neue Formen der Abgrenzung hervorbrächten: Jugendliche könnten gleichzeitig sowohl im Hause sein als auch „weit weg' vom Zugriff der Eltern". Es sei daher „möglich, weitgehende Abgrenzung zu realisieren, ohne das Elternhaus zu verlassen" (BMFSFJ 2013). Dabei ist zu beachten:

Abgrenzung ist nicht gleichzusetzen mit Ablösung im Sinne von Individuation. Diese bezeichnet einen psychosozialen Umgestaltungsprozess, der im günstigen Fall zu einer neuen Balance von Bindung und Autonomie führt.

Medialer Rückzug Demgegenüber können etwa (medial) eskapistische Formen der Abgrenzung durchaus einhergehen mit Verstrickungen und Nichtablösung. In der Bindungsforschung entspräche dies dem Typus der unsicher-vermeidenden Bindung, bei der manifest exploratives und abgrenzendes Verhalten dominiert, das jedoch (bei gleichzeitig hohem Stressniveau) der Vermeidung von Frustration dient.

Konturverluste Zugleich ist zu berücksichtigen, dass sich die Konturen von Dasein und Abwesenheit sowie von Anfang und Ende verändern und sich in der medialen Welt der Omnipräsenz verhüllen, in der alles immer abrufbar und gegenwärtig ist. Dadurch wandeln sich auch innere Bilder von Getrenntsein und Bezogenheit, von Verlorenem und Behaltenem. Die Konturen von Selbst und Objekten können sich verschieben, wenn alles schnell vergeht, aber zugleich gespeichert bleibt. Wenn Formen von An- und Abwesenheit sich vervielfältigen, verändern sich auch die Bedingungen und Formen, in denen die „Fähigkeit zum Alleinsein" im Sinne Winnicotts (1958) entwickelt oder nicht entwickelt werden wird. Sie haben Auswirkungen auf den Druck zur Ablösung, auf Trauer oder innere Entwürfe von Selbst und von Selbständigkeit.

Medialer Versuchsraum Mediale Zugänge zur außerfamilialen Welt können dabei Raum schaffen für Experimentieren und neue Formen von Beziehungsgestaltungen. Distanzierung, Spiegelung und Reflexivität können spielerisch eingeübt werden (Misoch 2007, Altmeyer 2016). Sie können aber auch zur Verfestigung von Stereotypen beitragen, Selbstabgrenzung und Selbststeuerung erschweren (Gardener & Davis 2013, Turkle 2011). Insofern müssen Heranwachsende auf andere Weise lernen, Abgrenzungen vorzunehmen und ihren Erfahrungen, Beziehungen und der unmittelbaren Kommunikation Raum zu geben – auch in einem sozialen Kontext, in dem mediale Praktiken omnipräsent sind (King 2016).

Fazit

In der adoleszenten Triade – Familie, Adoleszente, Gleichaltrige – entsteht Neues aus dem durch die psychosexuellen Wandlungsprozesse angestoßenen, schrittweisen Integrationsprozess von Interaktionserfahrungen in unterschiedlichen Beziehungen, die polarisiert, fragmentiert und oszillierend inszeniert werden. Individuation basiert auf dieser Integration unterschiedlicher inter- und intragenerationeller Erfahrungen, aus der neues Licht auf die eigene Geschichte geworfen wird. In Auseinandersetzung mit dem inter- und intragenerationellen Kreis der signifikanten Anderen der Adoleszenz erfolgt die individuelle Aneignung von Ursprung und Geschichte. Der intersubjektive Prozess der Konstitution des Selbst wird auf einem neuen, außerfamilial und reflexiv erweiterten Niveau fortgesetzt. Generativität impliziert, dass die Erwachsenengeneration ausreichend Spielraum für diese teils bezogene, teils abgrenzende Neukonstruktion zur Verfügung stellt. So können sich Eltern und andere erwachsene Bezugspersonen mit dem Autonomiestreben der Kinder und der Verbundenheit identifizieren. Elterliche Generativität zeigt sich in der Fähigkeit, jene strukturellen Ambivalenzen im Verhältnis zu den herangewachsenen Nachkommen zu ertragen und auszubalancieren, die sich aus der unausweichlichen Erfahrung der schrittweisen Ablösung durch die Folgegeneration und aus den veränderten Umwelten und libidinösen Besetzungen der Heranwachsenden – auch bezogen auf digitale Umwelten – ergeben.

Literatur

Altmeyer M. Auf der Suche nach Resonanz: Wie sich das Seelenleben in der digitalen Moderne verändert. Göttingen: Vandenhoeck & Ruprecht; 2016

Autenrieth U, Neumann-Braun K. Immer vernetzt – Peerbeziehungen von Jugendlichen in Online-Umgebungen. In: Grüger H-H, Köhler SM, Pfaff N, Hrsg. Handbuch Peerforschung. Berlin: Barbara Budrich; 2016: 339–352

BMFSFJ. 14. Kinder- und Jugendbericht. Bericht über die Lebenssituation junger Menschen und die Leistungen der Kinder- und Jugendhilfe in Deutschland; 2013: 177

Bohleber W. Das Problem der Identität in der Spätmoderne. Psychoanalytische Perspektiven. In: King V, Gerisch B,. Hrsg. Zeitgewinn und Selbstverlust. Folgen und Grenzen der Beschleunigung. Frankfurt a.M.: Campus; 2009: 200–219

Bosse H. Die Trennung vom Weiblichen. In: Bosse H, King V, Hrsg. Männlichkeitsentwürfe. Frankfurt a.M.: Campus; 2000: 51–70

Boszormenyi-Nagy I, Spark G. Unsichtbare Bindungen. Stuttgart: Klett-Cotta; 1981

Buchholz M. Die unbewusste Familie. Berlin: Springer; 1990

Erdheim M. Die gesellschaftliche Produktion von Unbewusstheit. Frankfurt a.M.: Suhrkamp; 1982

Erikson EH. Identität und Lebenszyklus. Frankfurt a.M.: Suhrkamp; 1966

Flaake K. Körper, Sexualität, Geschlecht. Gießen: Psychosozial; 1991

Flaake K, King V, Hrsg. Weibliche Adoleszenz. Frankfurt a.M.: Campus; 1992

Fonagy P, Gergely G, Jurist EL, Target M. Affektregulierung, Mentalisierung und die Entwicklung des Selbst. Stuttgart: Klett; 2002: 322

Gardener D, Davis K. The App Generation. London: Yale University Press; 2013

Gerisch B. Der Körper in Zeiten der Beschleunigung und Entgrenzung. In: King V, Gerisch B, Hrsg. Zeitgewinn und Selbstverlust. Frankfurt a.M.: Campus; 2009: 121–141

Gerisch B. Zur Identifikation mit der imaginierten Mutter. Adoleszente suizidale Phantasmen zwischen Deprivation, Separation und Selbstwerdung. KJP 2017; 1: 29–58

Gilligan C. Auf der Suche nach der ‚verlorenen Stimme' in der weiblichen Adoleszenz. In: Flaake K, King V, Hrsg. Weibliche Adoleszenz. Frankfurt a.M.: Campus; 1992: 40–63

Hauser ST, Powers SI, Noam GG. Adolescents and their Families. New York: 1St Edition; 1991

King V. Die Urszene der Psychoanalyse. Adoleszenz und Geschlechterspannung im Fall Dora. Stuttgart: Klett-Cotta; 1995

King V. Die Entstehung des Neuen in der Adoleszenz. Individuation, Generativität und Geschlecht in modernisierten Gesellschaften. 2. Aufl. Wiesbaden: VS; 2004

King V. Männliche Entwicklung, Aggression und Risikohandeln in der Adoleszenz. In: Ahrbeck B, Perner A, Hrsg. Von allen guten Geistern verlassen? Aggressivität in der Adoleszenz. Gießen: Psychosozial; 2010

King V. Der Körper als Austragungsort adoleszenter Konflikte. Z Theor Prax Ki Ju Psychoanal 2013; 3: 321–342

King V. Die Zukunft der Nachkommen. Gegenwärtige Krisen der Generativität. Z Psychol Gesellschkritik 2015; 2: 154–155

King V. „If you show your real face you'll lose 10000 followers" – The Gaze of the Other and Transformations of Shame in Digitalized Relationships. CM: Communication and Media Vol 11, No 38 (2016), doi:10.5937/comman12-11504, abrufbar unter: http://aseestant.ceon.rs/index.php/comman/article/view/11504/504

Kreppner K. Kommunikationsverhalten zwischen Eltern und jugendlichen Kindern und der Zusammenhang mit Indikatoren des Selbstwertgefühls. Prax Kinderpsychol Kinderpsychiat 1996; 45: 130–147

Misoch S. Die eigene Homepage als Medium adoleszenter Identitätsarbeit. In: Hoffmann D, Mikos L, Winter R, Hrsg. Mediennutzung, Identität und Identifikationen: Die Sozialisationsrelevanz der Medien im Selbstfindungsprozess von Jugendlichen. Weinheim: Juventa; 2007: 163–182

Seiffge-Krenke I. Wie verändern sich die familiären Beziehungen im Jugendalter? Z Entwickpsych Päd Psych 1995; 29: 153–150

Smetana JG, Yau J, Restrepo A, Braeges JL. Adolescent-parent-conflict in married and divorced families. Devel Psychol 1991; 27: 1000–1010

Streeck-Fischer A, Hrsg. Adoleszenz – Bindung – Destruktivität. Stuttgart: Klett-Cotta; 2004

Turkle S. Alone Together. Why we expect more from Technology and less from each other. New York: Basic Books; 2011

Vogelsang W. Digitale Medien – Jugendkulturen – Identität. In: Hugger K-U, Hrsg. Digitale Jugendkulturen. Wiesbaden: VS; 2010: 37–53

Winnicott DW. Über die Fähigkeit, allein zu sein. In: Winnicott DW, Hrsg. Reifungsprozesse und fördernde Umwelt. Frankfurt a.M.: Fischer; 1988: 36–46

Youniss J. Soziale Konstruktion und psychische Entwicklung. Frankfurt a.M.: Suhrkamp; 1994: 137

Youniss J. Soziale Konstruktion und psychische Entwicklung. Frankfurt a.M.: Suhrkamp; 1994: 19

Youniss J. Soziale Konstruktion und psychische Entwicklung. Frankfurt a.M.: Suhrkamp; 1994: 111

Youniss J, Smollar J. Adolescent relations with mothers, fathers, and friends. Chicago: University of Chicago Press; 1985

Prof. Dr. Vera King
Institut für Soziologie
Fachbereich Gesellschaftswissenschaften
Goethe-Universität
Frankfurt am Main
Theodor-W.-Adorno-Platz 6
60323 Frankfurt
king@soz.uni-frankfurt.de

Prof. Dr. phil., Professorin für Soziologie und psychoanalytische Sozialpsychologie an der Goethe-Universität Frankfurt/M. und geschäftsführende Direktorin am Sigmund-Freud-Institut, 2002–2016 Professorin für Sozialisationsforschung in der Fakultät Erziehungswissenschaft an der Universität Hamburg, Schwerpunkte: Adoleszenzforschung, Dynamik und sozialer Wandel von Generationenbeziehungen, psychische Folgen kulturellen Wandels (z. B. Digitalisierung, Optimierung und Beschleunigung).

Interessenkonflikt
Die Autorin gibt an, dass kein Interessenkonflikt vorliegt.

Beitrag online zu finden unter
http://dx.doi.org/10.1055/s-0043-103844

Anne Kristin von Auer, Martin Bohus (Hrsg.)

Interaktives Skillstraining für Jugendliche mit Problemen der Gefühlsregulation (DBT-A)

Akkreditiert vom Deutschen Dachverband DBT

Die Dialektisch-Behaviorale Therapie für Adoleszente (DBT-A) liegt nun erstmalig kombiniert als Therapeutenmanual plus Skillstraining für Betroffene vor: Das **Manual** für die therapeutische Arbeit stellt den Ablauf einer Skillsgruppe mit Jugendlichen ausführlich dar und vermittelt konkrete Tipps im Umgang mit schwierigen Situationen.

Die **Software** mit dem interaktiven Skillstraining ermöglicht es den Jugendlichen, selbstständig Skills zu erlernen und die Erfahrungen aus der Skillsgruppe zu vertiefen. Mit diesen hocheffizienten Werkzeugen lernen sie, mit Stress umzugehen und ihre Emotionen zu regulieren.

Das Therapeutenmanual
2017. 424 Seiten, 13 Abb., kart., 160 Info- und Arbeitsblätter, inkl. Keycard zur Programmfreischaltung
€ 59,99 (D) / € 61,70 (A)
ISBN **Buch + Keycard** 978-3-7945-3116-5

Die Software für Betroffene
2017. **CD-ROM/Keycard** in Softbox mit 8-seitigem Booklet
€ 29,99 (D/A)
ISBN **CD-ROM** 978-3-7945-5205-4
ISBN **Keycard** 978-3-7945-5206-1

Christiane Eichenberg • Ulrich A. Müller

Generation Internet

Zu den Chancen und Risiken der Internetnutzung für die psychische Entwicklung Jugendlicher

Die Mediennutzung von Kindern und Jugendlichen ist in das Interesse der Öffentlichkeit gerückt, wobei sich die Darstellung meist auf Gefahren konzentriert und die Möglichkeiten vernachlässigt. Chancen bietet die Internetnutzung für die Gestaltung alterstypischer Beziehungen, für die Überwindung entwicklungsspezifischer und psychischer Krisen sowie als Übungsfeld zum Umgang mit Affekten. Aus den Gefahren werden exemplarisch 2 herausgegriffen: die Internetsucht und die Internetkommunikation in Foren bei selbstschädigendem Verhalten.

Einleitung

KIM und JIM In Deutschland wird das Mediennutzungsverhalten von Kindern und Jugendlichen besonders detailliert in 2 großen Langzeitprojekten erforscht: Die KIM-Studie des Medienpädagogischen Forschungsverbundes Südwest, die sich mit dem Stellenwert neuer Medien im Leben der 6- bis 13-Jährigen beschäftigt, und die ebenfalls vom Medienpädagogischen Forschungsverbund Südwest initiierte JIM-Studie, eine im jährlichen Turnus durchgeführte Basisstudie zum Medienumgang von 12- bis 19-Jährigen. So wissen wir z. B., dass das Internet von etwa der Hälfte der 8-Jährigen zumindest gelegentlich genutzt wird und im Alter von 12 bis 13 Jahren 93 % der Kinder zu Internetnutzern zählen (Medienpädagogischer Forschungsverbund Südwest 2014). Neben Videoplattformen wie YouTube und Online-Spielen (nur 8 % der 12- bis 19-Jährigen spielen nie online) sind v. a. Kommunikationsanwendungen (Instantmessenger wie WhatsApp; soziale Netzwerke wie Facebook) beliebte Anwendungen (Medienpädagogischer Forschungsverbund Südwest 2016).

Sorgen Diese Nutzungsweisen werden vorwiegend mit Sorge betrachtet: Online-Spielsucht, sozialer Rückzug in „virtuelle Welten" mit Vernachlässigung realer Freundschaften und sozialer Aktivitäten sind häufig geäußerte Befürchtungen von Erwachsenen. Dass die Nutzung moderner Medien die im Jugendalter anstehenden Entwicklungsaufgaben und damit die psychische, soziale und kognitive Entwicklung unterstützen kann, wird dabei aus dem Blick verloren.

Chancen und Gefahren Im Folgenden werden daher die Chancen der Internetnutzung für die Gestaltung alterstypischer Beziehungen, für die Überwindung entwicklungsspezifischer und psychischer Krisen sowie als Übungsfeld zum Umgang mit Affekten dargestellt, ohne dabei die möglichen Risiken zu vernachlässigen. Diese sind vielfältiger Natur und betreffen Probleme wie Informationsüberflutung bis hin zu sehr schwerwiegenden Phänomenen wie Cybermobbing oder sexueller Belästigung (zum Überblick siehe z. B. Eichenberg & Auersperg 2014, Eichenberg & Küsel, in Druck). Aus den Gefahren werden exemplarisch 2 Problemkomplexe herausgegriffen: die Internetsucht und die Internetkommunikation in Foren bei selbstschädigendem Verhalten (ausführlich Eichenberg & Auersperg, in Druck).

Beziehungsformen und Selbstbild verändern sich Bemerkenswert ist dabei auch aus Sicht der psychotherapeutischen Praxis, inwiefern sich durch den Gebrauch der digitalen Medien tradierte Beziehungsformen (Freundschaften, Flirts usw.) sowie das Selbstbild und damit auch das Verhältnis zur eigenen Wahrnehmung und zum eigenen Körper in der Adoleszenz zu verändern scheinen. Erfahrungen aus der klinischen Praxis lassen darauf schließen.

Letztlich ist entscheidend, im Einzelfall die tatsächlichen Gewohnheiten mit digitalen Medien zu kennen, um Problemfelder zu erkennen und Irrtümer zu identifizieren, aber auch um die Potenziale digitaler Medien für den Nachwuchs auszuschöpfen.

Zur Bedeutung von Beziehungen im Jugendalter

Sich den anderen mitteilen Grundsätzlich ist jedes Medium auch als Ausdruck eines Beziehungswunsches zu verstehen. Die Innovation der Medien gründet in der Notwendigkeit, sich dem anderen mitzuteilen, um die eigenen Wünsche und Bedürfnisse zum Ausdruck bringen und einem anderen verständlich machen zu können.

Entwicklung der Sprache Den symbolischen Ausgangspunkt findet dieser Wunsch in der Entwicklung der Sprache, die für die Psychotherapie sicher zu einer wesentlichen Grundlage geworden ist („Heilung durch Sprache", siehe auch Fischer 2008) und ihr im Gesundheitswesen zum Durchbruch verholfen hat, nachdem die Medizin im Zuge der technischen Entwicklung dem persönlichen

Gespräch immer weniger Raum zubilligte (siehe hierzu die Diskussionen zur Apparatemedizin in den 1960er- bis in die 1980er-Jahre bei Mitscherlich, 1966/1968 u.a.).

Eine Beziehung aufbauen Sowohl die Entwicklung des Sprechens wie auch die daran anschließenden technischen Innovationen gründen wesentlich auf der menschlichen Notwendigkeit, eine Beziehung aufbauen zu müssen, um überleben zu können. Eine solche Beziehung bedarf der Vermittlung, die durch ein Medium wie u.a. der Sprache ermöglicht wird. Das Medium selbst ist bereits eine gerichtete Botschaft, weil das Medium ohne Zuwendung keinen Sinn macht. Das Medium enthält den Wunsch, sich an einen anderen zu wenden (Müller 2015). Es ist daher schon an sich Ausdruck einer Zuwendung.

Medium zur Kontaktaufnahme So sind auch die digitalen Medien Ausdruck eines Wunsches, der sich insbesondere in der Adoleszenz als eine Wendung nach familienexternen Beziehungen zeigt. Für viele Jugendliche stellen die Medien auch ein willkommenes Angebot dar, das sich in dieser Lebensphase zur Kontaktaufnahme anbietet.

Neue Erfahrungsräume im Internet

Neue Räume jenseits der Familie Die Selbstverständlichkeit im Umgang mit den vorwiegend bildgebenden Medien gerade bei Heranwachsenden eröffnet grundsätzlich für Jugendliche eine Möglichkeit, sich neue Räume jenseits der Familie zu erschließen und neue Erfahrungen zu machen.

Die neuen Medien lassen sich neue Beziehungserfahrungen erproben und entwickeln und somit das Spektrum der Selbsterfahrungen durch neuen Respons erweitern.

Erfahrungen ohne körperliche Präsenz Für die Psychotherapie kann dies bedeuten, dass diese Räume auch als neue Erfahrungsräume genutzt werden können (z.B. in Selbsthilfeforen für Jugendliche, siehe Eichenberg, Roffler & Wutka 2011, oder Online-Beratungsangeboten für diese Zielgruppe, siehe z.B. Brehm & Lindl 2010). Dies ist freilich insoweit begrenzt, als der Körper in dieser Medienwelt nur mittelbar beteiligt ist. Hinsichtlich der biopsychosozialen Entwicklung stellt dies einen bedeutsamen Unterschied dar, da sonst jede psychische Entwicklung mit einer leiblichen Erfahrung einhergeht.

Selbsthilfeforen für Jugendliche

„Extreme communities" Generell überwiegt zwar die positive Einschätzung des Internets als Selbsthilfemedium für Jugendliche. Bei bestimmten Problembereichen und Symptomen ist es jedoch stark umstritten. Dies betrifft insbesondere Foren, in denen sich vorwiegend Jugendliche und Adoleszente mit autoaggressiven Störungen, d.h. bei Suizidalität, mit selbstverletzendem Verhalten oder auch Essstörungen austauschen (sogenannte „extreme communities", Bell 2007).

Suizid-Foren und Pro-Ana-Foren Spätestens nach dem ersten bekannt gewordenen, über das Netz verabredeten „Selbsttötungs-Rendezvous" im Jahr 2000 zwischen dem 24-jährigen norwegischen Computerexperten Daniel V. und der Österreicherin Eva D., 17, das mit einem gemeinsamen Sprung von einer Felsenklippe in Südnorwegen endete, wird das Internet in der Öffentlichkeit, aber auch in Fachkreisen als selbstschädigendes Medium insbesondere für Jugendliche diskutiert. Die sogenannten Suizid-Foren sind virtuelle Diskussionsplattformen, in denen sich vorrangig Menschen mit Suizidgedanken austauschen. Auch Foren zu selbstverletzendem Verhalten werden mit denselben Argumenten kritisiert wie die sogenannten Pro-Ana-Foren, ein bestimmter Typus von Online-Plattformen von und für Essgestörte, bei denen im Vordergrund steht, die Essstörung nicht nur nicht zu bekämpfen, sondern sich für diese auszusprechen und sie aufrechterhalten zu wollen.

Gefährdung ... Die Ausrichtung all dieser „extreme communities" ist sehr heterogen. Dennoch überwiegen deutlich alarmierende Stimmen. Jugendliche würden stark gefährdet und fänden in den Foren eine Ideenbörse zur weiteren Forcierung ihrer Erkrankungen: Ratschläge für effiziente Suizidmethoden, Angebote zum Kauf tödlicher Medikamente, Tipps, wie die Selbstverletzung vor den Eltern geheim gehalten werden könnten, und exzessive Diätpläne, die gemeinschaftlich verfolgt würden, seien Hauptinhalte solcher Foren. Insgesamt würde der Austausch die bestehende Symptomatik verschärfen und die Nutzer sich gegenseitig darin bestärken, therapeutische Hilfe abzulehnen. Dies erfordere dringend Gegenmaßnahmen.

... oder Prävention? Demgegenüber stehen – wenn auch in geringerer Zahl – relativierende Positionen, die diesen Foren auch präventive Funktionen zuschreiben, z.B. durch die Enttabuisierung von in der Gesellschaft stark stigmatisierten Themen und der Integration psychisch labiler Menschen in ein soziales Netzwerk.

Die meisten Betroffenen profitieren Empirische Befunde zu „extreme communities" (zusammenfassend siehe Eichenberg 2014) zeigen, dass pauschalisierende Annahmen über die Nutzungseffekte dieser Foren kontraindiziert sind. Zutreffend ist vielmehr, dass die meisten Betroffenen im konstruktiven Sinn von der Forenteilnahme profitieren (z.B. Hinweise darauf, dass im Zeitraum der Forennutzung bei der überwiegenden Zahl der Nutzer das Ausmaß ihrer Suizidgedanken abgenommen hat; Erhöhung der Inanspruchnahmebereitschaft von Psychotherapie), aber ein Teil der Nutzer negative Effekte berichtet (z.B. deutliche weitere Gewichtsreduktion der Mitglieder in Pro-Ana-Foren im Nutzungszeitraum).

Aufgrund dieser insgesamt differenziellen Effekte und unterschiedlichen Ausrichtungen der Foren ist wichtig, nicht pauschal, sondern vielmehr im konkreten Einzelfall mögliche konstruktive, aber eben auch destruktive Auswirkungen abzuwägen.

Beziehungswunsch und Distanznahme: Paradoxien des Internets

Körper in Veränderung Adoleszente sind in einer besonderen Lebenssituation, denn sie erleben sich und ihren Körper in Veränderung (Blos 1995, Bohleber 1996). Das verwendete Medium ist nicht nur hinsichtlich der Beziehung zum anderen strukturgebend sondern auch für das Selbstverhältnis. Selbstverständlich schließt dieses veränderte Selbstverhältnis daher auch die Beziehung zum eigenen Körper mit ein. Sowohl im Hinblick auf den anderen wie auch eingedenk der Beziehung zum Selbstbild unterstützt jedes Medium im umfassenden Sinn die Entwicklung des einzelnen wie auch das Zusammenleben der Gemeinschaft (McLuhan 1968/1994).

Das Widersprüchliche am Umgang mit den Medien liegt darin, dass sie den Wunsch nach Beziehung zum Ausdruck bringen, während sie diese Beziehung zugleich verstellen. Das Kennzeichen des Mediums ist ja gerade, für den unmittelbaren Wunsch Zeichen anzubieten, die die Unmittelbarkeit nur repräsentieren können.

Im Kontakt, aber ohne Nähe In der Adoleszenz erlebt diese Paradoxie – Beziehungswunsch und Distanznahme – einen Höhepunkt. Der Wunsch nach Beziehung ist ebenso enorm, wie die Abwehr dagegen zuzunehmen scheint. Kaum eine Generation dürfte derart intensiv in Beziehung treten wie die gegenwärtige. Gerade die digitalen Medien schaffen hierfür die Möglichkeiten. Man beobachtet Jugendliche in Gruppen, die nebeneinander telefonieren. Sie suchen den Kontakt mit anderen, meiden jedoch gleichzeitig die Nähe zu denjenigen, die unmittelbar nah sind.

Ambivalente Einstellung Es scheint Ausdruck einer hochgradig ambivalenten Einstellung zu sein, dass Jugendliche einen oft unbändigen Drang haben, in Kontakt zu treten, und dabei sich nicht zu nahezukommen. „Das Netz" verschafft dieser Ambivalenz nicht nur eine Ausdrucksmöglichkeit, sondern erscheint wie das Symptom dieser Ambivalenz selbst. Es gibt viel Kontakt, doch die persönliche – die körperliche – Näherung wird häufig gemieden. Dies ist durchaus im Sinn der Nutzer, doch es verführt auch zu der Annahme, diese Erfahrung sei schon erschöpfend: Freundschaft, Liebe, Sexualität beginnen im Netz ein Eigenleben zu entwickeln (zur Anbahnung von romantischen und sexuellen Beziehungen im Internet siehe auch Eichenberg 2010).

Zum Spannungsfeld von körperlicher Ko-Präsenz und Scham

Der eigene Körper: bedrohlich und bedroht In den sogenannten sozialen Medien und in den Chatforen findet dieses Phänomen seinen Ausdruck. Die Ambivalenz kann dort auch gelebt werden. Aus Gesprächen mit Jugendlichen wird verständlich: Scham ist ein zentrales Motiv der Jugendlichen, die sich im Netz bewegen. Die körperliche Nähe wird oft als bedrohlich erlebt. Auch der eigene Körper wird in dieser Lebensphase von den Heranwachsenden als bedrohlich wie auch bedroht erlebt (Jacobson 1978).

Schamschwelle gesenkt Insofern ist ein Medium, das zugleich größtmögliche Distanz erlaubt bei gleichzeitiger Näherung durch die Sprache – oft auch durch die Schriftsprache – ideal für Heranwachsende, denen die körperliche Nähe im Wortsinn „unheimlich" ist.

Die Schamschwelle wird durch den Gebrauch der Medien gesenkt, da die unmittelbare leibhaftige Begegnung mit all ihren sensitiven Effekten und affektiven Reizen vermieden werden kann.

Die Begegnung proben Hierbei hat ein elektronisches Medium, das einen virtuellen Raum zur Begegnung anbietet, zunächst eine Funktion, die von Psychotherapeuten als Möglichkeit zur niedrigschwelligen Begegnung deklariert werden könnte: Man muss sich in der Begegnung nicht dem Blick des anderen aussetzen, man kann sie „proben" und seine Fantasie spielen lassen.

Dem Blick aus dem Weg gehen Gerade diese Entleiblichung der Begegnung birgt einen Reiz, weil man sich der vermeintlichen Kontrolle durch den Blick des Gegenüber entziehen kann (unabhängig vom Aussehen beraten zu werden ist eines der zentralen Motive Adoleszenter, Online-Beratung in Anspruch zu nehmen, siehe Eichenberg 2007). Es ist die Kontrolle durch den Blick, der die Scham aus dem Weg gehen möchte. Darin liegt jedoch auch zugleich die Furcht vieler Jugendlicher verborgen, den eigenen Körper in Anwesenheit eines anderen nicht kontrollieren zu können. Diese Ambivalenz, die pathogene Züge annehmen kann, gälte es in einer Psychotherapie ertragen zu lernen. Niedrigschwellige Angebote erlauben es zunächst, sich dieser Belastung nicht aussetzen zu müssen.

Der gerade bei Jugendlichen oft belegbare Zusammenhang zwischen psychischen Konflikten und konfusem Körperselbsterleben macht klar, dass durch die internetgestützten Angebote solche Störungsbilder schwerlich hinreichend behandelt werden können. Sie könnten jedoch durchaus als Einstieg in eine weitergehende Behandlung dienen.

Last und Lust des eigenen Körpers Gerade in einem Alter, wo der Körper dem Jugendlichen zur Last wie zur Lust wird, beginnt die Schamhaftigkeit unter dem Blick des anderen besonders zu leiden und versucht sich zu schützen, sei es durch Rückzug oder durch narzisstische Maskeraden. Die Möglichkeiten des Internets bieten hierfür hervorragende Räume in beiderlei Hinsicht (Verein für psa. Sozialarbeit 2015).

Der erste Schritt Ist es das Ziel einer Behandlung, dem Patienten Möglichkeiten an die Hand zu geben, seine inneren Spannungen bewusst erleben und dadurch selbstständig und weitgehend unabhängig regulieren zu können, dann bietet das Netz zunächst die Möglichkeit, sich fremder Hilfe zu bedienen. Damit wäre aber nur ein erster Schritt getan.

Spannungserleben und Regulationsmöglichkeiten durch Internetnutzung

Flucht ins Netz In der Praxis zeigen sich daher oft junge Menschen, denen das Internet die Chance, sich mit ihren inneren Zuständen zu befassen, nicht ermöglicht hat, sondern sich von einem Erleben innerer Spannung vorübergehend abzulenken. Diese Flucht ins Netz suggeriert die Möglichkeit der Distanznahme, bleibt bei dieser Suggestion jedoch stehen, wenn die psychotherapeutische Arbeit nicht weiter geht.

Nötigung und Ungeduld Ein Jugendlicher leidet darunter, dass er sich selbst genötigt erlebt, im Zweistundentakt seine Mutter anzurufen, um sich zu versichern, dass es ihr gut geht, und ihr mitzuteilen, wie er sich selbst gerade fühlt. Derartige Phänomene, die sich auch in einer Ungeduld zeigen, wenn man nicht innerhalb von zwei Stunden auf eine alltägliche Nachricht reagiert hat, sind symptomatisch für eine Seite im Netz, die eher Abhängigkeit erzeugt als Unabhängigkeit zu ermöglichen.

Trennung vom geliebten Objekt Das Internet bindet dabei lediglich die Matrix für einen oknophilen Traum (Balint 2013), sich nicht trennen zu müssen. Daher ist jede Pathogenese, die sich hier entwickelt, darauf zu überprüfen, ob die Fähigkeit zur Trennung von einem geliebten Objekt und die damit verbundene Trauerarbeit in einem solchen medial gestalteten Kontext zu bearbeiten ist.

Spannungen ertragen, Impulse aufschieben Ein bedeutsamer Indikator für die Entwicklung einer Behandlung ist unter anderem, ob ein Patient gelernt hat, Spannungen zu ertragen, d. h. beispielsweise in einem Konflikt auch Gelassenheit zu zeigen, aggressive Impulse aufzuschieben und deren Grund reflektieren zu können oder auch die vorübergehende Abwesenheit des Therapeuten/der Therapeutin ertragen zu können, um drängende Anliegen zu einem späteren Zeitpunkt bearbeiten zu können.

> Gerade bei Heranwachsenden zeigt sich, dass solche Fähigkeiten erst in Entwicklung begriffen sind, erst erlernt werden, weil Erfahrungen und auch innere Räume zur Reflexion noch nicht hinreichend entwickelt sind.

Tückische Erreichbarkeit Die umfassenden Möglichkeiten des Netzes, überall und zu jeder Zeit erreichbar zu sein, entpuppen sich hier auch als tückisch. Denn die umfassende Erreichbarkeit kann die Entwicklung eigener Ressourcen gerade verhindern. Es droht eher eine weitere Abhängigkeit, die eine autonome Entwicklung sabotieren könnte. Die Extremform einer solchen Abhängigkeit kann in einer Internetsucht münden.

Internetsucht

Suchtartige Internet-, Computer- und Smartphonenutzung So suchen inzwischen (meist) Erziehungspersonen therapeutische Hilfe aufgrund suchtartiger Internet-, Computer- und Smartphonenutzung ihrer Kinder. Seit über 20 Jahren wird die Internetsucht unter verschiedenen Bezeichnungen als psychologisches Problem diskutiert: Net Addiction, Online Addiction, Internet Addiction Disorder (IAD), Pathological Internet Use, Pathologischer Internetgebrauch, Net Compulsion, Cyberdisorder.

Online-Rollenspiele, Glücksspiel, Shopping, Sexportale Dabei kann sich exzessive Internetnutzung auf unterschiedlichste Anwendungsbereiche beziehen, wie z. B. Online-Computerspiele, Glücksspiele, sexuelle Inhalte, Shopping oder kommunikative Anwendungen wie Chatten oder Social Networks. Diese Bereiche unterscheiden sich in ihrem jeweiligen Suchtpotenzial. Kritisch sind vor allem Online-Rollenspiele, Communities, Glücksspiele und Sexportale (Batthyány 2012).

Suchtprävalenz bei 14- bis 24-Jährigen am höchsten In Deutschland gelten ca. 1 % der 14- bis 64-jährigen Deutschen als internetabhängig und 4,6 % als problematische Internetnutzer (Rumpf et al. 2011). Bei den 14- bis 24-Jährigen ist die Prävalenz mit 2,4 % abhängigen und 13,6 % problematischen Internetnutzern am höchsten, wobei gerade bei jüngeren Jugendlichen (14–16 Jahre) mehr Mädchen (4,9 %) als Jungen (3,1 %) betroffen sind.

> Während Jungen meist ihre Hauptaktivität auf Online-Spiele richten, sind Abhängige sozialer Netzwerke meist junge Frauen.

Hohe Komorbidität Inzwischen konnte eine Reihe von Studien zeigen, dass pathologischer Internetgebrauch eine hohe Komorbidität mit anderen psychischen Störungen aufweist (Carli et al. 2013), wobei affektive Erkrankungen und Angststörungen am häufigsten vorzukommen scheinen. Aber auch Komorbidität mit stoffgebunden Süchten (z. B. Cannabis, siehe Korkeila et al. 2010) sowie Aufmerksamkeitsdefizits-Hyperaktivitäts-Störungen im Erwachsenenalter (Ko et al. 2008) wurden nachgewiesen.

Beeinträchtigung im Alltag Auch wenn aufgrund der Prävalenzraten deutlich wird, dass die meisten Jugendlichen keine mit ihrem Nutzungsverhalten zusammenhängenden Probleme aufweisen, zeigen allerdings diejenigen mit internetsüchtigem Verhalten eine ausgeprägte Beeinträchtigung in ihrem Alltag. Somit ist wichtig, dass Therapeuten, die mit Jugendlichen und jungen Erwachsenen arbeiten, über entsprechende Behandlungskonzepte informiert sind.

Ähnlichkeiten mit stoffgebundenen Süchten Inzwischen geht der Trend dahin, Internetsucht ähnlich wie stoffgebundene Süchte zu behandeln, aufgrund der neuobiologischen Ähnlichkeiten zwischen stoffgebundenen und Verhaltenssüchten (Holden 2010). Dies impliziert z. B. eine Phase des Entzugs und mittelfristig eine selektive Abstinenz.

Behandlungskonzepte Zur Behandlung der Internet- und Computerspielsucht wurden eigene Fachabteilungen gegründet (jedoch zu wenig, um der Versorgungsnachfrage gerecht zu werden). Zusätzlich wurden Manuale zur Behandlung veröffentlicht (siehe Wölfling et al. 2013, Schuhler & Vogelgesang 2012). Die Behandlungskonzepte sind meist multimethodal angelegt, die wenigsten jedoch evidenzbasiert. Das kognitiv-behaviorale Behandlungsmanual von Wölfling et al. (2013) wurde in Teilen auf seine Wirksamkeit hin überprüft. Eckpfeiler der Therapie, die gemäß dem Risikoprofil vorwiegend junge Patienten in Anspruch nehmen, sind u. a. Psychoedukation, Motivationsaufbau, Strategien im Umgang mit Verlangen, Aufbau alternativer Aktivitäten, Verbesserung des Selbstwerts, Rückfallprophylaxe etc.

Fazit

Die Nutzung und der Konsum von Medien gehören selbstverständlich zur Kultur und müssen insbesondere bei Jugendlichen hinreichend in der psychotherapeutischen Praxis berücksichtigt werden. Dabei ist das dadurch veränderte Selbstverständnis ebenso zu reflektieren wie die veränderte Beziehungskultur unter Jugendlichen.

Die umfassende Nutzung des Mediums selbst ist nicht ungewöhnlich; sie ist vielmehr als neues Ausdrucksmittel zu verstehen, sich mit anderen auszutauschen. Exzessiver Gebrauch wie auch pathologische Rückzugstendenzen lassen deutlich werden, dass die digitalen Medien oft zum Ausdruck bringen, was sich auch sonst als pathogen zeigt. Dann wird problematische Internetnutzung zum Katalysator psychischer Krisen und Störungen. Somit muss in der therapeutischen Praxis neben den positiven Möglichkeiten des Internet für soziale, emotionale und kognitive Prozesse auch der Blick für die Probleme der Blick geschärft werden.

Literatur

Balint M. Angstlust und Regression. Stuttgart: Klett; 2013
Batthyány D. Internetsucht – Phänomenologie und therapeutische Ansätze. Psychotherapie – Wissenschaft 2012; 2. Im Internet: http://www.psychotherapie-wissenschaft.info/index.php/psy-wis/article/view/86/329; Stand: 31.8.2013
Bell V. Online information, extreme communities and Internet therapy: Is the Internet good for our mental health? J Ment Health 2007; 16: 445–457
Blos P. Adoleszenz. Eine psychoanalytische Interpretation. Stuttgart: Klett; 1995
Bohleber W. Adoleszenz und Identität. Stuttgart: Klett; 1996
Brehm U, Lindl S. Online-Beratung bei Kindern und Jugendlichen – ein Erfahrungsbericht von „147 Rat auf Draht". E-Beratungsjournal 2010; 6: 6. Im Internet: http://www.e-beratungsjournal.net/ausgabe_0110/brehm_lindl.pdf; Stand: 13.12.2016
Carli V, Durkee T, Wasserman D et al. The association between pathological internet use and comorbid psychopathology: A systematic review. Psychopathology 2013; 46: 1–13
Eichenberg C. Online-Foren für junge Menschen mit selbstschädigenden Problematiken: Pro-Ana-Blogs, Suizid-Boards und Foren zu selbstverletzendem Verhalten. In: Porsch T, Pieschl S, Hrsg. Neue Medien und deren Schatten. Göttingen: Hogrefe; 2014: 245–274
Eichenberg C. Zusammen – getrennt: Paarbeziehungen im Internet aus medienpsychologischer und psychodynamischer Perspektive. In: Soeffner HG, Hrsg. Unsichere Zeiten. Herausforderungen gesellschaftlicher Transformationen. Wiesbaden: VS Verlag; 2010 (CD-ROM)
Eichenberg C. Online-Sexualberatung: Wirksamkeit und Wirkweise. Evaluation eines Pro Familia-Angebots. Z Sexualforsch 2007; 3: 247–262
Eichenberg C, Auersperg F. (in Druck). Chancen und Risiken digitaler Medien für Kinder und Jugendliche: Ein Ratgeber für Eltern und Pädagogen. Göttingen: Hogrefe.
Eichenberg C, Auersperg F. Sexuelle Belästigung im Internet. In: Porsch T, Pieschl S, Hrsg. Neue Medien und deren Schatten. Göttingen: Hogrefe; 2014: 159–190
Eichenberg C, Küsel C. Internetnutzung und Gesundheit. In: Brähler E, Herzog W. Hrsg. Sozialpsychosomatik. Stuttgart: Schattauer; (in Druck)
Eichenberg C, Küsel C, Sindelar B. Computerspiele im Kindes- und Jugendalter: Geschlechtsspezifische Unterschiede in der Präferenz von Spiel-Genres, Spielanforderungen und Spielfiguren und ihre Bedeutung für die Konzeption von Serious Games. Z Medienpädagogik: 2016; 97–109
Eichenberg C, Roffler R, Wutka B. Internet und Selbsthilfe im Jugendalter: Potenziale und Gefahren aus psychologischer Perspektive. Z Psychotraumat Psychotherapiewiss Psychol Med 2011; 4: 67–81
Fischer G. Logik der Psychotherapie. Philosophische Grundlagen der Psychotherapiewissenschaft. Kröning: Asanger; 2008
Holden C. Behavioral Addictions Debut in Proposed DSM-V. Science 2010; 5968: 935
Jacobson E. Das Selbst und die Welt der Objekte. Frankfurt: Suhrkamp; 1978
Ko CH, Yen JY, Chen CS et al. Psychiatric comorbidity of internet addiction in college students: an interview study. CNS Spectrums 2008; 13: 147–153
Korkeila J, Kaarlas S, Jääskeläinen M et al. Attached to the web -harmful use of the Internet and its correlates. Eur Psychiatry 2010; 25: 236–241
McLuhan M. Die magischen Kanäle. Understanding media. Dresden: Verlag der Kunst; 1994
Medienpädagogischer Forschungsverbund Südwest. KIM-Studie 2014. Kinder + Medien, Computer + Internet. 2014. Im Internet: https://www.mpfs.de/fileadmin/files/Studien/KIM/2014/KIM_Studie_2014.pdf; Stand: 9.10.2016
Medienpädagogischer Forschungsverbund Südwest. JIM-Studie 2016. Jugend, Information, (Multi-)Media. 2016. Im Internet: https://www.mpfs.de/fileadmin/files/Studien/JIM/2016/JIM_Studie_2016.pdf; Stand: 9.10.2016
Mitscherlich A. Krankheit als Konflikt. Studien zur psychosomatischen Medizin. 2 Bde. Frankfurt: Suhrkamp; 1966/1968
Müller UA. Im Bann der Technik. Zur Frage nach dem Medium in der Psychotherapie. In: Krieger A, Winter H, Müller UA, Hrsg. Geht die Psychotherapie ins Netz? Gießen: Psychosozial; 2015: 69–88
Rumpf HJ, Meyer C, Kreuzer A et al. Prävalenz der Internetabhängigkeit (PINTA). Bericht an das Bundesministerium für Gesundheit. 2011. Im Internet: https://www.bundesgesundheitsministerium.de/fileadmin/Dateien/5_Publikationen/Drogen_und_Sucht/Berichte/Forschungsbericht/Studie_Praevalenz_der_Internetabhaengigkeit__PINTA_.pdf; Stand: 13.12.2016
Schuhler P, Vogelgesang M. Pathologischer PC- und Internet-Gebrauch. Eine Therapieanleitung. Göttingen: Hogrefe; 2012
Verein für psychoanalytische Sozialarbeit. Screenkids – (auf)gefangen im Netz? Frankfurt: Brandes & Apsel; 2015
Wölfling K, Jo C, Bengesser I et al. Computerspiel- und Internetsucht. Ein kogitiv-behaviorales Behandlungsmanual. Stuttgart: Kohlhammer; 2013

Univ.-Prof. Dr. phil. habil. Christiane Eichenberg
Sigmund Freud PrivatUniversität Wien
Freudplatz 1
A-1020 Wien
christiane@rz-online.de

Dipl.-Psychologin, Psychotherapeutin (Psychoanalyse). Leiterin der Instituts für Psychosomatik an der Fakultät für Medizin der Sigmund Freud PrivatUniversität Wien. Forschungsschwerpunkte: E-Mental Health, Psychotraumatologie, Psychotherapieforschung.

Prof. Dr. phil. Ulrich A. Müller

Wissenschaftlicher Leiter des Masterstudiengangs „Therapeutische Arbeit mit Kindern und Jugendlichen" an der Hochschule Hannover in Kooperation mit dem Winnicott Institut Hannover. Forschungsprojekte: Wirksamkeit früher Interventionen in der Behandlung von Säuglingen und Kleinkindern mit ihren Müttern/Eltern, Stimme und Präsenz in der psychotherapeutischen Behandlung, Möglichkeiten und Risiken einer internetgestützten psychotherapeutischen Behandlung.

Interessenkonflikt
Die korrespondierende Autorin gibt an, dass kein Interessenkonflikt vorliegt.

Beitrag online zu finden unter
http://dx.doi.org/10.1055/s-0043-103883

Inga Becker • Peer Briken • Timo O. Nieder

Trans im Jugendalter
Aktuelle Forschungsergebnisse

Das Thema Gendervarianz, Transgender oder Transsexualität hat in der Öffentlichkeit und in den Medien in den letzten Jahren deutlich zugenommen. Trans steht als Kurzform für die vielen Optionen dieser Entwicklung. Die Forschungen zur Prävalenz sind für das Jugendalter allerdings noch dürftig, da sich Jugendliche bezüglich ihrer Identität ausprobieren und eine langfristige Konsequenz – auch für die psychologische und somatische Behandlung – unabsehbar ist.

Einleitung und Begriffsklärung

Transgender Der Begriff Transgender bezieht sich auf das breitere Verständnis von einer Selbstidentifikation als ein anderes Geschlecht, als das, welches bei Geburt zugewiesen wurde. Für die meisten, aber nicht alle Personen beinhaltet dies den Wunsch, im anderen (also männlichen bzw. weiblichen) Geschlecht zu leben und anerkannt zu werden und dementsprechend auch eine geschlechtsangleichende Behandlung zu erhalten.

Transsexualität In medizinischer Terminologie wurde hierfür traditionell der Begriff Transsexualität verwendet, der sich allerdings auf die Geschlechtsangleichung im Rahmen der Zweigeschlechtlichkeit von Mann und Frau begrenzt (vgl. Nieder, Briken & Richter-Appelt 2013).

Entwicklung Zunehmend werden Identifikationen sichtbar, die über ein binäres Verständnis von Geschlecht (als entweder männlich oder weiblich) hinausgehen oder dazwischen liegen (Richards et al. 2016). Andere Personen wiederum lehnen es gänzlich ab, sich geschlechtlich zu verorten und identifizieren sich z. B. als ageschlechtlich oder geschlechtsneutral.

Trans Während als Sammelbegriff für die beschriebenen Entwicklungen international Transgender etabliert ist, wird im deutschen Sprach- und Kulturraum häufig die inklusive Kurzform Trans verwendet. Mit ihr berücksichtigt werden sollen viele Optionen (u. a. transgeschlechtlich, transident, transsexuell, genderqueer, non-binär, agender und viele mehr). In Anlehnung an die Empfehlung der Bundesvereinigung Trans*, einem Zusammenschluss aus über 30 verschiedenen Selbsthilfegruppen, Vereinen und Initiativen, wird trans als Adjektiv verwendet, wenn Menschen beschrieben werden, auf die dieses Merkmal (neben vielen weiteren Persönlichkeitsaspekten) zutrifft. Als Substantiv wird es verwendet, wenn es bei einem spezifischen Thema das identitätsstiftende Merkmal ist, wie bei der Trans-Gesundheitsversorgung.

Trans im Kindes- und Jugendalter ist ein aktuelles Phänomen, das durch zunehmende Prävalenz im klinischen Alltag gekennzeichnet ist.

Diagnostik und Behandlung bei Geschlechtsdysphorie und Gendervarianz

Überarbeitete Diagnostik durch Inklusion Dem inklusiven Gedanken werden auch die vor Kurzem überarbeiteten Diagnosen Geschlechtsdysphorie (im Kindes-, Jugend- oder Erwachsenenalter; GD) im DSM-5 der American Psychiatric Association (APA 2013) sowie die für 2018 geplante Überarbeitung der Diagnose Geschlechtsidentitätsstörung (GIS) in Geschlechtsinkongruenz (GI) im ICD der WHO (WHO 1994) stärker gerecht als in der Vergangenheit (vgl. Klein et al. 2016). Die diagnostischen Kriterien können der DSM-5 entnommen werden (vgl. APA 2013).

Gendervarianz Ein weiterer, v. a. in Bezug auf das Kindes- und Jugendalter verwendeter Oberbegriff ist jener der Gendervarianz. Im Folgenden wird der aus dem Englischen übernommene Begriff (Gender Variance) oder der Ausdruck „gendervariantes Erleben und/oder Verhalten" verwendet. Dieser umfasst alle non-normativen oder anders als komplett kongruenten Entwicklungsverläufe von Geschlechtsidentität, die Kinder und Jugendliche zeigen können – entweder als Ausdruck einer GI/GD oder aber im Rahmen einer entwicklungsbedingten Phase.

Geschlechtsdysphorie Laut diagnostischer Kriterien zeichnet eine GI/GD das anhaltende und drängende Gefühl aus, dass Geschlechtsidentität und Körper nicht übereinstimmen. Dies geht mit Leidensdruck und häufig auch mit Behandlungswunsch einher.

Psychologische genderspezifische Behandlung Das Vorliegen einer ICD- oder DSM-Diagnose im Jugendalter wird v. a. durch das anhaltende Erleben von Inkongruenz zwischen dem bei der Geburt zugewiesenen und dem empfundenen Geschlecht definiert (APA 2013). Diese Diagnose soll im Verlauf schließlich auch eine sog. genderspezifische Beratung und Behandlung rechtfertigen, wie sie u. a. durch die Standards of Care (SoC 7) der World Professional Association for Transgender Health (WPATH) empfohlen werden (Coleman et al. 2012, Richter-Appelt & Nieder 2014). Die Empfehlungen für die psychologische oder psychotherapeutische Behandlung zielen v. a. auf die Reduzierung des Leidensdrucks ab, der in den meisten Fällen aus der GI/GD hervorgeht, auf die Unterstützung bei begleitenden psychischen Problemen sowie auf die Optimierung des Wohlbefindens.

Somatische Behandlung Auch eine somatische Behandlung in Form von zunächst pubertätsunterdrückenden Gonadotropin-Releasing-Hormon-Analoga (GnRHa) und später geschlechtsangleichenden Hormonen (Östrogen, Testosteron; vgl. Hembree et al. 2009) wird mit der Begründung gerechtfertigt, dass eine Nichtbehandlung vor der Volljährigkeit größeren Schaden anrichten kann als die medizinische Behandlung selbst (Coleman et al. 2012). Zudem soll die pubertätsunterdrückende Behandlung bzw. der damit einhergehende, nachlassende Druck durch die sich entwickelnden sekundären Geschlechtsmerkmale die Möglichkeit geben, die eigene GI/GD und Identität im Rahmen einer Behandlung zu reflektieren und mögliche Entwicklungsprobleme zu erkunden. Somit ist diese Art der Behandlung auch ein wichtiges diagnostisches Hilfsmittel (Möller et al. 2014). Dabei geht es auch um die Ermöglichung eines Lebens in der gewünschten Geschlechtsrolle, das in der Folge der sich zum Teil kongruent entwickelnden Körpermerkmale häufiger ohne aufwendige Operationen im Erwachsenenalter möglich ist.

> Eine der wichtigsten Fragen in der Diagnostik und Behandlung von Jugendlichen mit GI/GD ist, wie sich bestimmte Entscheidungen hinsichtlich einer möglichen somatischen Behandlung auf die weitere Entwicklung auswirken (Ristori & Steensma 2016).

Langzeituntersuchungen Die wenigen vorhandenen Langzeituntersuchungen mit jugendlichen und erwachsenen Stichproben weisen laut systematischer Überblicksarbeiten oder Meta-Analysen v. a. auf 2 Aspekte hin: Die Effekte von geschlechtsangleichender Hormonbehandlung im Erwachsenenalter auf die psychische Gesundheit lassen sich als insgesamt positiv bewerten, während die Qualität der Evidenz insgesamt als niedrig zu bewerten ist (Costa, Carmichael & Colizzi 2016, White Hughto & Reisner 2016). Auch im Jugendalter zeigen erste Langzeituntersuchungen von im Jugendalter behandelten Personen mit GI/GD positive Effekte auf die psychische Gesundheit (de Vries et al. 2014).

> Die wenigen existierenden Langzeitstudien kommen zu befriedigenden Ergebnissen hinsichtlich langfristiger Auswirkungen auf das psychische Wohlbefinden und die Lebensqualität bei erwachsenen Transgender-Personen.

Prävalenz von Geschlechtsdysphorie

Zahlen variieren In den Sprechstunden oder Zentren, die sich auf GI/GD spezialisiert haben, ist weltweit insgesamt ein stetiger Zuwachs an zugewiesenen Kindern und Jugendlichen zu verzeichnen (Aitken et al. 2015). Grundsätzlich ist bei GI/GD im Jugend- und Erwachsenenalter von einer durchschnittlichen Prävalenz von etwa 4,6 in 100000 auszugehen (laut einer Meta-Analyse von Arcelus et al. 2015). Die Zahlen beziehen Studien im Zeitraum zwischen 1974 und 2014 mit ein und verzeichnen einen Zeiteffekt, in dem eine Zunahme der klinischen Zuweisungen sichtbar wird. Zudem variieren die Schätzungen je nach zugrunde gelegtem Kriterium (z. B. Selbstdefinition als trans oder Vorliegen einer entsprechenden GI/GD-Diagnose) bzw. nach Art des Studientypus (klinische vs. nicht klinische Studien). Studien mit eng gefassten Inklusionskriterien unterschätzen die Häufigkeit eher. So analysierten Collin et al. (2016) einerseits die Vergabe einer trans-bezogenen Diagnose (6,8 auf 100000) und die Selbstzuschreibung als trans bei Erwachsenen (871 auf 100000).

Steigende Prävalenz Vor dem Hintergrund gegenwärtiger Revisionen diagnostischer Kriterien (DSM-5 und ICD-11) und ihrer Implikationen für die Möglichkeiten der Inanspruchnahme somatischer Behandlungen kann in Zukunft – v. a. in jüngeren Altersgruppen – mit einer weiteren Zunahme gerechnet werden.

Geschlechterverteilung Eine der Studien zur Untersuchung der Zuweisung von Jugendlichen in den Zentren in Amsterdam und Toronto legt eine Umkehr der Geschlechterverteilung bei GI/GD nahe (Aitken et al. 2015). Haben sich im Zeitraum vor 2006 in den beiden weltweit am längsten etablierten Kliniken Jugendliche mit männlichem Zuweisungsgeschlecht mit einer Verteilung von 2,1:1 häufiger vorgestellt, kehrte sich dies zwischen 2006 und 2013 für das weibliche Zuweisungsgeschlecht häufiger um (1:1,8). Erklärt werden solche Effekte durch soziale und gesellschaftliche Bedingungen und die unterschiedliche Akzeptanz von non-konformem Geschlechtsrollenverhalten bei Mädchen und Jungen (Zucker, Bradley & Sanikhani 1997). Für männlich geborene Jugendliche sei es – v. a. aufgrund möglicher Erfahrungen von Stigmatisierung – potenziell mit größeren negativen sozialen Folgen verbunden, eine weibliche Geschlechtsrolle aufzunehmen als umgekehrt, so Aitken et al. (2015). Es liegt also nahe, dass sich das Erleben der Geschlechtsidentität bei weiblich und männlich sozialisierten Kindern und Jugendlichen unterschiedlich äußert und mit unterschiedlichen Entwicklungs- und Langzeitverläufen sowie dasss eine GI/GD häufig auch mit unterschiedlichen Erfahrungen von Stigmatisierung einhergeht.

> Geschlechtsdysphorie scheint ein selteneres Phänomen zu sein als Gendervarianz.

Geschlechtsidentität und geschlechtliches Verhalten Studien zur Prävalenz von non-konformem geschlechtlichen Verhalten und Erleben bei Kindern in der Allgemeinbevölkerung zeigen, dass dieses im Kindesalter weitaus häufiger auftritt als im Jugendalter (z. B. Cohen-Kettenis & Pfäfflin 2003, Zucker, Bradley & Sanikhani 1997). Bei Jugendlichen berichten Cohen-Kettenis & Pfäfflin (2003) beispielsweise

- gegengeschlechtliche Identifizierung zwischen 0,2 und 0,4 %
- und gegengeschlechtliches Verhalten zwischen 1,1 und 3,1 %.

Befragt man Jugendliche selbst nach ihrer Selbstzuschreibung zu einem Geschlecht (entweder weiblich, männlich oder Transgender), so berichten 1,2 und 1,3 % von einer Trans-Identität (Shields et al. 2013, Clark et al. 2014). Eine aktuelle repräsentative Studie aus Deutschland untersuchte Hamburger Schulkinder im Alter zwischen 10 und 16 Jahren (Becker et al. 2017). Über kongruentes oder inkongruentes Erleben hinaus konnten insgesamt etwa 4,1 % der Antworten als inkongruent, ambivalent oder ohne Geschlechtsidentifikation und somit als Ausdruck von Gendervarianz in der Allgemeinbevölkerung gewertet werden.

Fluide Geschlechtsidentifikation Solch vergleichsweise hohe Zahlen an gendervarianter Identifikation im Jugendalter geben Anlass, starre Konzeptualisierungen von kongruent oder inkongruent (im Sinne von entweder männlich oder weiblich) zu überdenken und individuelle sowie fluide Entwicklungsaspekte von Geschlechtsidentität stärker mit einzubeziehen (Becker et al. 2017).

> Jenseits von Geschlechtsinkongruenz und -kongruenz ist das Jugendalter durch Fluidität in der eigenen Geschlechtsidentifikation gekennzeichnet.

Entwicklungspfade bei Geschlechtsdysphorie

Psychosexuelle Entwicklung im Jugendalter Die bisherigen prospektiv angelegten Nachuntersuchungen zur psychosexuellen Entwicklung im Jugendalter zeigen, dass sich die GI/GD bei der Mehrzahl der Jugendlichen, die im Kindesalter im Rahmen einer klinischen Untersuchung entsprechend diagnostiziert wurden, remittiert („Desisters") und diese Entwicklung häufig mit einer späteren homo- oder bisexuellen Orientierung einhergeht (für eine Übersicht siehe Ristori & Steensma 2016). Über alle bisher dazu veröffentlichten Studien hinweg hält eine GI/GD bis ins Jugendalter nur bei etwa 16 % der untersuchten Kinder an. Bezieht man aktuellere Studien mit ein, so liegen die Schätzungen bei insgesamt etwa 24 % (sog. „Persisters"; vgl. Ristori & Steensma 2016). Die Persistenzraten von GI/GD variieren und ändern sich, sobald Zuweisungen über einen längeren Verlauf mit einbezogen werden (Steensma & Cohen-Kettenis 2015). Auch Ristori & Steensma (2016) erklären diese Unterschiede in der Schätzung der Persistenz von GI/GD im Jugendalter v. a. mit Unterschieden in den Studiendesigns der untersuchenden Zentren (v. a. der Untersuchungszeitpunkte und der Stichprobenauswahl). Ebenfalls kommen kulturelle Unterschiede in der sozialen Akzeptanz von non-konformem Geschlechtsrollenverhalten zum Tragen. Solche Zahlen verweisen dennoch darauf, wie wichtig eine sorgfältige und entwicklungsbegleitende Diagnostik ist, um prospektiv abzuschätzen, wie eine GI/GD weiter verläuft.

Persistenz des Geschlechtsrollenverhaltens An Hand einer repräsentativen Langzeituntersuchung haben Li, Kung & Hines (2017) erst vor Kurzem zeigen können, dass es einen Zusammenhang zwischen einem non-konformen Geschlechtsrollenverhalten in der Kindheit und einer späteren nicht heterosexuellen Entwicklung der sexuellen Orientierung gibt. Obgleich ein Teil erwachsener trans Personen über verschiedene Studien hinweg retrospektiv entsprechende Verhaltensweisen für die Kindheit erinnern (Köhler et al. 2017), gilt:

> Ein gendervariantes, non-konformes oder atypisches Erleben oder Verhalten bei Kindern und Jugendlichen, z. B. in Form von Spielpräferenzen, ist kein Prädiktor für eine Trans-Entwicklung oder eine GI/GD im Jugendalter.

Kritik Kritisiert werden die berichteten klinischen Nachuntersuchungen zu trans Jugendlichen insbesondere für die Art ihrer Fragestellung, Vorannahmen, Stichprobenselektion und Untersuchungsmethoden. Steensma & Cohen-Kettenis (2015) kommen zu dem Schluss, dass es vermutlich mehr als 2 eindeutige Entwicklungspfade bei GI/GD gibt, was angesichts der zunehmend sichtbar werdenden Varianz im Geschlechtsidentitätserleben nicht überrascht.

> Nur etwa ein Viertel der Jugendlichen, die auch in der Kindheit non-konformes Geschlechtserleben und Verhalten zeigten, erfüllen im Jugendalter noch die diagnostischen Kriterien für eine GI/GD.

Implikationen für die Diagnostik und Behandlung

Verständnisförderung trotz Kritik Obwohl man die Zahlen zur Persistenz kritisch betrachten sollte und immer die möglichen klinischen und nicht klinischen Selektionsbias in den Studiendesigns zur Prävalenz mit berücksichtigen muss, leisten die existierenden Studien dennoch einen wichtigen Beitrag: Sie tragen zum Verständnis der Entwicklung von Geschlechtsidentität im Allgemeinen bei sowie im Speziellen für die Identifikation prädiktiver Faktoren, die mit einer persistierenden GI/GD einhergehen. Sie leisten somit einen Beitrag in der Diagnostik und der Entscheidungsfindung hinsichtlich der Behandlung bei GI/GD im Jugendalter.

Langfristige Entwicklungspfade Ein zentrales Ergebnis der prospektiven Studien ist, dass eine während der Kindheit vergleichsweise intensiv geäußerte Überzeugung, nicht dem bei Geburt zugewiesenen Körpergeschlecht anzugehören, mit einer höheren Wahrscheinlichkeit der Persistenz im Jugendalter einhergeht (vgl. Ristori & Steensma 2016). Daher sollten auch hier non-konformes Verhalten in der Kindheit und der Bericht von eindeutig geschlechtsdysphorischem Erleben unterschieden werden, um die langfristige Entwicklung besser einschätzen zu können. Gleichzeitig kann es aber auch andere Entwicklungspfade jenseits einer früh und anhaltend einsetzenden GI/GD geben. Weitere Faktoren, die mit der Persistenz in Zusammenhang stehend identifiziert wurden, sind zudem u. a. (ebd.):
- ein weibliches Zuweisungsgeschlecht
- ein früheres Untersuchungs- oder Vorstellungsalter
- eine soziale Transition in die gewünschte Geschlechtsrolle während der Kindheit.

Ausblick

Situation bei Erwachsenen Für Erwachsene mit GI/GD werden im Rahmen der therapeutischen Praxis offenere Möglichkeiten der eigenen Identifikation jenseits von eindeutig männlich oder weiblich akzeptiert. Damit einher geht auch eine De-Stigmatisierung von Trans und ein zunehmendes Verständnis von non-binärem geschlechtlichen Erleben (Richards et al. 2016). Erwachsene nutzen vielfältige Varianten der Selbstbeschreibung und vermutlich ebenso viele Varianten der Identifizierung oder des Erlebens individueller Männlichkeit, Weiblichkeit und/oder (Trans-)Geschlechtlichkeit (ebd.). Diesem Verständnis entsprechend berücksichtigen das DSM-5 und voraussichtlich 2018 die ICD-11 im Rahmen der Revisionen der diagnostischen Kriterien bei GI/GD nicht ausschließlich normativ zweigeschlechtliche Identifikation, sondern auch non-binäre Geschlechtsidentität, die mit einem Behandlungsanliegen einhergehen kann (Beek et al. 2015, Richards et al. 2016). So streben auch nicht alle erwachsenen Personen mit GI/GD somatische Behandlungen an, die eine geschlechtseindeutige äußerliche Erscheinung erreichen sollen (Beek et al. 2015). Vielmehr ist anzunehmen, dass die Zahl non-binär identifizierter Personen oder Personen mit partiellen Anliegen an die somatische Behandlung weltweit zunimmt (Richards et al. 2016).

Situation bei Jugendlichen Für das Jugendalter wird dies aus der klinischen Praxis ebenfalls bereits berichtet, jedoch gibt es bislang kaum Forschung in diesem Bereich. Gerade im Jugendalter ist jedoch auch anzunehmen, dass eine non-binäre oder mit dem Körpergeschlecht non-konforme Identifikation stärkerer Fluidität ausgesetzt ist, wenn sich junge Menschen noch in der Entwicklung und Exploration der eigenen Identität befinden, wie es von Becker et al. (2017) für deutsche Jugendliche beschrieben wurde. Die vielfältigen Identifikationsmöglichkeiten anzuerkennen und besser zu verstehen, ist ein wichtiges Ziel der Forschung als auch für die therapeutische Praxis, um Jugendlichen in ihrem Erleben gerecht zu werden. Insgesamt bewegt sich das Forschungsfeld zur Gesundheitsversorgung für trans oder oder gendervariante bzw. geschlechtsdysphorische Jugendliche noch langsam und vorsichtig. Dies liegt nicht zuletzt an der bislang unzureichenden Evidenzbasierung sowie der entwicklungspsychologisch begründeten Nichtabschätzbarkeit der langfristigen Konsequenzen einer somatischen Geschlechtsangleichung.

Fazit

Analog zum Erwachsenalter sollte im Interesse der Jugendlichen eine Trans-Identität im Jugendalter grundsätzlich als Normvariante der menschlichen Geschlechtsidentität angesehen und nicht a priori als Teil einer psychisch auffälligen Entwicklung verstanden werden. Das eingeschränkte Wissen über psychosexuelle Entwicklungsverläufe im Jugendalter verdeutlicht allerdings, dass es empirisch fundiert nicht möglich ist, die Geschlechtsidentitätsentwicklung vorauszusagen. Somit muss weiter diskutiert werden, ab welchem Zeitpunkt somatische Eingriffe bei einer Geschlechtsdysphorie im Jugendalter ihre Berechtigung haben bzw. in welcher Form Gesundheitsversorgung für trans Jugendliche bedarfsgerecht ist. Vor allem angesichts von steigenden Zuweisungszahlen in den spezialisierten Zentren in ganz Deutschland sowie weltweit und des sich wandelnden Verständnisses von Geschlecht und Identität wird die Notwendigkeit sowohl langfristig angelegter, prospektiver als auch lebensweltnaher Studien deutlich, die über die Frage der Indikation einer die Transition unterstützenden Behandlung im Jugendalter hinausgehen und die gesamte psychosoziale Entwicklung von trans Jugendlichen in den Blick nehmen.

Literatur

Aitken M, Steensma TD, Blanchard R, et al. Evidence for an altered sex ratio in clinic-referred adolescents with gender dysphoria. J Sex Med 2015; 12: 756–763

American Psychiatric Association (APA). Diagnostic and Statistical Manual of Mental Disorders. 5th ed. Washington, DC: American Psychiatric Association; 2013

Arcelus J, Bouman WP, Van Den Noortgate W, et al. Systematic review and meta-analysis of prevalence studies in transsexualism. Eur Psychiatry 2015; 30: 807–815

Becker I, Ravens-Sieberer U, Ottová-Jordan V, et al. Prevalence of adolescent gender experiences and gender expression in Germany. J Adolesc Health 2017; doi: 10.1016/j.jadohealth.2017.02.001.

Beek TF, Kreukels BP, Cohen-Kettenis PT, et al. Partial Treatment Requests and Underlying Motives of Applicants for Gender Affirming Interventions. J Sex Med 2015; 12: 2201–2205

Clark TC, Lucassen MF, Bullen P, et al. The health and well-being of transgender high school students: results from the New Zealand adolescent health survey (Youth'12). J Adolesc Health 2014; 55: 93–99

Cohen-Kettnis PT, Pfaefflin F. Transgenderism and Intersexuality in Childhood and Adolescence Making Choices. Thousand Oaks, CA: Sage Publishing House; 2003

Coleman E, Bockting W, Botzer M, et al. Standards of Care for the Health of Transsexual, Transgender, and Gender-Nonconforming People, Version 7. Int J Transgenderism 2012; 13: 165–232

Collin L, Reisner SL, Tangpricha V, et al. Prevalence of Transgender depends on the "Case" Definition: A Systematic Review. J Sex Med 2016; 13: 613–626

Costa R, Carmichael P, Colizzi M. To treat or not to treat: puberty suppression in childhood-onset gender dysphoria. Nat Rev Urol 2016; 13: 456–462

de Vries ALC, McGuire JK, Steensma TD, et al. Young Adult Psychological Outcome After Puberty Suppression and Gender Reassignment. Ped 2014; 134: 696–704

Hembree WC, Cohen-Kettenis P, Delemarre-van de Waal HA, et al. Endocrine treatment of transsexual persons: an Endocrine Society clinical practice guideline. J Clin Endocr Metab 2009; 94: 3132–3154

Klein V, Brunner F, Nieder T, et al. Diagnoseleitlinien sexueller Störungen in der International Classification of Diseases and Related Health Problems (ICD)-11 – Dokumentation des Revisionsprozesses. Z Sexualforschung 2016; 28: 363–373

Köhler A, Richter-Appelt H, Cerwenka S, et al. Recalled gender-related play behavior and peer-group preferences in childhood and adolescence among adults applying for gender-affirming treatment. Sex Rel Ther 2017; 32: 210–226

Li G, Kung K, Hines M. Childhood gender-typed behavior and adolescent sexual orientation: A longitudinal population-based study. Devel Psy 2017 (online published first)

Möller B, Nieder TO, Preuss W, et al. Versorgung von Kindern und Jugendlichen mit Geschlechtsdysphorie im Rahmen einer interdisziplinären Spezialsprechstunde. Prax Kinderpsy Kinderpsy 2014; 63: 465–485

Nieder T, Briken P, Richter-Appelt H. Transgender, Transsexualität und Geschlechtsdysphorie: Aktuelle Entwicklungen in Diagnostik und Therapie. PSYCH up2d 2013; 7: 373–388

Richards C, Bouman WP, Seal L, et al. Non-binary or genderqueer genders. Int Rev Psych 2016; 28: 95–102

Richter-Appelt H, Nieder TO. Transgender-Gesundheitsversorgung. Eine kommentierte Herausgabe der Standards of Care der World Professional Association for Transgender Health. Gießen: Psychosozial; 2014

Ristori J, Steensma TD. Gender dysphoria in childhood. Int Rev Psy 2016; 28: 13–20

Shields JP, Cohen R, Glassman JR, et al. Estimating population size and demographic characteristics of lesbian, gay, bisexual, and transgender youth in middle school. J Adolesc Health 2013; 52: 248–250

Steensma TD, Cohen-Kettenis PT. More than two developmental pathways in children with gender dysphoria? J Am Acad Child Adol Psy 2015; 54: 147–148

White Hughto JM, Reisner SL. A Systematic Review of the Effects of Hormone Therapy on Psychological Functioning and Quality of Life in Transgender Individuals. Transgend Health 2016; 1: 21–31

World Health Organization (WHO). International statistical classification of diseases and related health problems: ICD-10. WHO; 1994

Zucker KJ, Bradley SJ, Sanikhani M. Sex differences in referral rates of children with gender identity disorder: Some hypotheses. J Abnorm Child Psy 1997; 25: 217–227

Interessenkonflikt

Die korrespondierende Autorin gibt an, dass kein Interessenkonflikt besteht.

Beitrag online zu finden unter
http://dx.doi.org/10.1055/s-0043-103881

Dipl.-Psych. Inga Becker

Universitätsklinikum Hamburg-Eppendorf
Zentrum für Psychosoziale Medizin,
Klinik für Kinder- und Jugendpsychiatrie,
-psychotherapie und -psychosomatik
Martinistr. 52
20246 Hamburg
i.becker@uke.de

Diplom-Psychologin am Universitätsklinikum Hamburg-Eppendorf, Dissertation zur Geschlechtsdysphorie im Kindes- und Jugendalter an der Klinik für Kinder- und Jugendpsychiatrie; stellv. Leiterin des Forschungsprojekts, Kooperation mit der Spezialsprechstunde für Fragen der Geschlechtsidentität sowie dem Institut für Sexualforschung und Forensische Psychiatrie für die Behandlung von Jugendlichen mit Geschlechtsdysphorie; Mitarbeit in der Multi-Center-Studie „The European Initiative for the Investigation of Gender Incongruence".

Prof. Dr. med. Peer Briken

Sexualwissenschaftler, Facharzt für Psychiatrie und Psychotherapie, Forensische Psychiatrie und Sexualmedizin. Direktor des Instituts für Sexualforschung und Forensische Psychiatrie am Universitätsklinikum Hamburg-Eppendorf; Forschungsschwerpunkte: Diagnostik und Therapie sexueller Störungen und sexueller Gewalt; 2010–2016 1. Vorsitzender der Deutschen Gesellschaft für Sexualforschung (DGfS); 2012–2016 Vizepräsident der International Association for the Treatment of Sexual Offenders (IATSO); seit 2016 Mitglied der Unabhängigen Kommission zur Aufarbeitung sexuellen Kindesmissbrauchs.

Dr. phil. Timo O. Nieder

Psychologischer Psychotherapeut und Sexualtherapeut (DGfS, EFS/ESSM). Leiter der Spezialambulanz für Sexuelle Gesundheit und Transgender-Versorgung am Institut für Sexualforschung und Forensische Psychiatrie des Universitätsklinikums Hamburg-Eppendorf (UKE); Mitaufbau des deutschlandweit ersten Interdisziplinären Transgender-Versorgungszentrum; Koordinator der Entwicklung der AWMF-S3-Leitlinie zur Geschlechtsinkongruenz, Geschlechtsdysphorie und Trans-Gesundheit im Erwachsenenalter, die Ende 2017 erscheinen soll (mit Prof. Strauß, Jena).

Der offizielle Online-Shop

Die komplette Thieme-Auswahl, auch bei Ihnen zu Hause.

Einfach aussuchen und bequem bestellen.

www.thieme.de

Esther Kleefeldt • Janina Meyeringh

Flucht und Migration in der Adoleszenz
„Ein ungewisser Ort Zu einer ungewissen Zeit" (Mitchell 2014, S. 515)

Jugendliche Flüchtlinge, die unbegleitet nach Deutschland kommen, haben auf sich allein gestellt die oft gefährliche und langwierige Flucht bewältigt. Ob es ihnen gelingt, hier eine neue Heimat zu finden, hängt entscheidend von Aufnahme und erfahrener Unterstützung ab, aber auch von individueller Geschichte und Ressourcen. In der Postmigrationsphase muss es gelingen, dem Neuen einen Sinn zu geben und die verpassten Phasen der Adoleszenz nachzuholen.

Fällt die Flucht in die Phase der Adoleszenz, hat sie Auswirkungen auf adoleszenzspezifische Aufgaben wie Identitätsbildung, Ich-Entwicklung sowie den Erwerb von Affekt- und Ambiguitätstoleranz und führt u. U. dazu, dass diese nicht erledigt werden können.

Fluchtursachen und -prozesse

Über 60 000 unbegleitete Jugendliche Im Januar 2016 waren in Deutschland über 60 000 unbegleitete minderjährige Flüchtlinge (UMF) in Jugendhilfeeinrichtungen untergebracht. Zusätzlich befanden sich 7721 ehemalige UMF im Rahmen der Hilfen für junge Volljährige in der Zuständigkeit der Jugendhilfe. Ihre Hauptherkunftsländer sind Afghanistan, Syrien, Irak, Eritrea und Somalia (BumF 2016). Es kommen deutlich mehr männliche geflüchtete Adoleszente, z. B. in der Altersgruppe der 16-bis-18-Jährigen: 80,2 % männliche vs. 19,8 % weibliche Geflüchtete (Statista 2016), die bei ihrer Ankunft meist zwischen 14 und 17 Jahre alt sind.

Übertragbar Wir beziehen uns in diesem Beitrag insbesondere auf diese unbegleiteten minderjährigen Flüchtlinge, also Jugendliche, die ohne ihre Eltern oder andere Sorgeberechtigte in Deutschland ankommen. Viele Inhalte lassen sich aber auch auf Jugendliche, die in Begleitung ihrer Eltern kommen oder freiwillig migrieren, übertragen.

Gewaltsame Ablösung Unfreiwillige Migration in Form von Flucht ist ein schmerzhafter, meist abrupter und nicht selten gewaltsamer Ablösungsprozess von Familie, Heimat, Gesellschaft und Kultur, also im Grunde allem, was das bisherige Leben ausgemacht hat. Müssen Jugendliche alleine fliehen, so ist dies oft präzidiert von existenziell bedrohlichen oder gar lebensgefährlichen Situationen.

Keine Zukunftsperspektive Ursachen sind Krieg und Verfolgung, Auseinanderreißen der Familie oder Tod der Eltern. Viele unbegleitete Minderjährige werden aber auch von ihren Eltern geschickt: Weil das Leben zu gefährlich ist und keine Zukunftsperspektiven bietet, weil die Zwangsrekrutierung droht oder weil sie in Deutschland Geld verdienen und die Familie im Herkunftsland unterstützen oder nachholen sollen.

Monate-, manchmal jahrelange Flucht Häufig sind sie auf der Flucht weiteren Gefahren ausgesetzt: Hunger und Kälte, körperlicher und sexueller Gewalt, vom Schlepper sitzen gelassen zu werden, nachdem dieser sie all ihres Geldes beraubt hat. Die Flucht dauert oft monate-, manchmal sogar jahrelang.

Auswirkungen auf die Entwicklung

Der „adoleszente Möglichkeitsraum" (Günther et al. 2010, S. 22) bleibt dem heranwachsenden Flüchtling verschlossen, da durch die forcierte Trennung von Familie, Gleichaltrigen und Heimat alle Subjekte, auf die sich diese Prozesse beziehen und mit denen sie sich auseinandersetzen, zunächst ersatzlos wegfallen.

Schlagartig erwachsen Minderjährige Flüchtlinge müssen schlagartig mehr als erwachsen sein, eine übergroße Verantwortung für ihr Leben und oft genug für das der im Herkunftsland verbliebenen Angehörigen übernehmen. Sie müssen „*es*" schaffen! Um lebende oder verstorbene Angehörige nicht zu enttäuschen, um Erwartungen gerecht zu werden, weil es keine andere Möglichkeit gibt. Das Sich-Ausprobieren, durch das gemeinhin die Adoleszenz gekennzeichnet ist, würde in dieser Situation fatale Folgen haben. Meist ist der Möglichkeitsraum eingeengt auf nur eine einzige Möglichkeit, in vielen Fällen scheint es auch gar keine Möglichkeit mehr zu geben.

Übergangsrituale fehlen Die Adoleszenz beinhaltet komplexe körperliche und psychische Veränderungsprozesse (Erdheim 2015). Sie ist auch eine Lebensphase, an deren Ende ein veränderter, ein erwachsener Mensch steht. Dieses Ereignis wird in vielen Herkunftsländern junger Flüchtlinge mit Ritualen markiert. Jugendliche, die sich alleine auf die Flucht begeben, werden spätestens zu diesem Zeitpunkt abrupt in die Erwachsenenwelt geworfen. Die meist positiv konnotierten Übergangsrituale, die aufgrund der Migration nicht stattfinden können, fehlen. Der Abschluss der Adoleszenz ist somit nicht definiert, es kommt zu innerem und äußerem Orientierungsverlust und tiefgreifender Verwirrung bezüglich der eigenen Identität.

Hin- und hergerissen All dies führt dazu, dass viele Jugendliche, die die Flucht in der Adoleszenz bewältigt haben, hin- und hergerissen sind. Es fällt ihnen schwer Zukunftsvisionen zu entwickeln und sich einen Platz im Leben zuzuerkennen.

Psychische Auswirkungen und spezifische Belastungen

Häufiger traumatische Erfahrungen
Neben der erzwungenen und plötzlichen Ablösung von den Eltern und dem daraus resultierenden radikalen Zwang zur Autonomie sind unbegleitete minderjährige Flüchtlinge in der besonders vulnerablen Entwicklungsphase der Adoleszenz signifikant häufiger traumatischen Erfahrungen ausgesetzt als erwachsene Geflüchtete und begleitete Flüchtlingskinder (Witt et al. 2015, Bean et al. 2007). Dies geschieht vor dem Hintergrund fehlender relevanter protektiver Faktoren wie einem schützenden, unterstützenden (familiären) Umfeld. Auch die so wichtige Peergroup fällt weg und muss im Exil erneut aufgebaut werden.

Allein Das bedeutet, dass junge unbegleitete Flüchtlinge die Last traumatischer Erlebnisse und Verlusterfahrungen alleine tragen. Zudem müssen sie sich den Herausforderungen der kulturellen Anpassung und der Inklusion stellen und sind gleichzeitig häufig von Rassismus und Ausgrenzungen betroffen. Entwicklungsaufgaben der Adoleszenz wie Identitätsfindung (s.o.) sind zu bewältigen. Hinzu kommen eigene Erwartungen und Aufträge der Familie sowie Erwartungen des Aufnahmelandes, beispielsweise der Jugendhilfe, die sich unter Umständen widersprechen. Die Überforderung wird komplett durch den oft über Jahre unsicheren Aufenthaltsstatus. Aus all diesen Belastungen und Anforderungen resultieren enormer Leistungsdruck sowie Schuldgefühle bei Nichterfüllen der oft unerfüllbaren Aufträge.

Psychische Störungen So ist es nicht verwunderlich, dass zwischen 42 und 56 % der unbegleiteten minderjährigen Flüchtlinge psychische Störungen entwickeln, v.a. posttraumatische Belastungsstörungen (PTBS), Depressionen und Angstsymptome, Entwicklungsprobleme und Trauerreaktionen (Jakobsen, Demott & Heir 2014, Huemer et al. 2009). Das Risiko eine PTBS zu entwickeln liegt bei (männlichen) unbegleiteten Minderjährigen bei 61,5 %, bei begleiteten Minderjährigen bei 14 % (Hodges et al. 2008).

Während die Zahl und die Art der erlebten traumatischen Erlebnisse mit dem Schweregrad posttraumatischer Belastungsstörungen korreliert, wirken sich Stressoren in der Postmigrationsphase vor allen Dingen auf den Schweregrad der depressiven Symptome aus (Heptinstall, Sethna & Taylor 2004).

Risiko- und Schutzfaktoren

Fehlende soziale Unterstützung
Unbegleitetsein als solches stellt eine enorme Herausforderung und einen Risikofaktor an sich dar. Vor allem durch die fehlende soziale Unterstützung durch die Familie können unbegleitete Minderjährige auf weniger protektive Faktoren zurückgreifen, die ihnen helfen könnten, mit den oben beschriebenen kumulativen Belastungen umzugehen.

Traumatische Erfahrungen
Zu den bedeutendsten Risikofaktoren (u.a. Hargasser 2016) zählen die Art, die Häufigkeit und die Schwere der traumatischen Erfahrung. Bei Letzterem spielen die wahrgenommene Lebensgefahr, direkte körperliche Verletzungen und der Verlust bzw. gewaltsame Tod von Familienangehörigen eine Rolle. Auch die empfundene Diskriminierung, elterliche Gewalterfahrungen, finanzielle und psychische Probleme der Eltern sind Risikofaktoren.

Kontrollverlust
Weitere v.a. posttraumatische Risikofaktoren sind ein anhaltendes Gefühl des Kontrollverlustes (Verwirrung und Desorientierung), mehrmalige Wohnortwechsel im Aufnahmeland, der Verlust von Bezugspersonen und Ressourcen sowie vor allem ein Mangel an sozialer Unterstützung. Postmigratorischer Stress, wie unsicherer Aufenthalt, inadäquate Unterbringung, soziale Isolation, Sprachprobleme, Rassismus sowie Schwierigkeiten bei der Anpassung an die neue Kultur, wirkt sich zusätzlich negativ aus.

Soziale Unterstützung
Als Schutzfaktoren lassen sich externale und internale Faktoren unterscheiden. Zu ihnen zählen bestehende familiäre Bindungen und Beziehungen, die wahrgenommene Sicherheit und Stabilität, materielle Ressourcen sowie das Ausmaß an sozialer Unterstützung. Soziale Unterstützung (prä-, peri- als auch posttraumatisch) stellt einen wesentlichen Schutzfaktor dar. Das Ausmaß der sozialen Unterstützung hat einen direkten Einfluss auf depressive Symptome sowie einen indirekten Einfluss auf die Förderung kultureller Kompetenz und damit auch auf den Abbau von Diskriminierung (Oppedal & Idsoe 2015).

Peergroups
Zu den wesentlichen (protektiven) Faktoren sozialer Unterstützung zählen einerseits vor dem Hintergrund der zunehmenden Bedeutung von Peergroups in der Adoleszenz die Beziehungen zu Gleichaltrigen, andererseits Ausmaß und Güte der Kontakte zu der Herkunftsfamilie sowie familienähnliche Strukturen im Aufnahmeland (Möhrle et al. 2016, Witt et al. 2015). Bei unbegleiteten minderjährigen Flüchtlingen sind Unterstützungsstrukturen meist nicht oder nur unzureichend vorhanden.

Aus der Praxis

Mangelnde soziale Unterstützung hat einen erheblichen Einfluss auf die Entwicklung von Traumafolgestörungen. Dieser übersteigt den Einfluss der Schwere der traumatischen Erfahrung (Brewin et al. 2000, ES 0.40 vs. Traumaschwere ES 0.23, Keilson 2005).

Förderung von Sicherheit und Stabilität Daraus ergibt sich ein wesentlicher Ansatzpunkt für die (therapeutische) Arbeit mit geflüchteten Jugendlichen: Wenn es gelingt, jugendlichen Flüchtlingen das subjektive Gefühl zu vermitteln, in Deutschland gut aufgenommen zu werden, so erhöht dies entscheidend die Wahrscheinlichkeit einer positiven Gestaltung der eigenen Lebensumstände (siehe auch Abschnitt Psychotherapie). Auch die Förderung von Sicherheit und Stabilität sind die Grundlagen der Arbeit mit unbegleiteten Jugendlichen.

Ohne Bedingungen Auf die Frage, was an der Psychotherapie hilfreich sei, antwortete ein 17-jähriger schwer traumatisierter Jugendlicher: „Zu wissen, dass ich jede Woche in die Therapie kommen kann und über all die schlimmen Dinge in meinem Kopf reden kann und dass ich das erste Mal Menschen kennengelernt habe, die sich um mich sorgen und mir helfen, ohne Bedingungen zu stellen."

Wohlwollende Annahme und Alltagsstruktur Ein hilfreiches, Information und Orientierung gebendes Umfeld, eine wohlwollende Annahme und schnelle Wiederherstellung der Alltagsstruktur, eine offene gesellschaftliche Atmosphäre, das Gefühl von Sicherheit, Transparenz, Wertschätzung, Partizipation und eigene Kontrollerfahrungen sind weitere wichtige externale Faktoren.

Internale Schutzfaktoren: therapeutische Ansatzpunkte Internal scheinen vor allem ein positives Selbstwertgefühl, ein positiver Blick in die Zukunft, externale Ursachenzuschreibungen, vorhandene adaptive (Stress-)Bewältigungsstrategien, die Erfahrung vergangener erfolgreicher Bewältigung schwieriger Situationen und Krisen, Offenheit, starke Glaubenssysteme sowie das Erleben von Sinn, die Fokussierung auf eigene Ziele, die Fähigkeit das Beste der Herkunftskultur mit dem Besten der Aufnahmekultur zu kombinieren, wichtige Schutzfaktoren sowie gleichzeitig therapeutische Ansatzpunkte darzustellen (Hargasser 2016). Prosoziale Kompetenzen stellen eine weitere Ressource dar (Jensen, Skardalsmo & Fjermestadt 2014).

Aufträge, Rollen und Erwartungen in der Psychotherapie

Doppelter Transformationsprozess Junge Flüchtlinge müssen zeitgleich zwei Umbruchsphasen, die Migration und die Adoleszenz, bewältigen. Sie durchlaufen einen „verdoppelten Transformationsprozess" (Günther et al. 2010). Es ist unmittelbar ersichtlich, dass dies mit enormen psychischen Belastungen einhergeht. Liegen außerdem noch weitere Belastungen vor (siehe Abschnitt 2), reichen oft die Ressourcen und Selbstheilungskräfte nicht aus, um diese Erfahrungen zu bewältigen. Es kommt zu Symptombildung, psychischen Störungen und Störungen der Entwicklung. Junge Flüchtlinge benötigen dann externe Unterstützung, beispielsweise in Form von Psychotherapie.

Dreifacher Transformationsprozess Ziel der Psychotherapie ist es, den Leidensdruck zu mindern und die Symptomatik zu reduzieren. Eine Psychotherapie ist aber auch ein weiterer Transformationsprozess. Sie zielt meist auf die Veränderung bestimmter Denk- und Verhaltensweisen ab. An ihrem Ende soll etwas qualitativ Neues stehen. Somit stehen Jugendliche vor einem Dilemma: Um Hilfe und Unterstützung durch eine Psychotherapie zu erfahren, müssten sie die zusätzliche Belastung eines weiteren Transformationsprozesses in Kauf nehmen und hätten es somit mit einem *dreifachen Transformationsprozess* zu tun.

Probleme, Ziele zu formulieren Häufig haben Jugendliche große Schwierigkeiten, Therapieinhalte, Ziele oder auch nur Probleme zu formulieren. Ein Jugendlicher, der im Erstgespräch über Suizidabsichten und selbstverletzendes Verhalten berichtete, erklärte dennoch, sein einziges Problem sei, dass er die Wohneinrichtung wechseln wolle. Wenn dies geschafft sei, habe er keine weiteren Probleme.

Der Wunsch nach „Nicht-Veränderung" „Zu den Sehnsüchten zählt (…), dass der permanente Veränderungsstress endlich aufhören möchte. Das ist verständlich, aber doch regressiv: Die Verweigerung eines erwachsenen Umgangs mit der Welt." (v. Randow 2016) Dieser nachvollziehbare Wunsch nach „Nicht-Veränderung" hat Auswirkungen auf den therapeutischen Prozess (siehe auch Abschnitt Psychotherapie).

Angepasst und kompetent … Jugendliche sind im Erstkontakt oft sehr angepasst, wirken kompetent und verantwortungsbewusst (Rössel-Čunović 2006) und präsentieren eine Haltung der Akzeptanz. Sie wirken wie andere Jugendliche auch oder sogar wie sehr gut funktionierende Jugendliche. Dies hängt damit zusammen, dass die Adoleszenz während der Vorflucht- und der Fluchtphase, in denen alle verfügbaren körperlichen und psychischen Ressourcen zur Bewältigung und zum Überleben herangezogen werden mussten, zeitweise ausgesetzt oder übersprungen wurde, dass Entwicklungsaufgaben zurückgestellt wurden.

… und voller (Adoleszenz-)Probleme Dies wird häufig erst sichtbar, wenn eine tragfähige Beziehung besteht und Jugendliche es sich erlauben können, Schwäche zu zeigen, weil sie sich dennoch sicher fühlen. Dann tauchen oft mit einem Mal adoleszenzspezifische Probleme wie Auseinandersetzungen mit anderen Jugendlichen, Aufbegehren gegen Autoritäten etc. auf. Mitunter ist es schwierig, diese von Flucht- und Traumafolgesymptomen abzugrenzen.

Adoleszenz nachholen Wenn man davon ausgeht, dass die Notwendigkeit besteht, (einen Teil der) Adoleszenz nachzuholen, dann könnte ein Auftrag an Therapeutinnen und Therapeuten sein, diesen Prozess zu begleiten und zu unterstützen. Adoleszenz ist dabei kein allgemeingültiges klar abgegrenztes Phänomen, sondern vielmehr ein gesellschaftliches und soziales variables Konstrukt (King 2010). Dies verkompliziert die Beschreibung dessen, was das Nachholen der Adoleszenz beinhalten sollte, weiter.

Daher muss stets in einem individuellen, transparenten und lösungsorientierten Prozess gemeinsam geklärt werden, welche Probleme gerade im Vordergrund stehen und wie mögliche Lösungsansätze gestaltet werden können.

Psychotherapie mit unbegleiteten Minderjährigen: Möglichkeiten und Grenzen

Veränderung – und am Ende etwas Neues
Adoleszenz und Migration sind Zeiten, die Veränderung erfordern, aber auch ermöglichen – Phasen der Desorganisation, des Verlusts vertrauter Strukturen. Sie werden oft auch als Krisen bezeichnet: Das Leben kann sich verbessern, aber auch verschlechtern. Dazwischen liegen zu bewältigende Aufgaben und mehr oder weniger beeinflussbare komplexe Veränderungsprozesse. In jedem Fall steht an ihrem Ende etwas Neues.

Handelnde oder Erduldende?
Die notwendige Neuorganisation verlangt nach einem sicheren Rahmen. Findet sie nicht statt, entstehen Orientierungs- und Hoffnungslosigkeit. Für beide Phasen des Transits ist es von entscheidender Bedeutung, ob ein Individuum sich selbst als aktiv Handelnde(n) erlebt, der/die die Veränderungen in der Hand hat und sie aktiv beeinflusst, oder als passiv Erleidende(n) und Erduldende(n), der/die seinem Schicksal (seinem Körper, anderen Menschen, etc.) hilflos ausgeliefert ist. Letzteres hat schädigende Auswirkungen auf die Psyche, auch in der Postmigrationsphase und wenn aus der/dem Heranwachsenden bereits ein junger Erwachsener geworden ist. Von außen aufgedrängte Erfahrungen sind nur schwer zu integrieren (Erdheim 2015).

Verharren im Übergangszustand
Durch wiederholte Hilflosigkeits- und Ohnmachtserfahrungen und fehlende Selbstwirksamkeitserlebnisse können die Krisen der Vergangenheit nicht als abgeschlossen wahrgenommen und verarbeitet und in das Selbstbild integriert werden. Stattdessen verharren junge Flüchtlinge permanent in einem Übergangszustand, es gelingt ihnen nicht in Deutschland anzukommen und Fuß zu fassen. Sie sind „lost in transition". Die nicht verarbeiteten negativen Flucht- und Traumaerfahrungen haben bleibende Spuren hinterlassen und können zu Symptombildung und Schwierigkeiten im Alltag führen (siehe Abschnitt Psychische Auswirkungen). Typische Folgen sind generalisiertes Misstrauen bei gleichzeitigen Verlassensängsten, Konzentrations- und Lernschwierigkeiten, Schlafstörungen, Aggressivität und Wut.

Wie kann Psychotherapie unter diesen Bedingungen sinnvoll sein?

Flexibel sein
Psychotherapie kann nur gelingen, wenn Therapeutinnen und Therapeuten sich immer wieder flexibel auf die sich verändernden Rahmenbedingungen der jungen Flüchtlinge und damit auch auf deren plötzlich veränderte psychische Verfassung einstellen. Denn negative Entscheidungen im Asylverfahren, Abschiebungsandrohungen, Wechsel der Jugendhilfeeinrichtungen etc. stellen nicht nur das Leben der Jugendlichen, sondern oft auch das therapeutische Vorgehen plötzlich und unerwartet auf den Kopf.

Kontrollbedürfnis beachten
Auch ist es im Umgang mit jungen Flüchtlingen wichtig, deren Bedürfnis nach Sicherheit, Orientierung und Kontrolle zu beachten. Ein transparentes und partizipatives therapeutisches Vorgehen ist notwendig. Unbegleitete Jugendliche sollten in alle Schritte miteinbezogen werden, Wahlmöglichkeiten müssen geboten werden, die Bereitschaft für therapeutische Methoden abgeklärt, auf eigene Initiativen eingegangen werden. Sie bestimmen auch das Tempo (siehe auch Kleefeldt & Dienemann 2017).

Nicht überfordern
Therapeutinnen und Therapeuten können nur hilfreich sein, wenn sie Jugendliche nicht überfordern. Ein Beispiel ist die Stärkung von Selbstwirksamkeit und Ressourcen: Unserer Erfahrung nach führen klassische Methoden wie Ressourcendiagramme oder die Frage nach Fähigkeiten zur Erstellung einer Fähigkeitenliste bei Jugendlichen oft eher zu Befremden. Positive Dinge finden, aufzählen, gar verschriftlichen ist für sie häufig so fernab von ihrer Lebensrealität, dass sie sich nicht darauf einlassen können. Oft reagieren sie zunächst abwertend: *„Das kann ich gar nicht gut." „Das habe nicht ich geschafft." „Das war Zufall."*

Es ist wichtig, sich davon nicht entmutigen zu lassen, sondern davon auszugehen, dass gute Gründe für das Nicht-Wahrnehmen positiver Dinge vorliegen.

Ressourcen aktivieren
Dennoch können Ressourcen aktiviert werden: Es gilt sie mit detektivischem Ehrgeiz aufzuspüren! Jedes Mal, wenn der/die Jugendliche einen Kumpel erwähnt, über das Fußballtraining spricht, eine Klassenarbeit bestanden hat etc., kann dies von therapeutischer Seite markiert und positiv hervorgehoben werden, getreu dem Motto *„Steter Tropfen höhlt den Stein"*. Auch die Frage nach positiven Glaubenssätzen (auch religiöser Art), nach Vorbildern, Familienweisheiten und -stärken, können die Basis für die Arbeit mit Ressourcen bilden und gleichzeitig eine hilfreiche Brücke zwischen der eigenen Kultur und der des Aufnahmelandes darstellen. Stärken sollten stets wahrgenommen und Fortschritte komplimentiert werden, jedoch immer unter Validierung der Tatsache, dass nach wie vor noch Vieles im Leben des Jugendlichen negativ und problembehaftet ist.

Zeitfenster: (post)adoleszent, postmigratorisch, posttraumatisch
Psychotherapie mit unbegleiteten minderjährigen Flüchtlingen kann indiziert und hilfreich sein, wenn nicht nur Klientinnen und Klienten, sondern auch Therapeutinnen und Therapeuten bereit sind, sich auf eine Art des Arbeitens einzulassen, die u. U. sehr von der in einem klassischen Setting abweicht. Dies wird möglich, wenn sie sich der Tatsache bewusst sind, dass sie sich nicht nur im (post)adoleszenten Möglichkeitsraum bewegen, sondern auch im postmigratorischen – und zumeist auch im posttraumatischen. Diese mehr oder weniger zeitgleich präsenten Zeitfenster bergen ein erhöhtes Maß an Risiken, aber auch an Chancen. Ob Chancen genutzt und Risiken vermieden werden, hängt entscheidend von Art und Güte der verfügbaren Beziehungen ab (Günther et al. 2010, Keilson 2005).

Ein konstantes, zuverlässiges und transparentes Beziehungsangebot, eine wertschätzende Grundhaltung und die Möglichkeit mitbestimmen zu können sind unter Umständen Erfahrungen, die der oder die Jugendliche seit langer Zeit nicht mehr, vielleicht noch nie gemacht hat.

Moratorium in einem sicheren Rückzugsraum
Um die nötige Kraft und den Willen aufzubringen, erste Schritte in die neuen und beängstigenden Räume zu wagen, benötigen jugendliche Flüchtlinge zunächst eine Zeit des Stillstands, ein Moratorium in einem sicheren Rückzugsraum. Diesen Raum kann Psychotherapie bieten.

Fazit
In der Adoleszenz geflüchtete Jugendliche müssen einen doppelten Transformationsprozess meistern. Gerade in der Übergangssituation ihrer Anfangszeit in Deutschland sind sie meist sehr belastet, aber sie verfügen auch über vielfältige Ressourcen. Viele haben traumatische Erfahrungen gemacht. Um ihnen ein Ankommen in Deutschland zu ermöglichen, benötigen sie Unterstützung. Psychotherapie kann zur Stabilisierung beitragen und beim Umgang mit Traumafolgesymptomen unterstützen. Therapeutisches Vorgehen und Methoden sollten flexibel an die multiplen Belastungen und komplexen Rahmenbedingungen angepasst werden.

Literatur
Bean T, Derluyn I, Eurelings-Bontekoe E et al. Comparing psychological distress, traumatic stress reactions, and experiences of unaccompanied refugee minors with experiences of adolescents accompanied by parents. J Nerv Ment Dis 2007; 195: 288–297
Brewin CR, Andrews B, Valentine JD. Meta-analysis of risk factors for posttraumatic stress disorder in trauma-exposed adults. J Consult Clin Psychol 2000; 68: 748–766
Bundesverband unbegleitete minderjährige Flüchtlinge (BumF). Zahlen zu unbegleiteten minderjährigen Flüchtlingen: Bestand, Verteilung, Quotenerfüllung und Elternnachzug (Pressemitteilung vom 29.1.2016). Im Internet: http://www.b-umf.de/images/150129_PM_Aktuelle-ZahlenUMF.pdf; Stand 19.12.2016
Erdheim M. Gemeinsamkeiten von Migration und Adoleszenz. Im Internet: http://www.transkulturellepsychiatrie.de/wp-content/uploads/2015/12/Prof.-Erdheim-Text-Adoleszenz-Migration-09.15.pdf; Stand 19.12.2016
Günther M, Wischmann A, Zölsch. Chancen und Risiken im Kontext von Migration und Adoleszenz. Eine Fallstudie. Diskurs Kindheits- und Jugendforschung 1–2010: 21–32
Hargasser B. Unbegleitete minderjährige Flüchtlinge. Sequentielle Traumatisierungsprozesse und die Aufgaben der Jugendhilfe. Frankfurt am Main: Brandes & Apsel; 2016
Heptinstall E, Sethna V Taylor E. PTSD and depression in refugee children: Associations with pre-migration trauma and post-migration stress. Europ Child Adolesc Psychiatr 2004; 13: 373–380
Hodges M, Jagdev D, Chandra N et al. Risk and resilience for psychological distress amongst unaccompanied asylum seeking adolescents. J Child Psychol Psychiatr 2008; 49: 723–732
Huemer J, Karnik NS, Voelkl-Kernstock S et al. Mental health issues in unaccompanied refugee minors. Child Adolesc Psychiatry Ment Health 2009; 3: 13
Jakobsen M, Demott MA, Heir T. Prevalence of psychiatric disorders among unaccompanied asylum-seeking adolescents in Norway. Clin Pract Epidemiol Ment Health 2014; 10: 53–58
Jensen TK, Skardalsmo EMB, Fjermestad KW. Development of mental health problems. A follow up study of unaccompanied refugee minors. Child Adolesc Psychiatr Ment Health 2014; 21: 300–317
Keilson H. Sequentielle Traumatisierung bei Kindern. Deskriptiv-klinische und quantifizierend-statistische follow-up Untersuchung zum Schicksal der jüdischen Kriegswaisen in den Niederlanden. 2. Aufl. Stuttgart: Enke; 2005
King V. Adoleszenz und Ablösung im Generationenverhältnis: theoretische Perspektiven und zeitdiagnostische Anmerkungen. Diskurs Kindheits- und Jugendforschung 5 2010; 1: 9–20
Kleefeldt E, Dienemann A. Unbegleitete Kinder und Jugendliche. In: Borcsa M, Nikendei C, Hrsg. Psychotherapie nach Flucht und Vertreibung. Eine praxisorientierte und interprofessionelle Perspektive auf die Hilfe für Flüchtlinge. Stuttgart: Thieme; 2017
Mitchell D. Die tausend Herbste des Jacob de Zoet. Reinbek: Rowohlt; 2014
Möhrle B, Dölitzsch C, Fegert JM et al. Verhaltensauffälligkeiten und Lebensqualität bei männlichen unbegleiteten minderjährigen Flüchtlingen in Jugendhilfeeinrichtungen in Deutschland. Kindheit Entwickl 2016; 25: 204–215
Oppedal B, Idsoe T. The role of social support in the acculturation and mental health of unaccompanied minor asylum seekers. Scand J Psychol 2015; 56: 203–211
Randow G. Der Trick mit der Gefühls-Befreiung. Die Zeit N° 48, 17. November 2016
Rössel-Čunović M. Adoleszenz und Identitätsentwicklung von Jugendlichen in Flüchtlingsfamilien. Eine Annäherung. Z polit Psychol 2006; 14: 205–224
Statista. Verteilung der Asylbewerber in Deutschland nach Geschlecht innerhalb verschiedener Altersgruppen im Jahr 2016. Im Internet: https://de.statista.com/statistik/daten/studie/452165/umfrage/asylbewerber-in-deutschland-nach-geschlecht-innerhalb-altersgruppen; Stand: 19.12.2016
Witt A, Rassenhofer M, Fegert JM et al. Hilfebedarf und Hilfsangebote in der Versorgung von unbegleiteten minderjährigen Flüchtlingen. Eine systematische Übersicht. Kindheit Entwickl 2015; 24: 209–224

Dipl.-Psych. Esther Kleefeldt

XENION e. V. – Psychosoziale Hilfen für politisch Verfolgte
Paulsenstr. 55–56
12163 Berlin
esther.kleefeldt@xenion.org

Systemische Therapeutin bei XENION, einem Psychosozialen Zentrum für Flüchtlinge und Folteropfer; wissenschaftliche Mitarbeiterin mit dem Schwerpunkt der internationalen Projektarbeit bei der Bundesweiten Arbeitsgemeinschaft der Psychosozialen Zentren (BAfF), Supervisorin und Referentin in der Flüchtlings- und Entwicklungszusammenarbeit.

Dipl.-Psych. Janina Meyeringh

Kinder und Jugendlichenpsychotherapeutin mit Schwerpunkt Verhaltenstherapie bei XENION, einem Psychosozialen Zentrum für Flüchtlinge und Folteropfer. Zuvor langjährige Tätigkeit als leitende Psychologin der Tagesklinik I/II der Klinik für seelische Gesundheit im Kindes- und Jugendalter des St. Joseph Krankenhauses Berlin Tempelhof, Teilnahme am Curriculum Psychotraumatherapie im Kindes- und Jugendalter der Deutschen Gesellschaft für Psychotraumatherapie.

Interessenkonflikt
Die korrespondierende Autorin gibt an, dass kein Interessenkonflikt vorliegt.

Beitrag online zu finden unter
http://dx.doi.org/10.1055/s-0043-103867

Franz Timmermann

Struktur psychodynamisch-diagnostischer Gespräche mit Adoleszenten

In einer therapeutischen Situation werden nebensächliche Alltagshandlungen zu bedeutsamen Phänomenen der Interaktion. Therapeutische Situationen mit Adoleszenten verlaufen dabei anders als mit Erwachsenen – und zwischen den einzelnen Adoleszenzphasen gibt es auch deutliche Unterschiede. Diese verbale Organisation des gemeinsamen Ausbalancierens von psychodynamischer Arbeit in ambulanten Praxen war der Mittelpunkt einer qualitativen Studie, aus der in diesem Beitrag einige Ergebnisse vorgestellt werden.

Therapie ist Bruch mit dem Alltag

Zur Studie Durch eine Therapie erfährt der Patient im Normalfall einen Unterschied zum Alltag. Bei Adoleszenten muss der Therapeut erst durch die individuelle Alltagssprache herausfinden, wo eine gemeinsame Basis psychodynamischen Arbeitens ansetzen kann. Die zugrunde liegende Studie liefert Ergebnisse qualitativ-wissenschaftlicher Therapieforschung zur Struktur dieser Gespräche (Timmermann 2001a).

Gespräch versus Interview Während in einem Interview der Patient zum „Materiallieferanten" (Argelander 1967) wird, wie es typischerweise im Erstgespräch geschieht, ist ein Gespräch eine „Verwicklung von Sprache" (Timmermann 2011). Diese ergibt sich meist in der zweiten probatorischen Sitzung (Eckstaedt 1991); zu der „Reihenfolge des Inhalts gibt es keine neuere Forschung" (Seiffge-Krenke 2007, Laimböck 2011). Wir untersuchten die zweite Sitzung.

Intersubjektive Indikationsbildung In einem Gespräch wird der jeweils andere zum prinzipiell kommunikativ-kompetenten Subjekt (Flader 1982). Unter diesem Denken wird in einem probatorischen Gespräch auch niemand in die Therapie „gestellt", sondern eine Einigung bildet sich idealerweise förmlich heraus. Ich spreche daher in Abgrenzung zum traditionellen Begriff der „Indikationsstellung" von einer „intersubjektiven Indikationsbildung" (Timmermann 2001b, Timmermann 2015).

Adoleszenzphasen Die Äußerungen der Jugendlichen wurden aus Tonbandmitschnitten entnommen. Es bestehen je Adoleszenzphase (Blos 2006) 20 Transkripte. Die Adoleszenzphasen werden unterteilt in:
- Frühadoleszenz (FA): ca. 11–13 Jahre
- mittlere Adoleszenz (MA): ca. 14–16 Jahre
- Spätadoleszenz (SA): ca. 17–20 Jahre

Dabei zeigten sich bedeutende sprachliche Unterschiede innerhalb dieser Entwicklungsschritte (Streeck-Fischer 2009).

Gesprächsphasen: verbale Struktur im Prozess

Klassifikation Von psychodynamisch-diagnostischen Gesprächen mit Adoleszenten ist keine Phaseneinteilung bekannt. So wurde die Klassifikation unabhängig von der Thematik in einem Gruppendiskurs entwickelt. Fast alle Texte der 60 Transkripte konnten wir darunter subsumieren. Unterschieden wurden 2 globale Bereiche, denen jeweils 3 Subphasen zugeordnet wurden (Tab. 1):

Tab. 1 Gesprächsphasen im psychodynamisch-diagnostischen Gespräch.

	Exploration	Explikation
1. Subphase	Präsentation	Thematisierung
2. Subphase	Inspektion	Problematisierung
3. Subphase	Selektion	Reflexion

Therapiearbeit in der Adoleszenz Ein diagnostisches Gespräch hat über eine Darstellung von Ereignissen hinaus grundsätzlich ein probehalber therapeutisches Arbeiten zum Ziel. Therapeutisches Arbeiten in der Früh- und mittleren Adoleszenz findet eher innerhalb „früher" Gesprächsphasen statt. Hier bedeutet z. B. ein „Thematisieren" eine höhere Qualität therapeutischen Arbeitens als ein „Benennen" (Repräsentation) eines Symptoms oder Verhaltens.

Bestreben des Therapeuten Wenn der Patient über ein Ereignis grenzenlos berichtet, reagiert der Therapeut mit Anregung auf die weitere Arbeit der Inspektion – er fördert damit die Verantwortungsübernahme des Patienten, sich eine Gesprächsphase „höher" zu bewegen. Das gemeinsame Erreichen einer möglichst „hohen" Gesprächsphase impliziert in dieser Klassifikation also auch das höhere Niveau der Möglichkeit therapeutischen Arbeitens.

Die höchste Stufe der therapeutischen Arbeit ist die Selbstreflexion, die allerdings nur von Spätadoleszenten erwartet werden kann.

Exploration: Verständigung über das Problem

Begriffsklärung Exploration bedeutet Untersuchung, Prüfung, Erforschung. Wenn Exploration nicht alles mit allem verbinden will, verlangt sie zunächst die Präsentation des Alltagsproblems: „Worum geht es?".

Erforschung des intrapsychischen Konflikts Die Benennung des Problems durch den Patienten ist zunächst ein „privates" Problem (Nothdurft 1984), denn der Therapeut interpretiert es als Therapieanlass und ordnet es der alltagsweltlichen Oberflächenstruktur der Wahrnehmung des Patienten zu. Um sie mit einer therapeutischen Wahrnehmung zu verbinden, beginnt der Therapeut, nach dem intrapsychischen Konflikt zu forschen (Inspektion). Dafür ist es notwendig, aus der Fülle der Sachverhalte, die das Problem ausmachen, gemeinsam konfliktrelevante Anteile herauszuarbeiten (Selektion).

Präsentation: etwas von sich geben

Adoleszente Alltagssprache Die Alltagssprache des Patienten soll in Verbindung mit der therapeutischen Situation in Gang gebracht werden. Der Frühadoleszente (FA) erwähnt im Unterschied zu anderen soziale Alltagserscheinungen, indem er etwas nicht deutlich werden lässt, sondern gleichlautende Ereignisse erzählt:

> FA: „Jetzt geht's ja wieder los mit der Schule."
> Therapeut: „Und was heißt das für dich?"
> FA: „Ja immer wieder der gleiche Mist…"
> Therapeut: „Und was ist das für ein Mist?"
> FA: „Ich weiß auch nicht… alles eben blöd…"

Frühadoleszenz In der Frühadoleszenz erhält die Erzählung auch indirekte Formen wie Benennen, Andeuten, Berichten, Schildern, Mitteilen, Auflisten. Sie können verschiedene Funktionen aufweisen: vom Höckchen zum Stöckchen („und dann … und dann"), informatorische („damit Sie Bescheid wissen"), unterhaltsame („na ja… und dann war da auch…") oder belustigende (Boothe 1994).

Mittlere Adoleszenz Der mittlere Adoleszente (MA) beschäftigt sich eher mit der therapeutischen Situation, stellt aber auch seine für ihn typische Ambivalenz dar:

> MA: „Ich weiß nicht, was das bringen kann, wenn wir hier über was reden – aber man könnt´s ja mal versuchen."

Inspektion: für Klarheit sorgen

Das Vorverständnis des Therapeuten lässt in einem probatorischen Gespräch nicht zu, dass der Patient auf der Ebene der Problemdarstellung verweilt.

Begriffsklärung Eine Inspektion stellt Zusammenhänge her und konkretisiert diese.

Frühadoleszenz Der FA bleibt zunächst typischerweise bei seiner Präsentation der Problemdarstellung. Für ein Betreten der Inspektionsphase übernimmt er nur zögernd und mit konkreter therapeutischer Hilfe die Verantwortung:

> Therapeut: „Also, was ist denn nun blöd in der Schule?"
> FA: „Also die Mädchen labern mich immer an und die Lehrer sagen nichts dazu, die sind eben auch blöd."

Mittlere Adoleszenz Der Therapeut vertritt in der Inspektion die Rolle des Wegweisers, indem er über das „Konkretisieren" hinaus den Sachverhalt verbreitert. Auch in der mittleren Adoleszenz ist sie jedoch noch nicht unbedingt vertieft:

> Therapeut: „Ist das zum ersten Mal so?"
> MA: „Nee, ich gehe diesen Situationen immer aus dem Weg oder ich halte eben meinen Mund, lach eben oder was weiß ich dann."

Spätadoleszenz Ein Anstoß mit dem Thema der Generalisierbarkeit reicht einem Spätadoleszenten (SA) in seinen Ansätzen. Er unterbricht den Therapeuten und übernimmt die Verantwortung über „Inspektion", deutet gleichermaßen seinen Wunsch nach einer Einigung an:

> Therapeut: „Sie haben irgendwas angedeutet, dass die Beziehungssache nicht nur mit diesem ganz bestimmten Mädchen zusammenhängt, sondern was Generelles sein könnte."
> SA: „Genau. Wollt ich grad noch sagen, da hab ich auch noch Angst vor, dass man beim nächsten Mal irgendwie greifbarer ist, vielleicht auch, dass man mit solchen Sachen besser umgehen kann, ich weiß nicht, ob sowas möglich ist überhaupt."

Selektion: etwas auf den Punkt bringen

Arbeitsmöglichkeiten mit dem Patienten Möchte der Therapeut eine therapeutische Arbeitsmöglichkeit mit dem Patienten erfahren und auch fördern, so kann das nicht irgendwie an irgendetwas und auch nicht an allem erfolgen:

> MA: „Wir können ja über irgendetwas reden – also meinetwegen können wir über alles reden."

Begriffsklärung Selektion bedeutet das Filtern problemorientierter Ergebnisse, die Trennung von Relevanz und Trivialität und damit Anregung zur Konfliktsuche, denn Verstehen gibt es immer nur von „etwas".

Therapeut und Patient müssen sich auf ein Thema einigen, was es exemplarisch zu bearbeiten gilt.

Themensortierung Das Aushandeln der Themenbegrenzung, das Sortieren einer Fülle von Einzeldaten in „wichtig" und „heute nicht so wichtig" wird vom Therapeuten mit Ideen, Vorschlägen und Präzisierungsfragen inszeniert. Dem weiten Blickwinkel aus der Phase der Präsentation wird jetzt eine Art Lichtfilter vorgesetzt, der einen bestimmten Teil aus dem Spektrum erhellt.

Frühadoleszenz Der FA ist noch ungeübt, etwas Problematisches zu verbalisieren. Der FA beginnt das Gespräch in Bezug auf die Selektion andeutungsweise mit indexikalischen Ausdrücken („gut", „dann", „das"), die den Therapeuten zum Nachfragen bewegen. Daraufhin wird die Sprache des Patienten deutlicher: Die Andeutungen erhalten Substantive („Ruhe", „Schule"). „Nicht genau wissen" spiegelt die noch unsichere Selbstständigkeit in der Exploration wider, eine Verantwortungsübernahme über das Thema fällt noch schwer:

> Therapeut: „Ist denn das auch ohne Mädchen so blöd?"
> FA: „Ja, Mama sagt, da ist irgendwas in mir, was mich blockiert."
> Therapeut: „Weißt du, was sie damit meint?"
> FA: „Nee, anfangs ist es gut, dann sackt das so ab."
> Therapeut: „Also *was* sackt so ab?"
> FA: „Meine Ruhe, weiß nicht so genau... also in der Schule..."

Mittlere Adoleszenz Dem MA erscheint es schwierig, sich aufgrund seiner Ambivalenz zwischen Objektaufgabe und Neufindung auf etwas Problematisches festzulegen. Auf dieser Ebene des Initiierens von Verantwortungsübernahme scheint der Therapeut keine Chance vom Patienten zu erhalten, was dieser durch eine monotone Abfolge gleichlautender Sprachpartikel deutlich zu erkennen gibt. Der MA bedarf eher eines weiteren Anstoßes, zumindest einer Konkretisierung des therapeutischen Nachfragens:

> Therapeut: „Was würden Sie denn gern -"
> MA: „Das weiß ich nicht."
> Therapeut: „Ich meine, letztes Mal haben Sie ja so erzählt, dass Sie sich da so Gedanken machen -"
> MA: „Genau."
> Therapeut: „Wie denn Therapie so gehen könnte -"
> MA: „Ja, genau."
> Therapeut: „Haben Sie sich vielleicht inzwischen -"
> MA: „Nee."
> Therapeut: „... noch weitere Gedanken gemacht?"
> MA: „Nee."
> Therapeut: „Oder irgendwelche Vorstellungen?"
> MA: „Nee."

Spätadoleszenz Eine Art des Interesses an der Selektion ohne weiteren Gedankenanstoß gelingt am ehesten dem SA:

> Therapeut: „Ja, um was geht es denn da eigentlich?"
> SA: „Ja, das ist eigentlich das Grundproblem, das dann halt immer so unter diesen Umständen auftritt. Das ist'n sinnvoller Punkt, wenn ich da so reagiere, dass ich dann einfach abhaue. Das sind die Sachen, die mich dann halt am meisten irgendwo behindern."

Voraussetzung für Explikation Erst eine Verabschiedung von Alltagserwartungen und eine Einigung über einen problematischen Sachverhalt des Patienten gewährleistet, den explikativen Bereich des Verstehens zu besetzen. In 95 % der Gespräche haben Therapeut und Patient zu einer gemeinsamen Definition des explorativen Bereichs gefunden (Timmermann 2001a).

Explikation: Verstehen des Eigentlichen

Begriffsklärung Explikation bedeutet Entfaltung einer Bedeutung im Sinne von Erläuterung, Skepsis, Ausdehnung.

Mit dem Bereich der Explikation beginnt der Versuch therapeutischen Arbeitens an einem exemplarisch ausgewählten Thema.

Von der Verständigung zum Verstehen Aus Erzählungen auf der Oberflächenebene heraus soll ein (tieferes) Verstehen inszeniert werden, zu dem auch widersprüchliche Wahrnehmungen gehören: „Zu einem besonders wichtigen Indikationskriterium wird die Fähigkeit des Patienten, innere Konflikte als Bedingung seiner Erkrankung anerkennen zu können" (Thomä & Kächele 1989).

Thematisierung: ein Problem wird erläutert

Begriffsklärung Thematisierung ist die qualitative Erweiterung einer Erzählung. Der Beginn gestaltet sich verständigungsorientiert („Wie meinen Sie das?"). Dadurch wird die Grundlage zur tieferen Explikation geschaffen, die dann in den Phasen der Problematisierung und Reflexion praktiziert wird.

Frühadoleszenz Der FA benötigt in seiner erst aufkeimenden Selbstständigkeit die „Erlaubnis" des Therapeuten, einen Sachverhalt erläutern zu können bzw. zu dürfen:

> Therapeut: „Dann lass uns doch mal ansehen, ob du von bestimmten Personen alleingelassen wirst oder -"
> FA: „Nein, von bestimmten Personen nicht, das kommt mir nur manchmal so vor..."

Mittlere Adoleszenz Der MA benötigt eine eher konkrete Hilfestellung. Dieses scheint einen Kompromiss darzustellen zwischen seinen Loyalitätsbindungen und einem Autonomiewunsch:

> MA: „Ich hab´ eigentlich immer Angst was Falsches zu sagen, ich bin das immer so gewohnt, dass man mich was fragt!"

Spätadoleszenz Ein SA beginnt eine typische Sequenz der Thematisierung mit sprachlichen Merkmalen der Verständigung, danach mit einem andeutungsweisen Suchen nach bedeutungsvollen Inhalten:

> SA: „Es war ja ganz schön stressig, also im Praktikum, und ähm, und lässt sie ihre Wut an mir aus, ne, da muss ich da immer irgendwie mit fertig werden! Und das tritt mir ziemlich auf die Seele, ich denke: So, machst jetzt gleich Schluss, irgendwie, ne. Mir dann 'n Messer rausnehme aus der Schublade und so..."

Problematisierung: kognitives Gegenstück zur Ambivalenz

Begriffsklärung Eine Warum-Frage, etwas Verneinen, Zweifeln oder Infragestellen ist Thematisierung, noch keine Problematisierung. Die Äußerung „bei mir ist halt das Problem…" ist in diesem Sinne als Mitteilung zu verstehen. Es muss also eine Problematik, eine Fragwürdigkeit oder Schwierigkeit sichtbar werden, die dann unter der Bereitstellung von alternativen Denkmustern eine Auseinandersetzung erfahren muss. Eine Problematisierung bezieht sich auf eine Alternative (entweder – oder), eine Differenzierung (sowohl als auch) oder einen Widerspruch (aber). Das Thema der Äußerung ist facettenreich.

Problematisierung ist damit rein sprachlich das kognitive Gegenstück zur emotionalen Ambivalenz.

Frühadoleszenz FA erreichen diese Phase nur bedingt in einer einfachen Darstellung, in der sie sich selbst herauslassen und eher den Sachverhalt betonen:

> FA: „Ja, vom Laster Schule erstmal befreit, am Wochenende ist das anders, da ist dann Klavierspielen dran."

Mittlere Adoleszenz Der MA schildert Widersprüchlichkeiten konkreter. Sich selbst erwähnt er zwar, aber infrage gestellt wird eher der Sachverhalt:

> Therapeut: „Dass ich auch so über Sie denke, das möchten Sie?"

> MA: „Nein, das möchte ich eigentlich nicht, aber, ich weiß nicht, wie ich das sagen soll."
> Therapeut: „Das habe ich eben aus Ihren Worten entnommen."
> Therapeut: „Ja, ich weiß, das könnte man daraus entnehmen, Worte sind ja auch so…"

Spätadoleszenz Der SA ist aufgrund seiner fortgeschrittenen Identitätssuche in der Lage, sich selbst zu betrachten und in sich nicht verstehbare Regungen zu spüren:

> SA: „Also, ich räume fünfmal im Monat mein Zimmer um. So ist es bei mir mit allen Dingen. Ich kann mich kurze Zeit für etwas begeistern und dann nach einiger Zeit komme ich nicht weiter oder dann geb' ich halt auf."

Reflexion: Rückstrahlung in sich selbst

Begriffsklärung Durch prüfendes Nachdenken und emotionales Geschehenlassen sollen in dieser höchsten Stufe des Modells neue Erkenntnisse gewonnen werden: eine Wendung auf sich selbst, eine Rückstrahlung in neuem Licht.

Frühadoleszenz Der FA scheint mit diesem Vorgehen überfordert.

Mittlere Adoleszenz
Der MA ist durch eine therapeutische Ermutigung durchaus in der Lage, sich in seiner emotionalen Reflexion „zurück" auf die Vergangenheit zu besinnen:

> MA: „Ich hab' diese Vorstellung mal gehabt, als ich noch kleiner war, … also die anderen stehen über mir und ich bin völlig unwichtig, mich irgendwie erniedrigt fühlte."

Spätadoleszenz Beim SA tritt das interaktionelle Zusammenspiel von Therapeut und Patient als eine emotionale Rückstrahlung sprachlich auch ohne spezifische Hilfestellung zutage:

> Therapeut: „Aber der Wunsch, also die Sehnsucht danach ist eigentlich da?"

> SA: „Ja, weil ich hab' es auch oft ins Gegenteil umgekehrt, ich habe dann gesagt: ‚Ach, geh doch weg, ich bin viel lieber allein Zuhause!' Und irgendwie war das Gefühl da, ich würde andere belasten, wenn ich jetzt Wünsche äußere."
> Therapeut: „Ja, als wenn Sie das nicht durften?"
> SA: „Ja, ich hatte auch immer irgendwie das Gefühl, ich darf es nicht. Ich weiß nicht warum, aber so das Gefühl war da."

Sprachliche Organisation als Diagnostik

Unterschiede In einem klassifizierenden Gesprächsphasen-Modell werden bedeutende Unterschiede zwischen den einzelnen Adoleszenzphasen deutlich:

Frühadoleszenz Der Frühadoleszente kommt zunächst über soziale Ereignisschilderungen kaum hinaus. Der Übergang zum Thematisieren und Problematisieren muss langwierig vollzogen werden, indem er zunächst die Akzeptanz seines Entwicklungsstandes erfährt, nämlich das diffuse Gefühl, dass irgendetwas nicht ist Ordnung ist – ein Eindringen in seine Gefühlswelt erlebt der Frühadoleszente nämlich als Bedrohung.

Bei Frühadoleszenten muss die therapeutische Arbeit thematisch *im* Alltag verhaftet bleiben.

Ambivalenz der mittleren Adoleszenz
Der mittlere Adoleszente befindet sich durch den Verzicht auf die elterlichen Liebesobjekte in einem Niemandsland zwischen Objektaufgabe und Objektfindung. Dieses Drama der Ambivalenz ist in der Sprache des mittleren Adoleszenten verbal noch nicht aufführbar – inszenierte Hilflosigkeit (sich dumm stellen) wird gespeist durch Schuldgefühle. Eine Vermeidungsstrategie ist z. B. die Verbalisation in unbestimmten („indexikalischen") Ausdrücken („dann kam da noch so einer").

Arroganz der mittleren Adoleszenz

Zur Auseinandersetzung mit dem Sinn von Therapie ist der MA nur schwer zu bewegen; das verbietet seine narzisstische Arroganz. Einfach „verstanden werden zu wollen" ist in der mittleren Adoleszenz ein romantisches Bedürfnis. Für ihn ist bereits vor dem Erstkontakt „Therapie" beschlossene Sache oder auch nicht – das Erscheinen reicht völlig. Mit Odysseus sagt er: „Ich heiße Niemand" und ist für Auseinandersetzungen gar nicht da. Dazu benötigt der MA eine konkrete verbale Hilfestellung. Günstig scheint, die Enttäuschung des Nichtverstehens zu konkretisieren und die dazugehörenden Schuldgefühle aufzunehmen.

Bei mittleren Adoleszenten muss therapeutisch *mit* dem Alltag gearbeitet werden.

Spätadoleszenz

In der Spätadoleszenz bringen Sicherheiten in Objektbeziehungen eine günstige Voraussetzung zur differenzierten Wahrnehmung von Ambivalenzen. Der SA verwendet seine Alltagsthematik lediglich als Übergangsebene und drängt dahin, für Transparenz der sprachlichen Symbolik zu sorgen („also was ich gleich noch hierzu sagen wollte"). Er greift selbst ein unspezifisches Angebot nach Sinnsuche dankbar auf und inszeniert eine intersubjektive Spannung, so dass der Therapeut keine Mühe hat, tiefer zu konfrontieren und zu interpretieren.

Bei Spätadoleszenten muss die therapeutische Arbeit *über* den Alltag geleistet werden.

Fazit

In der vorgestellten Studie wurde anhand von Transkripten untersucht, in welchen sprachlichen Bezügen die Möglichkeit therapeutischer Zusammenarbeit probiert bzw. eingeübt wird. Dadurch erfährt der potenzielle Patient einen Unterschied zwischen Alltag und Therapie. Zwischen den einzelnen Adoleszenzphasen gibt es hierbei deutliche Unterschiede. Aufgrund katamnestischer Befunde kann resümiert werden: Je weiter eine Phase als gemeinsame Interaktion erreicht wird, desto günstiger kann sich die Prognose in Bezug auf einen Therapieerfolg darstellen.

Literatur

Argelander H. Das Erstinterview in der Psychotherapie. Psyche 1967; 5: 341–368
Blos P. Adoleszenz. Stuttgart: Klett-Cotta; 2006
Boothe B. Der Patient als Erzähler in der Psychotherapie. Göttingen: V & R; 1994
Eckstaedt A. Die Kunst des Anfangs. Frankfurt a.M.: Suhrkamp; 1991
Flader D. Die psychoanalytische Therapie als Gegenstand sprachwissenschaftlicher Forschung. In: Flader D, et al. Psychoanalyse als Gespräch. Frankfurt a.M.: Suhrkamp; 1982
Laimböck A. Das psychoanalytische Erstgespräch. Frankfurt a.M.: Brandes und Apsel; 2011
Nothdurft W. Äh ... folgendes Problem ... ähh. Tübingen: Narr; 1984: 18
Seiffge-Krenke I. Psychoanalytische und tiefenpsychologisch fundierte Therapie mit Jugendlichen. Stuttgart: Klett-Cotta; 2007: 119
Streeck-Fischer A. Trauma und Entwicklung. Stuttgart: Schattauer; 2009
Thomä H, Kächele H. Lehrbuch der psychoanalytischen Therapie, Bd. I. Berlin: Springer; 1989: 66
Timmermann F. Psychoanalytische Indikationsgespräche mit Adoleszenten. Frankfurt a.M.: Brandes und Apsel; 2001a
Timmermann F. Psychoanalytische Indikationsgespräche mit Adoleszenten. Frankfurt a.M.: Brandes und Apsel; 2001b: 249
Timmermann F. Rahmenbegriffe in der Psychotherapie. Unveröffentlichtes Manuskript. Hamburg; 2011: 11
Timmermann F, Ohlmeier D. Sprachstile in der Spätadoleszenz. Prax Kinderpsychol Kinderpsychia. 2015; 3: 226

Dr. phil. Franz J. Timmermann
Nissenstr. 3
20251 Hamburg
f.timmermann@t-online.de

Dr. phil., Analytischer Kinder- und Jugendlichen-Psychotherapeut (VAKJP), Sozialwissenschaftler M.A., Praxis in Hamburg, Dozent und Supervisor in der Medical School University Hamburg, 25 Jahre wissenschaftlicher Mitarbeiter am Pädagogischen Seminar der Universität Göttingen, Wissenschaftlicher Leiter der Psychoanalytischen Leitlinien der VAKJP, Forschungsschwerpunkte: Suizidalität, Selbstverletzung.

Interessenkonflikt
Der Autor gibt an, dass kein Interessenkonflikt besteht.

Beitrag online zu finden unter
http://dx.doi.org/10.1055/s-0043-103863

Aus der Praxis

Michael Kaess • Alexandra Edinger

Suizidales und selbstverletzendes Verhalten in der Adoleszenz
Eine Übersicht

Selbstverletzendes und suizidales Verhalten stellen im Jugendalter häufige Probleme dar. Doch sowohl die Diagnostik als auch die adäquate Behandlung bedeuten für medizinische sowie psychotherapeutische Versorger oft große Herausforderungen. Allein die klare Unterscheidung beider Begrifflichkeiten erweist sich mitunter als schwierig. Daher soll dieser Beitrag eine Übersicht über verschiedene Aspekte sowie eine Abgrenzung beider Phänomene bieten und zur kritischen Auseinandersetzung einladen.

Diagnostische Neuerungen

Suizidal – ja oder nein? Die Frage nach Suizidalität zieht weitreichende therapeutische Konsequenzen nach sich, etwa ob zum Beispiel eine stationäre Versorgung notwendig wird oder nicht. Daher verunsichert gerade der Begriff des selbstverletzenden Verhaltens viele Behandler, enthält er doch den Aspekt der Eigengefährdung. Da dieser tatsächlich keine eindeutige Definition aufweist, wurde 2007 der Begriff der nichtsuizidalen Selbstverletzung eingeführt (Lloyd-Richardson et al. 2007), der eine Abgrenzung zu suizidalen Verhaltensweisen bieten soll.

Eigene Kategorie Im DSM-5 (Diagnostisches und Statistisches Manual der American Psychiatric Association) fand er bereits Niederschlag als eigenständige diagnostische Kategorie in der Sektion 3. Diese Sektion beinhaltet Störungsbilder, die weiterer Forschung bedürfen, um endgültig als psychiatrische Diagnosen in das Klassifikationssystem eingeschlossen zu werden. Auch suizidales Verhalten hielt als suizidale Verhaltensstörung Einzug in diese Kategorie des DSM-5. Dabei umfassen die Kriterien lediglich einen tatsächlichen Suizidversuch. Suizidgedanken und -pläne werden in dieser Kategorie nicht berücksichtigt, obwohl sie Teil der Definition suizidalen Verhaltens sind und auch in der praktischen klinischen Arbeit unbedingt Beachtung finden sollten (Schneider 2012).

Suizidalität und selbstverletzendes Verhalten müssen korrekt voneinander abgegrenzt werden, um eine adäquate Behandlung einleiten zu können. Die Einführung des Begriffs der nichtsuizidalen Selbstverletzung sowie die Aufnahme beider Phänomene ins DSM-5 sollen hierbei helfen.

Abgrenzung Die Präzisierung des zuvor uneindeutig beschriebenen Phänomens der Selbstverletzung sowie die Aufnahme der nichtsuizidalen Selbstverletzung und suizidaler Verhaltensweisen in das DSM-5 als eigenständige Kategorien legen bereits die Wichtigkeit der Abgrenzung beider Phänomene nahe. Während suizidales Verhalten vorrangig Suizidgedanken, -pläne und -versuche umfasst, welche Selbstschädigungen mit suizidaler Absicht darstellen, geht der Begriff der nichtsuizidalen Selbstverletzung von einer anderen Intention des Jugendlichen aus. Beim suizidalen Verhalten steht, zumindest zu Beginn, die Absicht zu sterben im Vordergrund. Bei nichtsuizidaler Selbstverletzung geht es um die Regulation eigener (negativer) Emotionen, wie z. B. Scham, Angst oder Anspannung (Walsh 2006).

Einordnung in der Praxis oft schwierig Das Nichtvorhandensein einer Suizidabsicht stellt im DSM-5 ein wichtiges Kriterium dar und ist ebenfalls fester Bestandteil der Definition nichtsuizidalen selbstverletzenden Verhaltens. Diese beschreibt nichtsuizidale Selbstverletzung als die „freiwillige, direkte, repetitive Zerstörung von Körpergewebe, die nicht suizidal intendiert und nicht sozial akzeptiert ist" (Lloyd-Richardson et al. 2007). Komplementär hierzu umfassen die Kriterien der suizidalen Verhaltensstörung im DSM-5 eine klare Abgrenzung zur nichtsuizidalen Selbstverletzung. Kritisch anzumerken ist jedoch, dass die Einordnung der Intention in der Praxis nicht immer einfach ist, da die Patienten häufig sehr ambivalent sind. Daher sollte die Intention nicht als Kategorie, sondern vielmehr als Kontinuum betrachtet werden (Brunner et al. 2014).

Gegenüberstellung beider Phänomene

Chronizität Neben der unterschiedlichen Intention besteht eine weitere Verschiedenheit in der Neigung zur Chronizität beider Phänomene. Dabei weist die nichtsuizidale Selbstverletzung eine wesentlich höhere Chronizität bei geringerer Letalität im Vergleich zu suizidalen Verhaltensweisen auf.

Vielfalt der Methoden Weiterhin bedienen sich nichtsuizidale Selbstverletzer in der Regel diverser Methoden, um die Selbstschädigung herbeizuführen, die sich sowohl in Anzahl als auch in Vielfalt von derer suizidaler Patienten unterscheiden. Die häufigste Form, das „Ritzen", ist das Schneiden der Haut mit scharfen Gegenständen, wie z. B. Rasierklingen.

Effekt Auch der Effekt beider Phänomene unterscheidet sich deutlich. So berichten Patienten, die sich in nichtsuizidaler Absicht selbst verletzen, ein Gefühl der Entlastung, wohingegen Patienten mit suizidalen Verhaltensweisen meist keine Regulation ihrer Emotionen erzielen. Häufig fühlen sich diese Patienten nach einem Suizidversuch noch schlechter, da z. B. Gedanken über die eigene Unfähigkeit, nicht einmal den Suizidversuch geschafft zu haben, generiert werden können (Walsh 2006) (o **Infobox 1**).

Berührungspunkte Obwohl die Trennung beider Begrifflichkeiten von der Mehrheit der Fachöffentlichkeit befürwortet wird, gibt es Autoren, die nichtsuizidale Selbstverletzungen im Bereich suizidalen Verhaltens verorten (Skegg 2005). Tatsächlich konnte in epidemiologischen Studien eine hohe Komorbidität zwischen nichtsuizidaler Selbstverletzung und Suizidalität gefunden werden (Kaess 2012). Darüber hinaus erweist sich nichtsuizidale Selbstverletzung als Risikofaktor für spätere suizidale Verhaltensweisen (Asarnow et al. 2011). Im Gegenzug konnte in einer weiteren prospektiven Untersuchung gezeigt werden, dass die Beendigung von selbstverletzendem Verhalten auch mit einer deutlichen Reduktion des Risikos für suizidales Verhalten einhergeht (Koenig et al. 2016). Dennoch erscheint eine Trennung beider Phänomene, gerade hinsichtlich ihrer unterschiedlichen Implikationen für die spätere Therapie, als sehr sinnvoll.

Obwohl nichtsuizidales und suizidales Verhalten unterschiedliche Phänomene darstellen, kommen sie oft gemeinsam vor. Das Risiko für suizidales Verhalten ist bei jungen Menschen mit nichtsuizidaler Selbstverletzung stark erhöht!

Klinische Gesichtspunkte

Prävalenz Nichtsuizidale Selbstverletzung tritt in der Normalbevölkerung im Jugendalter häufig auf, repetitive Formen werden von ca. 3–4 % der Jugendlichen gezeigt (Plener et al. 2012). Diese Zahlen sind jedoch nicht auf den klinischen Kontext übertragbar; hier tritt die nichtsuizidale Selbstverletzung wesentlich häufiger auf. So konnten bei 60 % der im stationären Setting befindlichen Patienten nichtsuizidale Selbstverletzungen und bei 49,6 % sogar repetitive Formen gefunden werden (Kaess 2012). Hinsichtlich Suizidalität berichteten 74 % der Patienten einer klinischen Stichprobe suizidale Gedanken in der Vergangenheit und 25,6 % gaben an, zumindest einen Suizidversuch begangen zu haben (Kaess et al. 2011). Damit stellen sowohl die nichtsuizidale Selbstverletzung als auch suizidale Verhaltensweisen gerade im klinischen Setting häufig auftretende Probleme dar.

Diagnostische Inventare Zur standardisierten Erfassung nichtsuizidalen selbstverletzenden Verhaltens und suizidaler Verhaltensweisen finden sich aktuell verschiedene Inventare (vgl. o **Infobox 2**). Diese erlauben es sowohl dem Kliniker als auch dem Forscher, Selbstverletzung und Suizidalität strukturiert sowie vollständig zu erfassen. Den Jugendlichen wird durch die standardisierte Vorgehensweise der Bericht aversiver Themen erleichtert (Plener et al. 2009).

Anamnese und körperliche Untersuchung Die Anwendung der Instrumente sollte jedoch nicht als erschöpfend betrachtet werden. Selbstverständlich besteht stets die Notwendigkeit einer ausführlichen Anamnese und – nicht nur, aber vor allem – im Kindes- und Jugendalter auch die einer Fremdanamnese. Auch die körperliche Untersuchung der von Selbstverletzung betroffenen Stellen, wie z. B. den Unter- und Oberarmen aber auch den Oberschenkeln, sollte vorgenommen werden. Dies dient einerseits dazu, Einsicht in den Schweregrad zu erhalten, und andererseits eine gegebenenfalls notwendige Wundversorgung einleiten zu können.

Differenzialdiagnostik Nichtsuizidales selbstverletzendes Verhalten sowie Suizidalität stehen häufig mit verschiedenen psychischen Störungen in Verbindung. Eine wesentliche Störung stellt hierbei die emotional-instabile Persönlichkeitsstörung vom Borderline-Typ dar. Aber auch Depressionen, Ängste, Störungen des Sozialverhaltens, substanzgebundene Abhängigkeitsstörungen, Essstörungen und Anpassungsstörungen stehen in Zusammenhang mit selbstschädigenden Verhaltensweisen. Daher tritt selbstverletzendes oder suizidales Verhal-

---

Infobox 1

Abgrenzung Suizidalität – Selbstverletzung

Nichtsuizidale Selbstverletzung geht mit dem Ziel der Regulation negativer Emotionen einher, Suizidalität mit dem Ziel zu sterben.

Nichtsuizidale Selbstverletzung weist eine höhere Chronizität auf, wohingegen suizidale Verhaltensweisen eine höhere Letalität aufweisen.

Nichtsuizidale Selbstverletzer wenden diverse Methoden an, während Patienten mit suizidalen Verhaltensweisen immer wieder ähnliche Methoden wählen.

Im Gegensatz zu suizidalen Verhaltensweisen stellt sich nach der nichtsuizidalen Selbstverletzung ein Gefühl der Entlastung ein.

Infobox 2

Übersicht standardisierter Instrumente zur Erfassung nichtsuizidaler Selbstverletzung und Suizidalität

Self-Harm Behavior Questionnaire (SHBQ; Gutierrez et al. 2001)

Ottawa Self-Injury Inventory (OSI; Nixon et al. 2002)

Deliberate Self-Harm Inventory (DSHI; Gratz et al. 2001)

Functional Assessment of Self-Mutilation (FASM; Lloyd et al. 1997)

Self-Injurious Thoughts and Behaviors Interview (SITBI; Nock et al. 2007)

 Aus der Praxis

ten nur selten alleine auf. Betrachtet man die Kriterien einer Depression, so stellt Suizidalität sogar eines der Hauptkriterien dar. Dennoch darf lediglich aufgrund der selbstschädigenden Verhaltensweisen nicht automatisch auf eine der oben genannten Störungen geschlossen werden. Eine genaue, gegebenenfalls auch multiprofessionelle Abklärung sollte in jedem Fall erfolgen.

Therapeutisches Vorgehen

Zugang zu betroffenen Jugendlichen oft schwierig Häufig gelangen betroffene Jugendliche nicht aufgrund der Selbstverletzung, sondern aufgrund komorbider Störungen oder akuter Suizidalität an das Helfersystem. Ein Großteil der sich selbst verletzenden Jugendlichen befindet sich weder in Behandlung noch wurden diagnostische Prozeduren durchlaufen (Kaess 2012).

Selbstverletzende haben geringen Leidensdruck Beziehen wir an dieser Stelle noch einmal den Effekt der Entlastung nach selbstverletzendem Verhalten ein, so ist zu vermuten, dass durch die Selbstverletzung selbst lediglich ein sehr geringer oder gar kein Leidensdruck besteht, welcher normalerweise den Motor für die Aufnahme einer Behandlung darstellt. Vielmehr verfügen diese Jugendlichen bereits über eine Strategie, mit ihren negativen Emotionen umzugehen, und sehen daher möglicherweise überhaupt keine Notwendigkeit einer Therapie.

Häufig fallen Jugendliche, die von nichtsuizidaler Selbstverletzung betroffen sind, durch das Helfersystem. Gründe hierfür können im geringen Leidensdruck durch die Selbstverletzung per se (diese wird oft als hilfreich erlebt) und der daraus resultierenden fehlenden Therapiemotivation gesehen werden.

Klare Regeln In der Arbeit mit sich selbst verletzenden Jugendlichen empfiehlt sich von Beginn an die Aufstellung klarer Regeln. Dies gilt insbesondere auch für Jugendliche mit suizidalen Verhaltensweisen. Für eine ambulante Weiterbehandlung sollte der Jugendliche klar von akuter Suizidalität distanziert und in der Lage sein, diese Distanzierung für den Behandlungszeitraum (oder zumindest für gut abgesprochene Zeiträume) aufrechtzuerhalten.

Therapieverträge Um den Umgang mit selbstschädigenden Verhaltensweisen und Suizidalität zu regeln, bietet sich der Einsatz von Therapieverträgen an. In diesen werden die zuvor gemeinsam vereinbarten Regeln festgehalten. Diese können ebenfalls Regeln enthalten, welche Rahmenbedingungen der Therapie betreffen (z. B. Pünktlichkeit). Bei nichtsuizidaler Selbstverletzung sollten insbesondere auch die Wundversorgung (Hygienemaßnahmen, ggf. auch chirurgische Vorstellung) klar vorbesprochen werden.

Krisenpläne Gerade in der Arbeit mit sich selbst verletzenden und suizidalen Jugendlichen kann es vorkommen, dass die Einhaltung der Regeln als schwierig empfunden wird. In diesem Fall greifen Krisenpläne, in welchen exakt erfasst ist, was der Jugendliche tun soll, falls er zur Einhaltung des Therapievertrages nicht mehr in der Lage ist. Ein denkbares Beispiel wäre das Auftreten drängender Suizidgedanken, von welchen sich der Jugendliche nicht länger ausreichend distanzieren kann. Für diesen Fall findet er in seinem individuell erstellten Krisenplan beispielsweise die gemeinsam erarbeitete Anweisung, eine (zuvor erprobte) Notfallnummer zu wählen. Gegebenenfalls sollten mit den Patienten zuvor auch einmal die jeweiligen Kriseninterventionssettings besprochen oder sogar besichtigt werden.

Im Umgang mit den betroffenen Jugendlichen sollten klare Regeln im Vordergrund stehen, die sich auf den Umgang mit Suizidalität und Selbstverletzung sowie auf therapeutische Rahmenbedingungen beziehen. Therapieverträge und Krisenpläne stellen hierbei wichtige Instrumente dar.

Kritische Beleuchtung

Erleichterung … Die Bestrebungen, nichtsuizidale Selbstverletzung und suizidales Verhalten endgültig als eigenständige Diagnosen einzuführen und sie damit nicht nur voneinander, sondern auch von anderen psychischen Störungen abzugrenzen, lösen nach wie vor Diskussionen aus. Ein Vorteil der Einführung der nichtsuizidalen Selbstverletzung, sowohl als Begrifflichkeit aber auch als eigenständige diagnostische Entität, ist die vermehrte Auseinandersetzung mit diesem Thema. Betrachtet man den geringen Zulauf, erscheint es wichtig, dieses Phänomen in Zukunft noch besser zu erforschen und den Zugang zum Helfersystem für betroffene Jugendliche zu erleichtern.

… oder Verkomplizierung? Kritische Stimmen hingegen beklagen eine Pathologisierung eines möglicherweise vorübergehenden Phänomens im Jugendalter, die eine Stigmatisierung der Betroffenen zur Folge hat (Plener et al. 2014). Auch könnte eine eigenständige Diagnose dieser Verhaltensweisen dazu führen, dass zugrundeliegende und dringend therapiebedürftige Störungsbilder (z. B. Borderline-Persönlichkeitsstörung oder depressive Störung) nicht ausreichend in den Fokus genommen werden (Kaess et al. 2016).

Erhöhte Sensibilität Bezüglich der Suizidalität könnte die erhöhte Sensibilität insofern nützlich sein, als dass sie in Zukunft losgelöst von psychiatrischen Diagnosen routinemäßig in die diagnostische Einschätzung einbezogen werden könnte (Plener et al. 2014). Fest steht jedoch, dass durch die öffentliche Fachdiskussion schon jetzt eine erhöhte Sensibilität für beide Phänomene erreicht wurde, was Betroffenen entgegenkommen dürfte.

Fazit

Nichtsuizidale Selbstverletzung und Suizidalität bei Jugendlichen können vor dem Hintergrund verschiedenster psychischer Störungen auftreten. Daher ist eine klare diagnostische Abgrenzung von großer Bedeutung. Hilfreich im Erstkontakt sind zunächst das aktive Nachfragen und die Klärung der Intention, die sich hinter dem jeweiligen Verhalten verbirgt. Weitere Hilfen können, neben der Anamneseerhebung, psychometrische Instrumente bieten. Im Umgang mit den Jugendlichen sollten klare Regeln hinsichtlich des selbstschädigenden Verhaltens in Form von Therapieverträgen und Krisenplänen vereinbart werden.

Literatur

Asarnow JR, Porta G, Spirito A et al. Suicide attempts an nonsuicidal self-injury in the treatment of resistant depression in adolescents: findings from the TORDIA study. J Am Acad Child Adolesc Psychiatry 2011; 50: 772–781

Brunner R, Kaess M, Parzer P et al. Life-time prevalence and psychosocial correlates of adolescent direct self-injurious behavior: a comparative study of findings in 11 European countries. J Child Psychol Psychiatry 2014; 55: 337–348

Gratz K. Measurement of Deliberate Self-Harm: Preliminary Data on the Deliberate Self-Harm Inventory. J Psychopathol Behav Assess 2001; 23: 253–263

Gutierrez PM, Osman A, Barrios FX et al. Development and initial validation of the Self-Harm Inventory. J Psychopathol Behav Assess 2001; 77: 475–490

Kaess M. Selbstverletzendes Verhalten im Jugendalter. Weinheim: Beltz; 2012

Kaess M, Brunner R, Parzer P et al. Association of adolescent dimensional borderline personality pathology with past and current nonsuicidal self-injury and suicidal behavior – a clinical multicenter study. Psychopathology 2016; 49: 356–363

Kaess M, Parzer P, Mattern M et al. Childhood Experiences of Care and Abuse (CECA): Validierung der deutschen Version von Fragebogen und korrespondierendem Interview sowie Ergebnisse einer Untersuchung von Zusammenhängen belastender Kindheitserlebnisse mit suizidalen Verhaltensweisen. Z Kinder Jugendpsychiatr Psychother 2011; 39: 243–252

Koenig J, Brunner R, Fischer G et al. Prospective Risk for Suicidal Thoughts and Behaviour in Adolescents with Onset, Maintenance or Cessation of Direct Self-Injurious Behaviour. Eur Child Adolesc Psychiatry 2017; 26: 345–354

Lloyd EE, Kelley M, Hope T. Self-mutilation in a community sample of adolescents: descriptive characteristics and provisional prevalence rates. New Orleans: Annual Meeting of the Society for Behavioral Medicine; 1997

Lloyd-Richardson EE, Perrine N, Dierker L et al. Characteristics and functions of non-suicidal self-injury in a community sample of adolescents. Psychol Med 2007; 37: 1183–1192

Nixon MK, Cloutier PF, Aggarwal S. Affect regulation and addictive aspects of repetitive self-injury in hospitalized adolescents. J Am Acad Child Adolesc Psychiatry 2002; 41: 1333–1341

Nock MK, Holmberg EB, Photos VI et al. Self-Injurious Thoughts and Behaviors Interview: development, reliability, and validity in an adolescent sample. Psychol Assess 2007; 19: 309–317

Plener PL, Fliege H, Fegert J et al. Diagnostik des selbstverletzenden Verhaltens. In: Brunner R, Resch F, Hrsg. Borderline-Störungen und selbstverletzendes Verhalten bei Jugendlichen. Göttingen: Vandenhoeck & Ruprecht; 2009: 117–133

Plener PL, Kapusta ND, Brunner R et al. Nicht-suizidales selbstverletzendes Verhalten (NSSV) und Suizidale Verhaltensstörung (SVS) im DSM-5. Z Kinder Jugendpsychiatr Psychother 2014; 42: 405–413

Plener PL, Kapusta ND, Kölch MG et al. Nicht-suizidale Selbstverletzung als eigenständige Diagnose Implikationen des DSM-5 Vorschlages für Forschung und Klinik selbstverletzenden Verhaltens bei Jugendlichen [Non-suicidal self-injury as autonomous diagnosis-implications for research and clinic of the DSM-5 proposal to establish the diagnosis of Non-Suicidal Self-Injury in adolescents]. Z Kinder Jugendpsychiatr Psychother 2012; 40: 113–120

Schneider B. Behavioral therapy of suicidality. Eur Arch Psychiatry Clin Neurosci 2012; 262 (Suppl. 2): S123–S128

Skegg K. Self-harm. Lancet 2005; 366: 1471–1483

Walsh B. Treating self-injury. New York: Guilford; 2006

Prof. Dr. med. Michael Kaess

Klinik für Kinder- und Jugendpsychiatrie
Psychosoziales Zentrum
Universitätsklinikum Heidelberg
Blumenstraße 8
69115 Heidelberg
michael.kaess@med.uni-heidelberg.de

2007–2011 Assistenzarzt an der Klinik für Kinder- und Jugendpsychiatrie, 2011–2013 Senior Psychiatric Registrar und wissenschaftlicher Mitarbeiter am Orygen Youth Health an der Universität Melbourne, Australien, seit 2014 Geschäftsführender Oberarzt der Kinder- und Jugendpsychiatrie, seit 2015 Leiter der Sektion für translationale Psychobiologie in der Kinder- und Jugendpsychiatrie. Forschungsschwerpunkt: selbstschädigende und riskante Verhaltensweisen im Jugendalter und Entwicklung von Persönlichkeitsstörungen. Seit 2017 ist Prof. Kaess Ordinarius und Direktor der Universitätsklinik für Kinder- und Jugendpsychiatrie und Psychotherapie der Universität Bern in der Schweiz.

M. Sc. Psych. Alexandra Edinger

Seit 2014 in Weiterbildung zur Psychologischen Psychotherapeutin, seit 2016 wissenschaftliche und klinische Mitarbeiterin der Spezialambulanz für Risikoverhalten und Selbstschädigung (AtR!Sk) der Kinder- und Jugendpsychiatrie.

Interessenkonflikte
Die Autoren geben an, dass kein Interessenkonflikt besteht.

Beitrag online zu finden unter
http://dx.doi.org/10.1055/s-0043-103850

Silke Diestelkamp • Florian Ganzer • Rainer Thomasius

Alkoholbezogene Störungen in der Adoleszenz
Frühintervention und stationäre Behandlung

Alkoholkonsum im Jugendalter kann schwerwiegende akute Auswirkungen haben und erhöht das Risiko für das Auftreten von Entwicklungsproblemen. Frühe Interventionen und ein jugendgerechtes Behandlungskonzept sind daher insbesondere in der vulnerablen Entwicklungsphase der Adoleszenz wichtig. Im Folgenden werden alkoholbezogene motivierende Kurzinterventionen als ambulante Frühintervention sowie die qualifizierte Entzugsbehandlung bei alkoholbezogenen Störungen im Jugendalter vorgestellt.

Alkoholkonsum im Kindes- und Jugendalter

Jede(r) zehnte Jugendliche trinkt regelmäßig Der Konsum von Alkohol ist unter Jugendlichen in Deutschland weit verbreitet. In einer aktuellen repräsentativen Befragung unter 12- bis 17-Jährigen gaben 68 % der Befragten an, in ihrem Leben schon einmal Alkohol konsumiert zu haben (Orth 2016), 57,9 % berichten Konsum in den vergangenen 12 Monaten. Von den befragten Minderjährigen gaben 10,9 % an, in den vergangenen 30 Tagen regelmäßig, d. h. mindestens einmal in der Woche, Alkohol getrunken zu haben. Obwohl diese Zahlen für die junge Zielgruppe der 12- bis 17-Jährigen hoch erscheinen, ist zu beachten, dass die Trends des Alkoholkonsums und regelmäßigen Konsums seit den 1970er-Jahren rückläufig sind.

Für Jugendliche ist das sogenannte Rauschtrinken, d. h. der Konsum von 4 (für Mädchen) bzw. 5 alkoholischen Getränken zu einer Trinkgelegenheit mit besonderen Risiken assoziiert.

Risiko für Gewalt, Unfälle und Intoxikation Ungefähr jeder siebte Jugendliche (14,1 %) zwischen 12 und 17 Jahren gab 2015 an, in den vergangenen 30 Tagen mindestens einmal Rauschtrinken praktiziert zu haben. Episodisch exzessiver Alkoholkonsum bei Jugendlichen geht oft mit einem erhöhten Risiko für das Erleben von Gewalthandlungen (als Opfer oder Täter) einher, mit Verletzungen aufgrund von (Verkehrs-) Unfällen, mit ungewollten oder bereuten sexuellen Handlungen sowie mit dem Risiko einer akuten Alkoholintoxikation mit potenziell lebensbedrohlichen Folgen durch z. B. Aspiration von Erbrochenem oder durch Unterkühlung.

Jedes Jahr werden in Deutschland rund 22.000 Kinder, Jugendliche und junge Erwachsene unter 20 Jahren aufgrund einer akuten Alkoholintoxikation in Kliniken behandelt (Gesundheitsberichterstattung des Bundes 2016).

Schulische und familiäre Konflikte Neben diesen akuten Auswirkungen ist episodisch exzessiver Alkoholkonsum im Jugendalter häufig mit schulischen und innerfamiliären Problemen assoziiert und führt häufig zu Konflikten im sozialen Umfeld und mit der Polizei. Ein früher Einstieg in riskante Alkoholkonsummuster erhöht darüber hinaus die Wahrscheinlichkeit der Entwicklung einer alkoholbezogenen Störung im Erwachsenenalter (Viner & Taylor 2007).

Erkennen riskanten Alkoholkonsums

6 Fragen fürs Screening Ein frühes Erkennen und eine zeitnahe Intervention bei riskantem Alkoholkonsum im Jugendalter erhöhen die Chancen einer Reduktion oder Vermeidung negativer alkoholbezogener Konsequenzen. Ein häufig eingesetztes Screening-Instrument ist der CRAFFT-d Screening-Test (Tossmann et al. 2009, **Infobox 1**), der anhand von 6 Fragen riskanten Alkoholkonsum im Jugendalter erfasst. Bei 2 positiven Antworten besteht Verdacht auf riskanten Alkoholkonsum und eine weiterführende Diagnostik sollte eingeleitet werden.

Infobox 1

Items des CRAFFT-d Screening Tests (Tossmann et al. 2009)

1. Bist du schon einmal unter Alkoholeinfluss Auto gefahren oder bei jemandem mitgefahren, der Alkohol getrunken hat?
2. Trinkst du, um zu entspannen, dich besser zu fühlen oder damit du dich unter Freunden oder Bekannten wohler fühlst?
3. Trinkst du Alkohol, wenn du alleine bist?
4. Haben dir Familienangehörige oder Freunde schon mal geraten, weniger zu trinken?
5. Hast du schon mal etwas vergessen, was du gemacht hast, als du Alkohol getrunken hast?
6. Hast du schon mal Ärger mit anderen bekommen, als du Alkohol getrunken hast?

Alkoholkonsum als Mittel zur Bewältigung von Entwicklungsaufgaben

Ablösung und Entwicklung der eigenen Identität Die Veränderung riskanter Alkoholkonsummuster stellt in der Adoleszenz oft eine besondere Herausforderung dar, da der Konsum für den/die Jugendliche/n wichtige Funktionen in der Bewältigung zentraler Entwicklungsaufgaben im Übergang vom Kind zum Erwachsenen erfüllen kann. Nach Silbereisen & Reese (2001) kann der Konsum von Substanzen unter anderem in der Ablösung von den Eltern (z. B. durch bewusste Normverletzung) wichtige Funktionen erfüllen, wie auch in der Entwicklung einer eigenen Identität (z. B. durch Konsum als Ausdruck des persönlichen Stils) und dem Aufbau von Beziehungen zu Peers beiderlei Geschlechts.

Motivierende Kurzinterventionen

Frühintervention oder Motivation für intensivere Behandlung Motivierende Kurzinterventionen können bei riskant konsumierenden Jugendlichen als Frühintervention eingesetzt werden, aber auch um Jugendliche für die Aufnahme einer intensiven, beispielsweise stationären Behandlung zu motivieren. Der Einsatz motivierender Kurzinterventionen wird in der AWMF-S3-Behandlungsleitlinie für Screening, Diagnostik und Behandlung von alkoholbezogenen Störungen im Kindes- und Jugendalter empfohlen (Thomasius et al. 2016a). Eine motivierende Kurzintervention kann zwischen 5 und 60 Minuten dauern und sich aus bis zu vier Sitzungen zusammensetzen, die in verschiedensten Settings, wie z. B. in der Hausarztpraxis, im Notfallsetting oder im schulischen Kontext durchgeführt werden können. Grundlage der Gesprächsführung ist das Motivational Interviewing (MI) nach Miller & Rollnick (2013, 2015; ○ **Infobox 2**).

Ambivalenz auflösen Die Exploration und Auflösung von Ambivalenz in Bezug auf eine schädigende Verhaltensweise wird im MI als zentraler Wirkmechanismus angenommen. Miller & Rollnick (2013, 2015) gehen davon aus, dass Menschen einem schädigenden Verhalten fast immer ambivalent gegenüber sind. Ziel des MI ist es, diese Ambivalenz bewusst zu machen, zu klären und in Richtung einer Verhaltensänderung aufzulösen. Der Klient/die Klientin soll hierbei zum Fürsprecher seiner/ihrer eigenen Veränderung werden und durch das Sprechen über die Gründe für eine Veränderung (*change talk*) die Veränderungsmotivation stärken.

Therapeutische Grundhaltung im MI

Partnerschaftliche Beziehungsgestaltung Die therapeutische Grundhaltung im MI zeichnet sich durch eine empathische und partnerschaftliche Beziehungsgestaltung aus. Insbesondere Jugendliche erleben Erwachsene oft als bevormundend und belehrend, weswegen die partnerschaftliche Beziehungsgestaltung im MI oft eine überraschend positive Erfahrung darstellt und die Exploration des problematischen Verhaltens begünstigt.

Die vier Kernaspekte der therapeutischen Grundhaltung im MI sind Partnerschaftlichkeit, Akzeptanz, Mitgefühl und Evokation (Miller & Rollnick, 2015).

Autonomie anerkennen Der Therapeut/die Therapeutin versteht sich im MI nicht als Experte/Expertin, sondern als Partner/Partnerin des Klienten/der Klientin in der Exploration des problematischen Verhaltens und der Auslösung und Stärkung einer Motivation zu einer Veränderung. Die Akzeptanz des Klienten/der Klientin durch den Therapeuten/die Therapeutin wird im MI insbesondere durch die Anerkennung seiner/ihrer Autonomie, durch Empathie im Sinn eines authentischen Interesses an der Perspektive des/der Klienten/in, durch bedingungsfreie Wertschätzung sowie durch die Würdigung von Lösungsansätzen und Motivation zur Veränderung umgesetzt.

Aussagen für eine Veränderung hervorbringen Unter dem Begriff „Mitgefühl" verstehen Miller & Rollnick (2013, 2015), dass MI immer zum Wohle des Klienten/der Klientin eingesetzt werden soll und beispielsweise nicht, um eine Person zum Kauf einer Ware zu motivieren. Der vierte Aspekt der therapeutischen Grundhaltung „Evokation" reflektiert das Grundverständnis des Therapeuten/der Therapeutin als Klärungshelfer, indem er/sie das Gespräch in einer Weise lenkt, dass Aussagen, die für eine Veränderung sprechen (*change talk*), hervorgebracht („evoziert") werden (○ **Infobox 3**).

„Change talk" bezeichnet alle Äußerungen eines Klienten/einer Klientin, die für eine Verhaltensänderung sprechen. Ziel einer MI Intervention ist das gezielte Auslösen und Verstärken von change talk.

> **Infobox 2**
>
> **Technische Definition des MI (Miller & Rollnick, 2015, S. 473)**
> Motivational Interviewing (MI) ist „ein kooperativer, zielorientierter Kommunikationsstil, bei dem die Aufmerksamkeit in besonderem Maße auf das Sprechen über Veränderung gerichtet ist. Er ist darauf ausgelegt, die Motivation und Selbstverpflichtung einer Person zur Erreichung eines bestimmten Ziels zu stärken, indem in einer von Akzeptanz und Mitgefühl geprägten Atmosphäre die eigenen Gründe der Person, aus denen eine Veränderung gut für sie wäre, herausgearbeitet und erkundet werden."

> **Infobox 3**
>
> **Kommunikationsstrategien zur Förderung des change talk (Miller & Rollnick 2013, 2015)**
> 1. Offene Fragen stellen
> 2. Affirmation
> 3. Reflektierendes Zuhören
> 4. Zusammenfassen

Das 4-Prozesse-Modell des MI

Zuerst eine Beziehung etablieren Miller & Rollnick (2013, 2015) gehen davon aus, dass die Etablierung einer therapeutischen Beziehung im Sinn des MI die Grundlage für jedes Gespräch darstellt. Selbst in nur wenige Minuten dauernden *brief-advice*-Sitzungen beginnt das Gespräch mit einem Beziehungsaufbau im Sinn des MI (○ **Infobox 3**). Je nach Länge der Intervention kann der Therapeut/die Therapeutin unterschiedlich viel Zeit für den Aufbau einer Beziehung im Sinn des MI verwenden. In jedem Fall aber sollte eine Phase des Beziehungsaufbaus der zweiten Phase der Fokussierung, d. h. der Klärung der Ziele des Gespräches, vorangehen. In der dritten Phase einer motivierenden Intervention liegt der Schwerpunkt auf der Evokation von change talk. Abschließend werden konkrete Schritte zum Erreichen der gewünschten Veränderung geplant.

Elemente motivierender Kurzinterventionen

Explorationsphase Alkoholbezogene motivierende Kurzinterventionen für Jugendliche beinhalten typischerweise nach einer einleitenden Phase des Beziehungsaufbaus eine Explorationsphase, in der Trinkumstände, Trinkmotivation und Folgen des Konsums thematisiert werden (○ **Infobox 4**). Das Feedback des Therapeuten/der Therapeutin zu dem aktuellen Konsum sowie eine wertfreie Exploration der Vor- und Nachteile des aktuellen Verhaltens sind ebenso zentrale Elemente wie das Erarbeiten von Zukunftsszenarien mit und ohne reduziertem Konsum.

Instrumente zur Förderung des change talk Verschiedene Instrumente können eingesetzt werden, um die Veränderungsmotivation zu stärken. Dazu gehören z. B. die Motivationswaage oder die Wichtigkeitsskala.

Infobox 4

Elemente alkoholbezogener motivierender Kurzinterventionen für Jugendliche (nach Spirito et al. 2004, Diestelkamp & Thomasius 2017)

1. Empathischer, partnerschaftlicher Beziehungsaufbau, Betonung der Eigenverantwortung
2. Exploration von Trinkmotivation und Konsequenzen
3. Feedback zu Konsummustern und Risiken
4. Exploration von Vor- und Nachteilen des aktuellen Konsums
5. Erarbeiten unterschiedlicher Zukunftsszenarien bei Veränderung und Nichtveränderung
6. Zusammenfassen, Betonung der Autonomie des Klienten/der Klientin
7. Ziele setzen bezüglich des zukünftigen Umgangs mit Alkohol
8. Schriftliche Zielvereinbarung

Stationäre Behandlung alkoholbezogener Störungen in der Adoleszenz

Indikation: Entzugssyndrom Für Kinder und Jugendliche mit alkoholbezogenen Störungen stehen neben den ambulanten Beratungs- und Behandlungssettings des Weiteren stationäre und (selten) teilstationäre Behandlung zur Verfügung. Üblicherweise wird die somatische Notfallbehandlung der Alkoholintoxikation in Kinderkliniken und Notfallambulanzen durchgeführt. Bei Auftreten von Alkoholentzugssyndromen soll für Kinder und Jugendliche nach der AWMF-S3-Behandlungsleitlinie stationäre Behandlung angeboten werden, in der zugleich auch komorbide psychische Störungen und soziale Probleme berücksichtigt werden (Thomasius et al. 2016a).

Qualifizierte Entzugsbehandlung

Ziele Die Gemeinsame Suchtkommission der kinder- und jugendpsychiatrischen Fachgesellschaft und der Fachverbände (DGKJP, BAG KJPP, BKJPP) definiert Anforderungen an die qualifizierte Entzugsbehandlung bei Kindern und Jugendlichen wie folgt (Thomasius et al. 2016b):

> Die Ziele der qualifizierten Entzugsbehandlung sind medizinische Diagnostik, Behandlung von Entzugssymptomen und somatischen Begleiterkrankungen, kinder- und jugendpsychiatrische, neuropsychologische und psychosoziale Diagnostik, Förderung von Einsicht in die Problematik des Substanzkonsums sowie Motivationsförderung für die Inanspruchnahme weiterführender Therapie.

Abstinenz Ein grundlegendes Behandlungsziel ist das Erreichen von Suchtmittelabstinenz. Der/die Patient/-in soll darin unterstützt werden, seine/ihre Einstellung zu Suchtmitteln sowie suchtbezogenes Verhalten zu reflektieren. Er/sie soll Suchtmittelfreiheit als ein beständiges Lebensmuster kennen und akzeptieren lernen.

Kompetenz und Ressourcen Familiäre, schulische und soziale Konflikte und Problemlagen sollen dargestellt und in der Behandlungsplanung berücksichtigt werden. Weitere Ziele sind das Erlernen und Verstetigen von persönlicher Kompetenz für eine angemessene Spannungsabfuhr sowie ganz allgemein die Förderung von individuellen, familiären und psychosozialen Ressourcen (Salutogenese).

4 bis 12 Wochen Die qualifizierte Entzugsbehandlung dauert 4 bis 12 Wochen. Sie wird in den Suchtschwerpunkten der kinder- und jugendpsychiatrischen Kliniken durchgeführt.

Postakutbehandlung

Vertiefende Suchttherapie Ziel der sich an die qualifizierte Entzugsbehandlung anschließenden Postakutbehandlung ist die Festigung von Abstinenz durch vertiefende Suchttherapie mit psychoedukativen und rückfallpräventiven Inhalten. Außerdem werden hier die komorbiden psychischen Störungen ursächlich behandelt.

Infobox 5

Die Behandlungsinhalte für Kinder und Jugendliche mit alkoholbezogenen Störungen werden in Leitlinien der Fachgesellschaften wie folgt definiert (vgl. DGKJP et al. 2007, Thomasius et al. 2016a):

- Die Behandlung soll intensiv und lang genug sein, um eine dauerhafte Beendigung des Substanzmissbrauchs sowie eine Verbesserung der assoziierten Verhaltens- und emotionalen Probleme zu erzielen.
- Intensität und Dauer der Behandlung sollen an individuellen Voraussetzungen des Patienten ausgerichtet werden (hinsichtlich Substanzmissbrauch, Behandlungsmotivation, komorbider psychischer Störungen, psychosozialem und beruflichem Förderbedarf).
- Die Interventionen sollen möglichst sämtliche dysfunktionalen Lebensbereiche des/der Adoleszenten abdecken.
- In die Behandlung soll die Herkunftsfamilie des/der Patient/-in intensiv einbezogen werden.
- Die Eltern sollen in ihrer erzieherischen Kompetenz gestärkt werden; eventuelle Suchtprobleme der Eltern sollen erkannt und einer Behandlung zugänglich gemacht werden.
- Die Behandlung soll den/die Adoleszente/-n und seine/ihre Familie darin unterstützen, einen von Suchtmitteln abstinenten Lebensstil zu entwickeln, wozu auch die Vermittlung sinnvoller Freizeitaktivitäten mit abstinenten Gleichaltrigen gehört.
- Der Besuch von Selbsthilfegruppen soll angeregt werden.
- Die Behandlung soll sozioökonomische und kulturelle Hintergründe des/der Patienten/-in berücksichtigen; benachteiligten Familien sollen soziale Hilfen vermittelt werden.
- Die Behandlungseinrichtung soll mit anderen psychosozialen Versorgungseinrichtungen der Region vernetzt sein.

Ab 8 Wochen Die Dauer der Postakutbehandlung erstreckt sich indikationsgeleitet über einen Zeitraum von 8 bis 16 Wochen und teilweise länger. Die Postakutbehandlung wird ebenfalls in einem Suchtschwerpunkt der stationären Kinder- und Jugendpsychiatrie durchgeführt. Manche Bundesländer halten darüber hinaus für Adoleszente mit alkoholbezogenen Störungen und anderen Suchtstörungen spezielle Rehabilitationseinrichtungen vor, in denen eine Behandlungsdauer von 12 bis 18 Monaten sichergestellt wird. Die Angebote werden anteilig durch Krankenkassen (SGB V) und Hilfen zur Erziehung bzw. andere Maßnahmen der Jugendhilfe (SGB VIII) finanziert.

Multimodales Therapiekonzept

Hoch strukturiert Suchttherapie bei Jugendlichen ist in aller Regel hoch strukturiert und angemessen einsichtsorientiert (○ **Infobox 5**). Ausgehend von einem biopsychosozialen entwicklungsorientierten Ansatz ist ein multimodales interdisziplinäres Therapiekonzept zielführend. Somatische und pharmakologische Behandlungsverfahren werden durch psychotherapeutische, körpertherapeutische und sozialtherapeutische Verfahren ergänzt. Psychotherapeutische Ansätze (Einzel- und Gruppentherapie, Familientherapie, Rückfallpräventionstraining) werden mit komplementären Therapieformen abgestimmt (Bewegungs- und Körpertherapie, Ergotherapie und Musiktherapie). Weiterhin sind pädagogische, schulische und berufsvorbereitende Fördermaßnahmen notwendig.

Belastbares Behandlungsteam Das Behandlungsteam zeichnet sich durch fundierte Kenntnis der suchtspezifischen Kommunikationsmuster aus. Es muss hochgradig belastbar sein und erhält regelmäßig externe Supervision (Thomasius et al. 2009, Batra & Bilke-Hentsch 2016).

Fallbeispiel

> Der 17-jährige Patient stellt sich in Begleitung der Kindsmutter zur Aufnahme auf die Jugend-Suchtstation vor. Er möchte seinen Alkoholkonsum beenden.
> Der Erstkonsum von Alkohol habe mit 13 Jahren stattgefunden, inzwischen regelmäßig am Wochenende bis zum Vollrausch, seit Wochen täglich mindestens 4–8 Flaschen Bier und zusätzlich Mischgetränke. Bei lange bestehender generalisierter Angststörung seien vermehrt Panikattacken aufgetreten. Weiterhin werden eine schwere depressive Stimmungslage, eine Antriebsminderung, Grübelneigung, Appetitmangel und Schlafprobleme beschrieben.
> Der Patient besuche die 12. Klasse einer Stadtteilschule und habe trotz vieler Fehlstunden einen ausreichend guten Notenschnitt gehalten. Die alleinerziehende Mutter äußert, dass sie hochgradig belastet sei und ein Zusammenleben mit ihrem Sohn aufgrund fortwährender Konflikte unmöglich geworden sei. Der Vater sei vor etwa sechs Jahren an Krebs gestorben.
> Aufgrund der Entzugssymptomatik (Schwitzen, Unruhe, erhöhte Irritierbarkeit, Gedankenkreisen und Angespanntheit) wird der Patient vorübergehend mit einem Benzodiazepin (Oxazepam) nach Entzugsschema behandelt. Häufig wirkt der Jugendliche desorganisiert und abwesend, es helfen verbindliche Regeln und klare Strukturen des stationären Settings. Durch Entzugssymptome und die depressive Grundstimmung kommt es wiederkehrend zu Craving nach Alkohol. Ein Spannung abbauendes „Skills-Training" hilft, diese krisenhaften Zustände zu bewältigen. Außerdem wird in regelmäßigen Gesprächen die Einsicht und Selbstverpflichtung zur Abstinenz und Perspektivklärung gefördert (MI), um so die Veränderungsmotivation zu stärken.
> In den Einzelgesprächen werden psychoedukative und rückfallpräventive Inhalte thematisiert. Weiterhin wird an den negativ geprägten Denkmustern und einem defizitorientierten Selbstkonzept mittels kognitiver Verhaltenstherapie gearbeitet. Der Substanzkonsum wird als dysfunktionaler Bewältigungsversuch der schwerwiegenden und multiplen psychosozialen Belastungsfaktoren gewertet.

In den Eltern- und Familiengesprächen werden Strategien zur besseren innerfamiliären Konfliktbewältigung und der Rückfallprävention sowie die Unterstützung durch das Jugendamt einschließlich der außerhäuslichen Unterbringung in einer spezifischen Jugendhilfeeinrichtung thematisiert. In der Klinikschule zeigt sich der Patient interessiert und beteiligt sich in allen Bereichen.

Eine antidepressiv wirksame Medikation mit einem SSRI (Fluoxetin) ist hilfreich, um den Stabilisierungsprozess zu festigen und die depressive Symptomatik zu mildern. Nach zwölfwöchiger qualifizierter Entzugsbehandlung kann der Patient stabilisiert und abstinent in die Obhut der Mutter zurückkehren und wird im angegliederten Medizinischen Versorgungszentrum (MVZ) ambulant weiterbehandelt.

Fazit

Der Einsatz motivierender Kurzinterventionen wird als Frühintervention bei Adoleszenten mit riskantem Alkoholkonsum und zur Stärkung einer Behandlungsmotivation bei Adoleszenten mit alkoholbezogenen Störungen empfohlen. Insbesondere die partnerschaftliche Beziehungsgestaltung und die Betonung der Autonomie des/der Jugendlichen erweisen sich oft als hilfreich zur Etablierung einer intrinsischen Motivation. Die stationäre Behandlung verfolgt einen multimodalen und interdisziplinären Ansatz, der nach Möglichkeit alle dysfunktionalen Lebensbereiche des Adoleszenten adressiert.

Literatur
Batra A, Bilke-Hentsch O. Praxisbuch Sucht. 2. Aufl. Stuttgart: Thieme; 2016
Deutsche Gesellschaft für Kinder- und Jugendpsychiatrie und -psychotherapie (DGKJP), Bundesarbeitsgemeinschaft leitender Klinikärzte für Kinder- und Jugendpsychiatrie, Psychosomatik und Psychotherapie (BAG), Berufsverband der Ärzte für Kinder- und Jugendpsychiatrie, Psychosomatik und Psychotherapie (BKJPP), Hrsg. Leitlinien zur Diagnostik und Therapie von psychischen Störungen im Säuglings-, Kindes- und Jugendalter. Psychische und Verhaltensstörungen durch psychotrope Substanzen (F1). Köln: Deutscher Ärzteverlag; 2007: 13–32
Diestelkamp S, Thomasius R. Riskanter Alkoholkonsum bei Jugendlichen. Manual zur Durchführung einer motivierenden Kurzintervention. Berlin, Heidelberg: Springer; 2017
Gesundheitsberichterstattung des Bundes. Diagnosedaten der Krankenhäuser ab 2000; 2016. Aus dem Krankenhaus entlassene vollstationäre Patienten (einschl. Sterbe- und Stundenfälle) F10.0 – Psychische und Verhaltensstörungen durch Alkohol – Akute Intoxikation (akuter Rausch) nach Wohnsitz, Alter und Geschlecht [Fallzahl und je 100 000 Einwohner]. 2016. Im Internet: http://www.gbe-bund.de; Stand: 11.5.2016
Miller RW, Rollnick S. Motivational Interviewing. Preparing People for Change. New York: Guilford; 2013
Miller RW, Rollnick S. Motivierende Gesprächsführung. Freiburg: Lambertus; 2015
Orth B. Die Drogenaffinität Jugendlicher in der Bundesrepublik Deutschland 2015. Rauchen, Alkoholkonsum und Konsum illegaler Drogen: aktuelle Verbreitung und Trends. BZgA-Forschungsbericht. Köln: Bundeszentrale für gesundheitliche Aufklärung; 2016
Silbereisen R, Reese A. Substanzgebrauch Jugendlicher: illegale Drogen und Alkohol. In: Raithel J, Hrsg. Risikoverhaltensweisen Jugendlicher. Formen, Erklärungen und Prävention. Opladen: Leske und Budrich; 2001: 131–153
Spirito A, Monti PM, Barnett NP et al. A randomized clinical trial of a brief motivational intervention for alcohol-positive adolescents treated in an emergency department. J Pediatrics 2004; 145: 396–402
Thomasius R, Schulte-Markwort M, Küstner U, Riedesser P, Hrsg. Suchtstörungen im Kindes- und Jugendalter. Das Handbuch: Grundlagen und Praxis. Stuttgart: Schattauer; 2009
Thomasius R, Stappenbeck J, Reis O et al. Kinder und Jugendliche. In: Mann K, Hoch E, Batra A, Hrsg. S3-Leitlinie Screening, Diagnose und Behandlung alkoholbezogener Störungen. Berlin: Springer; 2016a: 129–142
Thomasius R, Thoms E, Melchers P et al. Anforderungen an die qualifizierte Entzugsbehandlung bei Kindern und Jugendlichen. Sucht 2016b; 62: 107–111
Tossmann P, Kasten L, Lang P et al. Bestimmung der konkurrenten Validität des CRAFFT-d. Ein Screeninginstrument für problematischen Alkoholkonsum bei Jugendlichen. Z Kinder Jugendpsych Psychother 2009; 37: 451–459
Viner RM, Taylor B. Adult outcomes of binge drinking in adolescence: Findings from a UK national birth cohort. J Epidemiol Comm Health 2007; 61: 902–907

Interessenkonflikt
Die Autoren geben an, dass kein Interessenkonflikt besteht.

Beitrag online zu finden unter
http://dx.doi.org/10.1055/s-0043-103877

Dipl.-Psych. Silke Diestelkamp

DZSKJ – Deutsches Zentrum für Suchtfragen des Kindes- und Jugendalters
Zentrum für Psychosoziale Medizin
Universitätsklinikum Hamburg-Eppendorf
Martinistr. 52
20246 Hamburg
s.diestelkamp@uke.de

Studium der Psychologie an der Universität Trier, anschließend Arbeit mit verhaltensauffälligen Jugendlichen in berufsvorbereitenden Maßnahmen, seit 2010 wissenschaftliche Mitarbeiterin im Projekt „Gesundheitsnetz Alkohol im Jugendalter – Verbesserung des Behandlungszugangs für riskant Alkohol konsumierende Jugendliche" am Deutschen Zentrum für Suchtfragen des Kindes- und Jugendalters (DZSKJ) am Universitätsklinikum Hamburg-Eppendorf (UKE).

Dr. med. Florian Ganzer

Studium der Medizin in Erlangen und Hamburg, Bachelor of Science in Psychologie Fernuniversität Hagen, Oberarzt der Jugend-Suchtstation der Klinik für Kinder- und Jugendpsychiatrie, -psychotherapie und -psychosomatik Universitätsklinikum Hamburg-Eppendorf, Kinder- und Jugendlichen-Psychotherapeut in kognitiver Verhaltenstherapie.

Prof. Dr. med. Rainer Thomasius

Studium der Medizin in Hamburg, Ausbildung in Psychiatrie, Kinder- und Jugendpsychiatrie, Psychotherapie und Familientherapie, Habilitation 1994, 1999–2004 Leiter des Bereichs Persönlichkeits- und Belastungsstörungen im Zentrum für Psychosoziale Medizin am Universitätsklinikum Hamburg-Eppendorf (UKE), seit 2005 Ärztlicher Leiter des Deutschen Zentrums für Suchtfragen des Kindes- und Jugendalters am UKE und Leiter des Bereichs Suchtstörungen, Klinik für Kinder- und Jugendpsychiatrie, -psychotherapie und -psychosomatik.

Günter Reich

Adoleszenzentwicklung und Essstörungen
Psychodynamische Sichtweisen und Hypothesen

Essstörungen sind zum Teil „typische" Erkrankungen der Adoleszenz und des frühen Erwachsenenalters. Die Erkrankungen selbst und die alterstypischen Entwicklungsprobleme stellen eine besondere Herausforderung an die Behandlung dar.

Essstörungen und ihre Verbreitung

Westliche Kultur Essstörungen sind unter Jugendlichen und jungen Erwachsenen in westlichen Ländern verbreitet (Reich & Cierpka 2010, Herpertz-Dahlmann 2015). Dies gilt ebenso für Kulturen und Subkulturen anderer Länder, die durch westliche Wertvorstellungen geprägt sind (Fichter 2015).

Anorexie und Bulimie Typische in der Adoleszenz auftretende Essstörungen sind die Anorexie und die Bulimie. Durch die Ausweitung der diagnostischen Kriterien für diese Erkrankungen im DSM-5 hat deren Inzidenz und Prävalenz zugenommen. Vorher der Gruppe der nicht näher bezeichneten Essstörungen (EDNOS, Eating Disorders Not otherwise Specified) zugeordnete Störungen werden jetzt zum Teil als Anorexien und Bulimien diagnostiziert (Föcker et al. 2015).

Mädchen bevorzugt Essstörungen sind überwiegend bei Mädchen und jungen Frauen verbreitet. Bei männlichen Jugendlichen und Männern treten sie seltener auf. Dies gilt allerdings nicht für die Binge-Eating-Störung, bei der ca. ein Drittel männliche Betroffene zu finden sind, sowie für das sogenannte Nachtesser-Syndrom mit ebenfalls häufig männlichen Betroffenen (Reich & Cierpka 2010).

Adipositas Adipositas ist eine reine Gewichtsklassifikation. Sie gilt nicht als Essstörung. Bei genauerem Hinsehen allerdings sind sehr viele Adipositas-Fälle mit schädlichen Ess- und Bewegungsgewohnheiten verbunden. Es ist also fragwürdig, weshalb ein dauerhafter schädigender Konsum von ungesunden Nahrungsmitteln keine Essstörung darstellen soll.

Weitreichende Folgen Essstörungen haben weitreichende physiologische, psychische und soziale Folgen. Dies gilt insbesondere für die Anorexie mit einer hohen Sterblichkeitsrate im Langzeitverlauf und einer deutlich erhöhten Suizidrate.

Durch Essstörungen kommt es zu dauerhaften körperlichen Schädigungen z. B. Amenorrhoe oder Osteoporose bei Anorexie, zu Störungen des Herz-Kreislauf-Systems sowie anderen massiven Stoffwechselstörungen bei Übergewicht (z. B. Diabetes), darüber hinaus anscheinend auch zu dauerhaften Veränderungen des Belohnungssystems (Simon & Friederich 2015).

Komorbiditäten Essstörungen sind in der Regel mit anderen psychischen Störungen verbunden. Häufig sind dies depressive und Angststörungen, bei einem Teil Essgestörter liegen auch Persönlichkeitsstörungen vor, z. B. ängstlich-vermeidende Persönlichkeitsstörungen oder Borderline-Persönlichkeitsstörungen bei der Bulimie (Reich & Cierpka 2010).

Behandlung: nur zögerlich Von Essstörungen Betroffene kommen nur zögernd in Behandlung. Anorexieerkrankte werden häufig von Angehörigen oder anderen nahestehenden Personen in die Therapie gedrängt. Bulimieerkrankte und Binge-Eating-Erkrankte kommen oft erst nach einer Reihe gescheiterter Selbstbehandlungsversuche. Essstörungen sind „multifaktoriell bedingt". Neben genetischen Einflüssen, die vor allem über Persönlichkeitsvariablen zu wirken scheinen, spielen gesellschaftliche, familiäre und Peergroup-Einflüsse eine deutliche Rolle.

Der anorektische, bulimische und Binge-Eating-Modus

Anorektischer Modus Im anorektischen Modus versucht die Betroffene, Äußeres aus sich herauszuhalten. Paradigmatisch steht hierfür die Nahrung. Zugleich wird versucht, innere Impulse zu kontrollieren. Paradigmatisch steht hierfür das Hungergefühl. Durch beides soll die Grenze nach innen wie nach außen gesichert werden. Dem zugrunde liegt eine Unsicherheit bezüglich der Grenzen des Subjekts gegenüber den Objekten. Dabei wird auch der Körper mit seinen Bedürfnisäußerungen und Veränderungen als Objekt wahrgenommen. Die Unsicherheit der Grenzen wiederum speist sich aus einem Gefühl der Ineffektivität, von Machtlosigkeit, das Anorexieerkrankte durchgängig haben. Der Versuch, dieses Gefühl zu bekämpfen, liegt in der Verneinung, der Negation.

Der anorektische Modus besteht also im Wesentlichen aus der Unterlassung bzw. Einschränkung einer lebenswichtigen Handlung, des Essens (Reich 2010a, b).

Bulimischer Modus Dem gegenüber ist die Bulimie ein Handlungssymptom, eine Abfolge von Handlungen. Im bulimischen Modus ist die Betroffene auf der Suche nach etwas, das sie in sich hineinnehmen kann. Die Nahrung wird begierig verschlungen, um sie wieder aus sich herauszubringen bzw. um die Folgen der Nahrungsaufnahme rückgängig zu machen. Durch die bulimische Handlungsabfolge fühlt sich die Betroffene von intrapsychischen Spannungen und Konflikten befreit. Sie reguliert auf diese Weise unangenehme Affekte. Die bulimische Handlung ist zeitweise ich-dyston (wenn sie nicht durchgeführt wird), zeitweise ich-synton (wenn sie durchgeführt wird).

Während der anorektische Modus vor einmischender Kontrolle schützen soll, soll der bulimische Modus oft vor emotionaler Vernachlässigung schützen.

Binge-Eating-Modus Im Binge-Eating-Modus ist der/die Betreffende auf der Suche nach etwas, das er/sie in sich hineinnehmen kann, um unangenehme Affekte und Konfliktspannungen zu regulieren. Allerdings wird hier im Gegensatz zum bulimischen Modus das Objekt nicht ausgestoßen. Die Einverleibung genügt.

Die Folge von Binge Eating ist häufig Übergewicht, während Bulimieerkrankte normalgewichtig, untergewichtig oder übergewichtig sein können.

Psychodynamische Hypothesen zur Entstehung von Essstörungen

Frühe Störung oder Regression? In psychodynamischen Überlegungen werden Essstörungen zum Teil als „frühe Störungen" angesehen, hauptsächlich aus der frühen Individuations-Separations-Phase resultierend. Andere Autorinnen und Autoren gehen eher von einer Regression aus späteren Entwicklungsphasen (ödipalen und/oder Adoleszenz-Konflikten) auf frühere Entwicklungsphasen aus (Reich & v. Boetticher 2017).

Mutter, Vater, Geschwister Zudem werden in der neueren Literatur gegenüber der früheren einseitigen Betonung der Mutter-Kind-Beziehung nun auch die Vater-Kind-Beziehung (v. Boetticher et al. 2014) sowie Geschwisterbeziehungen und die Adoleszenzentwicklung selbst als wichtige Einflüsse bzw. Phase mit eigenständigem Konfliktpotenzial betrachtet.

Eigendynamik Zu wenig beachtet wird oft, dass Essstörungen eine Eigendynamik entwickeln, bei der ich-strukturelle, konfliktbedingte und interpersonelle Störungsanteile mit den Turbulenzen der Adoleszenz und des frühen Erwachsenenalters verwoben sind und aufgrund der ebenfalls wirksamen, ihrer Eigengesetzlichkeit folgenden veränderten physiologischen Kreisläufe mit ihren Rückwirkungen auf das psychosoziale Funktionieren zu einem verwirrenden Bild führen können.

Strukturelle Niveaus Essstörungen entwickeln sich auf sehr unterschiedlichen strukturellen Niveaus. Das kann bis dahin gehen, dass durch anorektische Kontrolle psychotisches Erleben abgewehrt wird oder dass bulimische Handlungen bzw. Binge-Eating eingesetzt werden, um Traumafolge-Symptome zu bewältigen (Reich et al. 2013).

Essstörungen in der Adoleszenzentwicklung

Veränderungen in der Adoleszenz Die psychischen, körperlichen und sozialen Veränderungen der Adoleszenz leisten in der Regel einen eigenständigen Beitrag zur Entstehung von Essstörungen.

Labile psychische Strukturen Die psychischen Strukturen werden labilisiert. Auf Verselbstständigung gerichtete Impulse können sich mit Verschmelzungswünschen und rückwärts gewandten Impulsen rasch abwechseln. Es kommt u.a. zu Stimmungsschwankungen oder impulsivem Verhalten, z. B. beim Essen auch zu Binge-Eating, das wiederum durch restriktives Verhalten („Pubertätsaskese") begrenzt werden kann. Überich- und Ich-Idealvorstellungen gehen oft in Extrembereiche. Diese können auch bezüglich des Essverhaltens verabsolutiert werden. Vegetarisches oder veganes Essen sowie andere Formen besonderer Ernährung beginnen oft in dieser Phase.

Körperliche Wandlung Der Körper verwandelt sich. Körperliche Veränderungen sind stark mit Identitätsfragen verbunden. Insbesondere der weibliche Körper nimmt an Körperfett zu und wird runder. Diese Zunahme von Körperfett widerspricht häufig gängigen Bildern von Weiblichkeit (Woolf 2013).

Mädchen reagieren auf die körperlichen Veränderungen der Pubertät oft mit Diäten, Jungen häufiger mit Bodybuilding.

Sexuelle Triebe Aufkommende sexuelle Triebimpulse können beängstigend wirken und entsprechend einer strikten Kontrolle unterworfen oder kontraphobisch durch verfrühtes und überforderndes Eingehen sexueller Beziehungen abgewehrt werden. Vorgängige Traumatisierungen oder auch ödipale Konflikte können hier aktiviert werden.

Die Abhängigkeit von der Gleichaltrigengruppe und deren Urteilen nimmt zu. Zugleich befindet sich die/der Jugendliche in einem Ablösungsprozess von der Ursprungsfamilie, der sehr lautstark oder sehr still oder im Wechselspiel zwischen beiden stattfinden kann.

Anorexie: Bedrohliche Weiblichkeit Das sich verändernde Körperbild ist in der Regel zentral für die Entwicklung von Essstörungen. Anorexieerkrankte fühlen sich der körperlichen Entwicklung oft ausgeliefert, erleben den passiv-rezeptiven Aspekt von Weiblichkeit als bedrohlich und versuchen, die schwierige Entwicklung durch Hungern in den Griff zu bekommen. Hierdurch grenzen sie sich von ihrer Ursprungsfamilie ab, gleichzeitig geraten sie in der Regel in eine zunehmende Abhängigkeit von dieser, weil sich die Familie verstärkt und besorgt um die Patientin kümmert (Cierpka & Reich 2010, Reich & v. Boetticher 2017).

Bulimie: Angst vor Zurückweisung

Bulimieerkrankte entwickeln dem gegenüber oft ein Ideal von konventioneller Weiblichkeit, möchten körperlich attraktiv sein, gehen auch sexuelle Beziehungen ein, überfordern sich manchmal hierbei und haben sehr große Angst, als unzulänglich zurückgewiesen zu werden. Auch hier findet eine Verschiebung von Konflikten um Weiblichkeit, Frauwerden und Selbstständigkeit auf den Körper und das Essen statt. In ihrem idealen Selbst erlebt sich die Bulimikerin als kompetent, weiblich, attraktiv, kontrolliert und autonom. Dabei wehrt sie Wünsche nach emotionaler Zuwendung und Intimität ab. Diese werden dann im Essanfall befriedigt. Das bedürftige bulimische Selbst wird aus Angst vor Zurückweisung verborgen. Der schlanke Körper gilt als Zeichen dafür, dass dem Ideal der Kompetenz und Kontrolle Rechnung getragen wurde. Als Repräsentanz für das ideale Selbst kann er gezeigt werden.

Binge-Eating: Hadern mit dem Körper

Binge-Eating-Erkrankte teilen oft das gesellschaftliche Schlankheitsideal, leiden unter der Diskrepanz zwischen ihrem Aussehen und diesem, haben aber oft aufgegeben, es zu erreichen. Sie hadern mit ihrem Körper, ohne das Gefühl zu haben, ihn verändern zu können.

Medien- und Peergroup-Einflüsse

Bilder dünner Frauen Mediale Einflüsse spielen bei der Entwicklung von Essstörungen eine wichtige Rolle. Der ständige Vergleich mit Bildern von dünnen bzw. übermäßig dünnen Frauen führt vielfach zu Unzufriedenheit mit dem eigenen Körper und zu Versuchen, diesen dementsprechend zu formen.

Sicherheit durch Angleichung an das Ideal Das Urteil von Gleichaltrigen, insbesondere Abwertungen des eigenen Aussehens, verstärken die Körperunzufriedenheit. Zudem steht vor allem in der Adoleszenz, aber nicht nur da, eine starke Tendenz, durch Angleichung an die (vermeintlichen) Normen der Gleichaltrigen Sicherheit zu gewinnen (Quiles Marcos et al. 2013, Neumark-Sztainer et al. 2009, Löber et al. 2016). Oft wirken diese Einflüsse mit familiären Einflüssen zusammen.

Familiäre Faktoren

Effektive Familientherapie Essstörungen wurden schon sehr früh mit familiendynamischen Faktoren in Zusammenhang gebracht. Alle Schulen der Familientherapie (systemisch, strukturell, psychodynamisch) haben sich zu einem guten Teil aus der Behandlung von Anorexien entwickelt. Familientherapie hat sich zudem als sehr effektiv bei der Behandlung von Essstörungen erwiesen (Cierpka & Reich 2010, Reich 2015).

Direkte und indirekte Einflüsse Familiäre Einflüsse wirken auf zwei Ebenen: zum einen direkt auf das Essverhalten und die Einstellung zum eigenen Körper, zum anderen indirekt über die interpersonellen Beziehungen. Das Essverhalten und die Einstellung zum Körper werden unter anderem beeinflusst durch die Beschäftigung mit Gewicht und Essen in der Familie, die Bedeutung, die Aussehen und Figur haben, ausgeprägte Körperunzufriedenheit bei den Angehörigen, Diäten und gezügeltes Essverhalten, abwertende Kommentare zu Figur, Gewicht und Aussehen, den Einsatz von Essen gegen Langeweile und dysphorische Affekte sowie das Fehlen von regelmäßigen Familienmahlzeiten. Zudem begünstigen manifeste Essstörungen und Übergewicht die Entstehung von Essstörungen bei Jugendlichen. Die Wirkung dieser Einflüsse ist auch in prospektiven Untersuchungen gefunden worden (Neumark-Sztainer et al. 2010, Reich 2015).

Beziehungen Auch die Beziehungsdynamik spielt eine Rolle. Werden Familien als wenig funktional erlebt, erscheinen auch Atmosphäre und Stellenwert gemeinsamer Mahlzeiten als negativ. Dies wiederum hängt eng mit Störungen im Essverhalten und einem negativen Körperbild von Jugendlichen zusammen. Familien Essgestörter sind zudem oft schlechter organisiert als die von Vergleichsgruppen.

Der Zusammenhalt in der Familie ist oft beeinträchtigt, entweder zu eng oder zu wenig verbindlich.

Ablösungsprobleme Dementsprechend gehen Essstörungen auch mit Ablösungsproblemen bei Jugendlichen einher. Häufig wird die Unabhängigkeit zu wenig ermutigt, dies eher unterschwellig als manifest, oder aber die Jugendlichen werden in eine Pseudoautonomie entlassen. Dies ist häufig bei Bulimieerkrankten der Fall. Die Familien üben oft „unemotionale Kontrolle" („affectionless control") aus.

Emotionale Kommunikation Zudem zeigen sich Probleme in der emotionalen Kommunikation. Eltern setzen die Probleme ihrer Kinder in ihrer Bedeutung oft herab und Gefühle werden nicht ausreichend validiert.

Anorexie: konfliktvermeidend und leistungsorientiert Sowohl im klinischen Erscheinungsbild als auch in empirischen Studien unterscheiden sich Familien anorektischer und bulimischer Patientinnen häufig. Familien anorektischer Patientinnen sind häufig konfliktvermeidender und haben verwischtere interpersonelle Grenzen als die von Bulimieerkrankten. Sie zeigen eine Tendenz zur Konfliktvermeidung und zur Überfürsorglichkeit sowie eine höhere Leistungsorientierung und einen stärkeren Perfektionismus als die von nicht essgestörten Jugendlichen. Zudem zeigt sich hier eine geringere Selbstbestimmtheit bei Müttern, Vätern und Patientinnen als in normalen Vergleichsgruppen. Soziophobische und zwanghafte Züge sind häufig.

Bulimie: Indifferenz Familien bulimischer Patientinnen zeigen oft ein schlechteres allgemeines Funktionieren als die von anorektischen Patientinnen oder nicht essgestörten Vergleichsgruppen. Es finden sich höhere Raten an psychiatrischen Erkrankungen sowie Tendenzen zu Substanzmissbrauch oder Suchterkrankungen. Auch finden sich hier mehr Indifferenz, Mangel an Fürsorge, Antipathie und körperliche Misshandlungen als in den Familien von Anorexieerkrankten. Die Kohäsion ist oft geringer.

Interaktionsstil Insgesamt herrscht in Familien anorektischer Patientinnen oft ein affektiv zurückgenommener restriktiver Interaktionsstil vor, in Familien von Bulimieerkrankten ein impulsiv-konflikthafter (Reich 2003a, b).

Binge Eating: Kontrolle Familien von Patientinnen und Patienten mit Binge-Eating-Störung zeigen oft weniger Zusammenhalt und Zuwendung, gleichzeitig mehr Kontrolle und Konflikte sowie weniger Expressivität und Unabhängigkeit und weniger Anreiz zu aktiver Freizeitgestaltung sowie zu intellektueller Orientierung als die von gesunden Vergleichsgruppen. Häufig werden die Patienten wegen ihres Aussehens und ihres Gewichtes in ihrer Familie kontrolliert. Die emotionale Zuwendung erscheint als gestörter und es gibt häufiger sexuelle und körperliche Missbrauchserfahrungen sowie Essstörungen und Alkoholprobleme bei den Eltern als in Familien Nicht-Essgestörter. Emotionaler Missbrauch scheint bei Männern und Frauen gleichermaßen mit erhöhter Körperunzufriedenheit, Depressivität und vermindertem Selbstwertgefühl bzw. erhöhter Selbstkritik einherzugehen (Reich 2015).

Essstörungen bei männlichen Jugendlichen und jungen Erwachsenen

Eine „Frauenkrankheit" Männliche Jugendliche und junge Erwachsene mit Essstörungen leiden oft unter einer doppelten Stigmatisierung. Zum einen sind sie seelisch erkrankt, zum anderen entwickeln sie eine „Frauenkrankheit".

Übermäßige Selbstkontrolle Auch bei männlichen Patienten mit Anorexie finden sich in der Regel eine starke Körperunzufriedenheit, eine übermäßige Selbstkontrolle und ein ausgeprägter Perfektionismus sowie grundlegend ein Gefühl von Machtlosigkeit und Inaffektivität.

Bei manchen Fällen männlicher Anorexie kann man von einer Störung der sexuellen Kernidentität sprechen. Die Betroffenen sind sich unsicher, ob sie überhaupt sexuell empfinden dürfen oder können.

Anorexie: enge Bindung an die Mutter In den Familien findet sich nicht selten eine Häufung von (evtl. nicht voll ausgeprägten) anorektischen Essstörungen und anderen psychiatrischen Erkrankungen sowie ein höherer Bildungsstatus gegenüber Vergleichsgruppen. Oft besteht eine enge Bindung an die Mutter bei unterschwelliger Ablehnung durch diese, zudem werden die Väter entwertet und Autonomie wird eher entmutigt. Oft lehnen auch die Väter die Söhne wegen ihrer Nähe zur Mutter ab, stellen gleichzeitig überhöhte Männlichkeitsanforderungen an diese (Reich & v. Boetticher 2017).

Bulimie: Impulsivität Bei Bulimikern wird ebenfalls von einer Störung der sexuellen Identität bzw. einer großen Unsicherheit bezüglich sexueller Potenz und Attraktivität ausgegangen. Die Abweichungen beginnen auch hier oft mit der Pubertätsentwicklung. Nicht selten findet man eine Vorgeschichte von Übergewicht mit entsprechenden Entwertungen. Zudem entwickeln sich eine starke Körperunzufriedenheit mit einem ausgeprägten Perfektionismus und ein großer Hang zur Selbstkontrolle, der gleichzeitig durch Impulsivität konterkariert wird.

Ferne Väter Auch hier finden sich in den Familien oft enge Beziehungen zur Mutter bei gleichzeitig gestörter Ehebeziehung der Eltern. Die Väter erscheinen als fern und zurückgezogen und als eindringend oder misshandelnd. In den Familien gibt es zudem oft Probleme mit Impulsivität und Substanzmissbrauch.

Therapie von Essstörungen bei Jugendlichen und jungen Erwachsenen

Besonderheiten berücksichtigen Die Behandlung muss die Besonderheiten der Adoleszenz und des jungen Erwachsenenalters sowie die Besonderheiten der Erkrankung berücksichtigen. Hierbei sind folgende Aspekte wichtig:

- regelmäßige körperliche Untersuchung mit entsprechenden Laborbefunden und ggf. auch EKG
- regelmäßige Kontrolle des Gewichts, möglichst durch einen Arzt des Vertrauens
- enge Kooperation der Psychotherapeuten mit dem Arzt
- Berücksichtigung und Bearbeitung der Störung des Körperbildes und der körperbezogenen Ängste
- Einbeziehung des familiären Umfeldes, in der Regel durch kombinierte Einzel- und Familienbehandlung
- Berücksichtigung der sozialen Einflüsse durch Medien und Peergroup

Arbeitsbündnis: erst allmählich In der Regel etabliert sich ein Arbeitsbündnis zwischen Patient und Therapeut bei Essstörungen erst allmählich. Dies ist insbesondere bei Anorexien der Fall, die oft gezwungenermaßen in die Therapie kommen. Dies gilt aber auch für Bulimieerkrankte und Binge-Eating-Erkrankte, die häufig sehr ausgeprägte Schamgefühle haben.

> Wesentlich ist in jeder Behandlung, die Veränderung des Essverhaltens und des Gewichts mit der Bearbeitung der interpsychischen Konflikte und strukturellen sowie der interpersonellen Probleme zu verbinden. Das eine geht nicht ohne das andere (Reich et al. 2014).

Eigendynamik der körperlichen Veränderungen Psychodynamisch orientierte Psychotherapeuten vernachlässigen oft die Bedeutung und Eigendynamik der körperlichen Veränderungen, die Essstörungen mit sich bringen. Diese beeinträchtigen in der Regel das psychische Funktionsniveau. Dies ist insbesondere bei Anorexie der Fall. Zudem verselbstständigen sich Essstörungen. Von daher muss eine Veränderung des Essverhaltens so rasch wie möglich etabliert werden. Bei Anorexien muss das Gewicht entsprechend stabilisiert werden.

Angehörige einbeziehen Insbesondere in der Anfangsphase ist es unabdingbar, die Mitarbeit der Angehörigen zu gewinnen. Auch wenn deren problematische Verhaltensweisen und Beziehungsmuster deutlich zur Entwicklung der Essstörung beigetragen haben mögen, ist eine ablehnende oder verurteilende Haltung ihnen gegenüber und ein einseitiges Bündnis mit der Patientin gegen diese kontraproduktiv. Zudem bringt dies die Patientin nur in einen Loyalitätskonflikt zu ihren Angehörigen.

Erfahrungen mit Gleichaltrigen und sexuelle Probleme ansprechen Neben einer direkten Arbeit am Essverhalten und am Körperbild ist in den Einzelgesprächen mit der Patientin über ihre Entwicklungsprobleme zu sprechen, insbesondere über ihre Erfahrungen mit Gleichaltrigen sowie ihre sexuelle Entwicklung. Dabei müssen auch der überhöhte Leistungsanspruch, die unrealistischen Erwartungen an sich und an andere, die Trennungsängste sowie die Angst vor emotionaler Nähe in die Therapie kommen. In den Familiengesprächen müssen das Essverhalten in den Familien, der Umgang mit Figur, Gewicht und Aussehen sowie die mit dem Ablösungsdrama verbundenen Beziehungsprobleme thematisiert werden.

Stationäre Behandlung Kommt es in den ersten 3 Monaten einer Behandlung nicht zu einer signifikanten Verbesserung des Essverhaltens und des Gewichtes, muss unbedingt eine stationäre Behandlung in Erwägung gezogen werden. In der Regel benötigt die Behandlung einer Essstörung mehrere Therapieschritte. Behandlungsabbrüche sind nicht selten. Oft braucht eine erfolgreiche Therapie einer Essstörung mehrere Anläufe.

Fazit

Insgesamt besteht die Herausforderung für die Behandlung von Essstörungen darin, das besondere Entwicklungsalter, die Wechselwirkung zwischen physiologischen, psychischen und interpersonellen Problemen sowie die Dynamik im familiären Umfeld zu berücksichtigen und hierbei die Gratwanderung zwischen notwendiger Konfrontation und Förderung von Autonomie zu wahren.

Literatur

Von Boetticher A, Strack M, Reich G. Familiäre Triaden bei Patientinnen mit Essstörungen. Familiendynamik 2014; 39: 50–59

Cierpka M, Reich G. Familien- und paartherapeutische Behandlung von Anorexie und Bulimie. In: Reich G, Cierpka M, Hrsg. Psychotherapie der Essstörungen. 3. völlig neu bearbeitete Aufl. Stuttgart: Thieme; 2010: 164–198

Fichter M. Epidemiologie der Essstörungen. In: Herpertz S, DeZwaan M, Zipfel S, Hrsg. Handbuch Essstörungen und Adipositas. 2. Aufl. Berlin, Heidelberg: Springer; 2015: 45–56

Föcker M, Knoll S, Hebebrand J. Essstörungen im DSM-5. In: Herpertz S, DeZwaan M, Zipfel S, Hrsg. Handbuch Essstörungen und Adipositas. 2. Aufl. Berlin, Heidelberg: Springer; 2015: 27–33

Herpertz-Dahlmann S. Anorexia nervosa im Kinder- und Jugendalter. In: Herpertz S, DeZwaan M, Zipfel S, Hrsg. Handbuch Essstörungen und Adipositas. 2. Aufl. Berlin, Heidelberg: Springer; 2015: 71–78

Löber S, Burgmer L, Wyssen A et al. Short-term effects of media exposure tot he thin ideal in female inpatients with an eating disorder compared to female inpatients with a mood or ancxietay disorder or women with no psychioatruc disorder. Int J Eat Disord 2016; 49: 708–715

Neumark-Sztainer D, Wall M, Story M et al. Five-year longitudinal predictive factors for disordered eating in a population-based sample of overweight adolescents: implications for prevention and treatment. Int J Eat Disord 2009; 42: 664–672

Neumark-Sztainer D, Bauer KW, Berge JM. Family weight talk and dieting: How much do they matter for body dissatisfaction and disordered eating behaviors in adolescent girls? J Adolesc Health 2010; 47: 270–276

Quiles Marcos Y, Sebastián MJ, Aubalat LP et al. Peer and family influence in eating disorders: a meta-analysis. European Psychiatry 2013; 28: 199–206

Reich G. Familientherapie der Essstörungen. Göttingen: Hogrefe; 2003a

Reich G. Familienbeziehungen bulimischer Patientinnen. Eine Vergleichs-Studie zu Patientinnen mit Anorexia nervosa und einer nicht-essgestörten Kontrollgruppe. Heidelberg: Asanger; 2003b

Reich G. Familientherapie. In: Herpertz S, DeZwaan M, Zipfel S, Hrsg. Handbuch Essstörungen und Adipositas. 2. Aufl. Berlin, Heidelberg: Springer; 2015: 255–262

Reich G. Psychodynamische Aspekte der Bulimie und Anorexie. In: Reich G, Cierpka M, Hrsg. Psychotherapie der Essstörungen. 3. völlig neu bearbeitete Aufl. Stuttgart: Thieme; 2010a: 72–92

Reich G. Ambulante psychodynamische Therapie bei Bulimie und Anorexie. In: Reich G, Cierpka M, Hrsg. Psychotherapie der Essstörungen. 3. völlig neu bearbeitete Aufl. Stuttgart: Thieme; 2010b: 93–109

Reich G, v Boetticher A. Hungern um zu leben. Das Paradoxon der Anorexie. Gießen: Psychosozial Verlag; 2017

Reich G, Cierpka, M. Essstörungen: Diagnostik-Epidemiologie-Verläufe. In: Reich G, Cierpka M, Hrsg. Psychotherapie der Essstörungen. 3. völlig neu bearbeitete Aufl. Stuttgart: Thieme; 2010: 27–61

Reich G, Horn H, Winkelmann K et al. Psychoanalytisch-orientierte Fokaltherapie der Bulimia nervosa bei weiblichen Jugendlichen und jungen Erwachsenen. Ein Manual. Prax Kinderpsychol Kinderpsych 2014; 63: 2–20

Reich G, Klütsch V, Frost U, von Boetticher A. Essstörungen und komplexe Traumafolgestörungen. In: Sack M, Sachsse U, Schellong J, Hrsg. Komplexe Traumafolgestörungen. Diagnostik und Behandlung von Folgen schwerer Gewalt und Vernachlässigung. Stuttgart: Schattauer; 2013: 465–485

Simon JJ, Friederich HC. Belohnungssystem bei Essstörungen und Adipositas. In: Herpertz S, DeZwaan M, Zipfel S, Hrsg. Handbuch Essstörungen und Adipositas. 2. Aufl. Berlin, Heidelberg: Springer; 2015: 191–196

Woolf E. The ministry of thin. How the pursuit of perfection got out of control. Summersdale, Chichester: Soft Skull Press; 2013

Prof. Dr. phil. Günter Reich
Ambulanz für Familientherapie und für Essstörungen
Abteilung für Psychosomatische Medizin und Psychotherapie
Humboldtallee 38
37073 Göttingen
greich@gwdg.de

Dipl.-Psychologe, psychologischer Psychotherapeut, Psychoanalytiker (DGPT, DPG), Paar- und Familientherapeut, Kinder- und Jugendlichenpsychotherapeut. Leiter der Ambulanz für Familientherapie und für Essstörungen, der Psychotherapeutischen Ambulanz für Studierende (PAS) sowie der Psychotherapeutischen Sprechstunde für Mitarbeiterinnen und Mitarbeiter der Universität (PSM) in der Klinik für Psychosomatische Medizin und Psychotherapie, Universitätsmedizin Göttingen. Lehranalytiker und Ausbilder in Familien- und Paartherapie.

Interessenkonflikt
Der Autor gibt an, dass kein Interessenkonflikt vorliegt.

Beitrag online zu finden unter
http://dx.doi.org/10.1055/s-0043-103884

Ingo Spitczok von Brisinski

Familie und Individuation
Systemische Perspektiven in der psychotherapeutisch-psychiatrischen Behandlung

Individuation ist ein spätestens ab der Geburt beginnender nichtlinearer Prozess, der während der Adoleszenz mit erheblicher Instabilität und großen Fluktuationen verbunden ist, aber auch von bedeutsamen Personen im Umfeld abhängt. Aufgabe einer systemischen psychotherapeutisch-psychiatrischen Behandlung ist es, die Entwicklung konstruktiver selbstorganisierter Entwicklungsprozesse zu unterstützen.

Adoleszente, Familien und Psychiatrie als dynamische Systeme

Reifungsprozesse Reifungsprozesse verlaufen selten linear und bei Adoleszenten mit psychischen Störungen finden sich oft Entwicklungseinbrüche oder besonders stark betonte Selbstständigkeitsbestrebungen (Fegert et al. 2016). Systemische Therapie kann definiert werden als Schaffen von Bedingungen zu selbstorganisierten Ordnungsübergängen in biopsychosozialen Systemen (Schiepek 1999)

Theorien der Selbstorganisation Im Folgenden werden Adoleszenz, Individuation und psychotherapeutisch-psychiatrische Behandlung mittels Theorien der Selbstorganisation (Spitczok von Brisinski 2012) – die nichtlinearer dynamischer Systeme und die der Autopoiese – narrativ strukturiert. Termini dieser Theorien werden verwendet, um größere gedankliche Distanz, andere Assoziationen und damit andere Perspektiven einnehmen zu können. Dabei stehen Attraktor und Ordnungsparameter für Denk- und Verhaltensmuster, Bassin bzw. Kontrollparameter für das Systemumfeld und strukturelle Kopplung für Anschlussfähigkeit.

Individuation Individuation meint Bildung individueller Identität und psychischer Grenzen, die im Familiensystem Differenzierung und Entwicklung von Strukturen ermöglicht. Es handelt sich um einen nichtlinearen Prozess, der bereits vor der Geburt beginnt (Graber 1974). „Bezogene Individuation" bedeutet, dass ein höheres Niveau an Individuation ein höheres Niveau an Bezogenheit auf andere verlangt und ermöglicht im Sinne einer „Ko-Individuation" (Simon & Stierlin 1984) und dass bedeutsame andere Individuation mitgestalten: Sie beeinflussen Kontrollparameter bzw. Bassins für die Entwicklung des Adoleszenten. Dabei nabeln sich nicht nur die Adoleszenten ab, sondern auch die Eltern, denen sich zusätzliche Freiräume fürs eigene Leben und die Paarbeziehung öffnen.

„Wer nach allen Seiten offen ist, kann nicht ganz dicht sein!" (Kurt Tucholsky).

Unterindividuation und Überindividuation Als optimierungsbedürftig werden Unterindividuation (zu durchlässige Grenzen, symbiotisches Verschwimmen), Überindividuation (zu starre und dichte Grenzen, Unabhängigkeit wird zu Isolation, Getrenntheit zu Einsamkeit, der Austausch miteinander erstirbt) sowie heftiges Hin- und Herpendeln zwischen beiden Extremen angesehen.

Therapeutisch angestrebt werden Dialog und Training konkreter Kommunikation.

Eigene Wertvorstellungen finden Zur Individuation gehört, sich über Wertvorstellungen anderer hinwegzusetzen und zu eigenen zu finden. Damit ist verbunden, Erwartungen anderer zu enttäuschen, Verbote zu übertreten und ein eigenes Maß zur Überwindung ungesunder Anpassung zu finden (Ermann 2016). Übergänge zu Störungen des Sozialverhaltens und anderen Störungen, die Therapie und/oder Maßnahmen der Jugendhilfe bzw. Justiz bedürfen, sind fließend.

Neurobiologischer Umbau In der Adoleszenz kommt es zu einem erheblichen neurobiologischen Umbau. Der Einfluss der Hirnentwicklung ist nicht deterministisch, sondern Faktor in einem biopsychosozialen Netzwerk, in dem auch genetische Disposition, Vorerfahrungen, Einfluss Gleichaltriger sowie familiäre und gesellschaftliche Strukturen eine wesentliche Rolle spielen (Herpertz-Dahlmann et al. 2013). Neurobiologische Umbauten können als Veränderung der Ordnungsparameter im neurobiologischen System und der Kontrollparameter im psychischen und sozialen System verstanden werden.

Jugendliche als Grenzgänger Ludewig (2002) sieht Jugendliche als Grenzgänger zwischen dem fremdgeführten Leben von Kindern und der eigenständigen Verantwortung Erwachsener mit Eigenschaften beider Seiten der Grenze, ohne einer der beiden Seiten ganz anzugehören. Sie sind auf ihre soziale Umwelt in besonderem Maße angewiesen.

> **Infobox 1**
>
> Systemisches psychiatrisch-psychotherapeutisches Vorgehen bei Adoleszenten berücksichtigt
> - Störungsbilder inkl. psychischer und körperlicher Erkrankungen
> - psychischen, sozialen und biologischen Entwicklungsstand
> - Lebensalter
> - Bewältigung der unterschiedlichen Entwicklungsaufgaben, z. B. Übernahme individueller Verantwortlichkeit versus Elternabhängigkeit (Individuation)
> - vorausgegangene prägende Lebensereignisse
> - individuelle Ressourcen des Adoleszenten
> - aktuelles bzw. geplantes Lebensumfeld (Familie, Wohngruppe, Peer-Gruppe, etc.)
> - Störungsbilder im Lebensumfeld (z. B. Kinder psychisch kranker Eltern)
> - die Personen im Lebensumfeld der prägenden Lebensereignisse
> - Ressourcen des Umfelds einschließlich Bereitschaft, dem Adoleszenten mehr Eigenverantwortung zu überlassen (Familie, Partner, Freunde, Schule, Ausbildungs- bzw. Arbeitsplatz)
> - Verantwortlichkeiten des Umfelds (z. B. geteiltes Sorgerecht bei getrennt lebenden Eltern)
> - Auftragslage
> - kulturellen Hintergrund (z. B. Migration)
> - zur Verfügung stehende Behandlungsressourcen
> - zur Verfügung stehende Zeit
> - Erfahrungen der Beteiligten
> - Vorlieben der Beteiligten

Besondere Vulnerablität und Aufnahmebereitschaft Adoleszenz entspricht einem instabilen Zustand (*Repellor*), bei dem es im Vorfeld des Übergangs in das Erwachsenenalter vermehrt zu starken Stimmungs-, Denk- und Verhaltensschwankungen kommt und bereits geringe Fluktuationen im Umfeld zu starken Reaktionen führen können: „Kritische Instabilitäten mit ausgeprägten Fluktuationen kennzeichnen den Übergang zwischen Ordnungszuständen eines Systems, etwa in psychischen Krisen oder in Momenten besonderer therapeutischer Suggestibilität bzw. Aufnahmebereitschaft" (Strunk & Schiepek 2006, S. 270), sodass in der Adoleszenz sowohl von besonderer Vulnerabilität für Krisen als auch besonderer therapeutischer Aufnahmebereitschaft (sofern ausreichende Anschlussfähigkeit erreicht wird) auszugehen ist.

> Der Therapeut muss die erreichte Autonomie, aber auch noch vorhandene Fremdbestimmung durch Eltern bzw. gesetzliche Regelungen berücksichtigen (◘ Infobox 1).

Transition

Familiensystem versus Autonomie Da Adoleszenz etwa vom 12. bis 24. Lebensjahr reicht, können sowohl Systeme der Kinder- und Jugendpsychiatrie (KJP) als auch Erwachsenenpsychiatrie (EP) involviert sein. Während die kinder- und jugendpsychiatrische Behandlung Eltern und ggf. auch Geschwister stark in die Behandlung einbezieht, die jugendlichen Patienten als Teil des Familiensystems, Entwicklungsaspekte sowie anstehende Entwicklungsaufgaben eine zentrale Rolle spielen, ist in der Erwachsenenpsychiatrie der Fokus auf individualisierte Diagnostik und Therapie gerichtet und muss die Autonomie der Erwachsenen gegenüber ihren Herkunftsfamilien berücksichtigen. Entwicklungspsychologische Fragen treten gegenüber der Behandlung der konkreten Erkrankungen zurück, störungsorientierten psychotherapeutischen und soziotherapeutischen Interventionsmethoden und der begleitenden psychopharmakologischen Therapie kommt höhere Bedeutung zu (Fegert et al. 2016).

Großer Individuationsschritt Beide Systeme haben bedeutsame Kulturunterschiede und unterschiedliche Kooperationssysteme (Bassins bzw. Kontrollparameter). So haben Adoleszente mit Erreichen der Volljährigkeit (oder etwas später) einen großen Individuationsschritt vor sich.

Den Übergang professionell begleiten Die Unterschiede können zum Erreichen der nächsten Individuationsstufe sehr hilfreich sein (*Phasenübergang*) – andererseits können in der KJP erreichte Anschlussfähigkeit bzw. günstige Kontrollparameter durch den Systemwechsel auch verloren gehen, sodass es im Gesundheitssystem Bemühungen gibt, den Übergang in das Versorgungssystem der Erwachsenen professionell zu begleiten. Hierzu gehören u. a. Gespräche des Kundensystems mit Mitgliedern des abgebenden und des aufnehmenden Behandlersystems gemeinsam. Auch gibt es Adoleszentenstationen, die meist in Kooperation von KJP und EP den Altersbereich von 16 bis 24 Jahre abdecken. Bei sozialen Entwicklungsverzögerungen wie z. B. Autismus-Spektrum-Störungen kann eine bzgl. des chronologischen Alters später als übliche Individuation bzw. Ablösung passend und sinnvoll sein (Spitczok von Brisinski, zur Publikation eingereicht).

Autonomie und Heteronomie

„Sowohl – als auch" statt „Entweder – oder" Fortschreiten in der Individuation bedeutet nicht nur Zugewinn an Autonomie, sondern auch zunehmende Bezogenheit (siehe oben) und Zunahme an gesellschaftlichen Verpflichtungen, d. h. es kommt partiell auch zu Abnahme von Autonomie. De Shazer (1989) sieht bezüglich „die Kontrolle haben" und „unter Kontrolle stehen" nicht nur die Möglichkeit eines „Entweder – oder", sondern auch die eines „Sowohl – als auch" und empfiehlt unter bestimmten Umständen den Verzicht auf Autonomie, indem er vorschlägt, eine Münze zu werfen, um in Abhängigkeit vom Ergebnis zu handeln.

Verantwortungsabgabe verhandeln Verantwortungsabgabe berücksichtigt strukturelle Kopplung und sollte unter Berücksichtigung der Bedürfnisse und Ressourcen des Klientensystems gemeinsam reflektiert und verhandelt werden. So kann der Behandler Verantwortung in akuten Krisen bis zu Zwangsmaßnahmen übernehmen und es können Maßnahmen bei erneuter Klinikeinweisung im Voraus verhandelt werden, z. B. als Behandlungsvereinbarung (Ruf 2015).

Fließende Übergänge Psychoedukation, Anleitung, Beratung, Begleitung und Therapie sind nicht stets diskrete Phänomene, sondern weisen oft fließende Übergänge auf und laufen teils als gleichzeitige Prozesse ab. Dabei ist der Anteil an Anleitung bzw. Wissensvermittlung bei Adoleszenten (trotz oftmals kritischer Einstellung) oft höher als bei Erwachsenen: Er benötigt Erweiterungen seines kognitiven Horizonts, die ihm ermöglichen, Ressourcen zu aktivieren, die zur Bewältigung der Probleme nötig sind. Der Therapeut muss in höherem Ausmaß als Psychagoge (= seelischer Lehrer, Führer) wirken. In diesem Alter gilt die mancherorts geäußerte Forderung an die systemische Therapie, nicht von vornherein von Kunden zu reden, sondern den Patienten erst durch die Therapie zum Kunden werden zu lassen (Ludewig 2002, S. 186).

Stationäre Therapie

Individuation fördern Dadurch, dass der Adoleszente die Familie bei einer stationären Behandlung für einige Zeit verlässt, kann die Individuation gegenüber der Familie zunehmen und auch ein Ungleichgewicht im familiären System auftreten, was eine Umorganisation fördert (Rotthaus 1990). Therapeutische Gemeinschaft bedeutet, dass nicht nur das therapeutische Potenzial der Ärzte, Psychologen und Fachtherapeuten genutzt wird, sondern das aller an der Behandlung beteiligten Berufsgruppen und aller Patienten füreinander (Rotthaus 1990). Milieutherapie meint in diesem Kontext nicht Therapie des heimischen Milieus des Patienten, sondern therapeutische Gestaltung des Milieus auf der Station. Auch dadurch kann Individuation gefördert werden.

Systemische Psychopharmakotherapie

Verständnis von Systemzusammenhängen Ein systemisches Therapieverständnis ist nicht über eine bestimmte Intervention definiert, sondern über die Frage, ob die Intervention vor dem Hintergrund eines Verständnisses von Systemzusammenhängen erfolgt. Daher kann auch Psychopharmakotherapie als systemische Therapie durchgeführt werden (Schiepek 1999).

Das Werkzeug selbstverantwortlich nutzen Nicht selten zeigen Adoleszente im Rahmen ihrer Individuation eine positive Einstellung zu Cannabis, Pilzen und anderen pflanzlichen Erzeugnissen, aber auch hinsichtlich Ecstasy, „Badesalzen" und anderen chemischen Stoffen, solange sie nicht dem Zweck dienen, sich an die Spielregeln der Erwachsenengesellschaft anzupassen. Daher sind Interventionen zur Akzeptanz von Medikamenten bei Adoleszenten oft nur dann erfolgreich, wenn sie die Unterstützung der Autonomie des Adoleszenten herausstellen. Es darf daher nicht vermittelt werden, dass die Adoleszenten „eingestellt werden" (wie eine Maschine mit einem Schraubenzieher), sondern, dass sie ein Werkzeug zur Verfügung gestellt bekommen, das sie selbstverantwortlich nutzen können, um ihre Ziele zu erreichen.

Nicht selten sind auch die Eltern kritisch gegenüber „Chemie fürs Hirn", sodass Individuation für Adoleszente auch bedeuten kann, eine positivere Einstellung gegenüber Psychopharmaka zu entwickeln als die Eltern.

Therapieeffekt nach Entspannung Während Ruf (2015) für durch Medikation beeinflusste strukturelle Bahnungen im Gehirn nur Beispiele beschreibt, die Lernprozesse erschweren, gibt es ausreichend andere Beispiele, dass Lernprozesse durch Psychopharmaka erleichtert werden. So berichten Keil & Liyanage (2004), dass ein spürbarer therapeutischer Effekt bei Kind

Infobox 2

Medikamente können Probleme lösen, da nicht nur Probleme zu Symptomen führen, sondern auch Symptome zu Problemen. Gelingt es, Symptome zu mildern oder zu beseitigen, führt dies oft dazu, dass sich die symptombedingten Probleme ebenfalls mildern oder auflösen. Die Auffassung, dass hinter jedem Symptom ein Problem stecken muss, das es zu lösen gilt, um das Symptom zu beseitigen, hat de Shazer (1989) in der lösungsorientierten Therapie falsifiziert.

und Familie erst erzielt werden konnte, nachdem durch Medikation eine deutliche Entspannung eingetreten war. Erst danach waren gemeinsame positive Erlebnisse sowie neue Sicht- und Handlungsweisen möglich, die stabil aufrechterhalten werden konnten (**Infobox 2**).

Achsen eines Koordinatensystems Neurobiologische und soziale Erklärungsmodelle schließen einander nicht aus, sondern sind Achsen eines Koordinatensystems. Werden Medikamente kompetenzorientiert als Werkzeug der Kunden zur Erleichterung aktiver selbstverantwortlicher Arbeit an den Lösungen ihrer Probleme eingesetzt, können sie dazu beitragen, Indexpatient und Familie in ihrer Autonomie und Individuation zu stärken (Spitczok von Brisinski 2003). Selbst wenn der verordnende Arzt (noch) nicht Medikamente mit systemischem Konzept verordnet, kann ein positiv konnotierendes Reframing auch durch andere (z. B. außerhalb psychiatrischer Versorgungssysteme tätige Psychotherapeuten) erfolgen.

Der Dreh: Überraschende Wendungen und Lösungen in der Kurzzeitpsychiatrie

Versagen oder überhöhte Erwartungen? Wird ein Adoleszenter mehrfach notfallmäßig stationär im Krankenhaus aufgenommen, wird dies meist als Versagen der Psychiatrie, der Eingliederungshilfe, der Familie und/oder des noch unreifen, nicht ausreichend in der Individuation fortgeschrittenen Klienten konnotiert – der damit assoziierte Begriff „Drehtürpsychiatrie" ist negativ besetzt. Oft wird erwartet, dass sich die Probleme bereits nach *einer* stationären Konsultation dauerhaft so weit zurückgebildet haben, dass keine weitere oder höchstens noch ambulante Therapie erforderlich ist. Hinzu kommt, dass sich die Patienten im Kontext solcher ungeplanten Mehrfachaufenthalte oft nicht so verhalten, wie es vom Umfeld bzw. vom Behandlersystem erwartet wird.

Intervalltraining und/oder bedarfsorientierte systemische Konsultationen in unregelmäßigem Abstand

Zweiter, dritter, vierter Anlauf Das häufig mehrfache vorzeitige Abbrechen eines qualifizierten Entzugs bei Adoleszenten mit Abhängigkeitserkrankung (die oft mit Unter-/Überindividuation bzw. heftigen Wechseln zu kämpfen haben) legt diese Sichtweise nahe, denn viele von ihnen schaffen es im zweiten, dritten oder vierten Anlauf, die Phase der qualifizierten Entzugsbehandlung wie geplant erfolgreich abzuschließen und die anschließende Rehabilitation ebenfalls.

Häufige Wechsel sind manchmal das einzig Aushaltbare Auch gibt es offenbar Menschen, für die ein häufiger Wechsel des Umfelds zumindest für eine bestimmte Lebensphase das einzig Passende bzw. Aushaltbare ist, da sie im Rahmen ihrer Individuation noch nicht zu einem balancierten Verhältnis zu Erwachsenen gefunden haben.

> Adoleszente, die häufig zwischen stationärer Eingliederungshilfe und Krankenhaus pendeln („Systemsprenger"), leiden oftmals unter einer Bindungsstörung, sodass der Aufbau einer längerfristigen, tiefer gehenden, tragfähigen Beziehung zunächst eine Überforderung darstellen kann.

Enge Kooperation ist besser als reines Reagieren Diese Adoleszenten verhalten sich in Abständen von Wochen oder Monaten durch Selbst- oder Fremdgefährdung so, dass sie in der Eingliederungshilfe nicht mehr gehalten werden. Im Krankenhaus zeigen sie bald keine Selbst- oder Fremdgefährdung mehr, aber auch keine ausreichende Therapiemotivation, sodass sie zurück in die Eingliederungshilfe wechseln. Das Adoleszentensystem agiert, während Eingliederungshilfesystem und Psychiatriesystem reagieren – enge Kooperation beider Systeme mit geplantem mehrfachen Wechsel kann manchmal verhindern, dass Adoleszente Selbst- oder Fremdgefährdung zeigen müssen, bevor sie wechseln dürfen.

Krankenhausaufenthalte sind geil!?

Hochfrequente Kontakte und Geduld Für Adoleszente mit Münchhausen-Syndrom sind Krankenhausaufenthalte meist ein Kick. Die Reaktion auf notfallmäßig präsentierte Symptome des Klienten als alleiniges Handlungsmuster ist nicht sinnvoll, auch nicht ein Beziehungsabbruch, sondern ein seitens der Leistungserbringer freiwilliges Angebot regelmäßiger, relativ hochfrequenter psychotherapeutischer Kontakte mit somatischer Kompetenz und Geduld bezüglich Individuation, ohne sofortige absolute Abstinenz zu erwarten (Spitczok von Brisinski et al. 2016).

Fazit

Adoleszente in psychiatrisch-psychotherapeutischer Behandlung müssen in ihrer Individuation nicht nur von der Familie, sondern auch vom Behandlersystem unterstützt werden, was manchmal dem Behandlersystem ebenso schwer fällt wie den Eltern. Sinnvolle Interventionen müssen den Entwicklungsstand des Adoleszenten und seines Umfelds ebenso berücksichtigen wie Autonomiebestreben und -kompetenz und den Jugendlichen bei der Entwicklung konstruktiver selbstorganisierter Entwicklungsprozesse unterstützen.

Literatur

De Shazer S. Der Dreh. Heidelberg: Carl-Auer-Systeme; 1989
Ermann M. Psychosomatische Medizin und Psychotherapie. 6. Aufl. Stuttgart: Kohlhammer; 2016
Fegert JM, Hauth I, Banaschewski T et al. Übergang zwischen Jugend- und Erwachsenenalter: Herausforderungen für die Transitionspsychiatrie. Eckpunktepapier von DGKJP und DGPPN, 23. Juni 2016. Im Internet: http://www.dgppn.de/presse/stellungnahmen/stellungnahmen-2016/transitionspsychiatrie-1.html Zugriff: 7.5.2017
Graber GH, Hrsg. Pränatale Psychologie. München: Kindler; 1974
Herpertz-Dahlmann B, Bühren K, Remschmidt H. Growing up is hard—mental disorders in adolescence. Dtsch Arztebl Int 2013; 110: 432–440
Keil EM, Liyanage M. Herausforderung ADHS: ein lösungsorientiertes Therapiekonzept für Kind und System. Z system Ther 2004; 22: 225–238
Ludewig K. Leitmotive systemischer Therapie. Stuttgart: Klett-Cotta; 2002
Rotthaus W. Stationäre systemische Kinder- und Jugendpsychiatrie. Dortmund: Modernes Lernen; 1990
Ruf GD. Systemische Psychiatrie. 3. Aufl. Stuttgart: Klett-Cotta; 2015
Schiepek G. Die Grundlagen der Systemischen Therapie. Göttingen: Vandenhoeck & Ruprecht; 1999
Simon FB, Stierlin H. Die Sprache der Familientherapie. Stuttgart: Klett-Cotta; 1984
Spitczok von Brisinski I. Selbstorganisation. In: Wirth JV, Kleve H, Hrsg. Lexikon des Systemischen Arbeitens. Grundbegriffe der systemischen Praxis, Methodik & Theorie. Heidelberg: Carl-Auer; 2012: 363–366
Spitczok von Brisinski I. Systemische und lösungsorientierte Ansätze in der Psychopharmakotherapie des Kindes- und Jugendalters. Z system Ther 2003; 21: 157–167
Spitczok von Brisinski I, Zick J, Nakazi J et al. Münchhausen-Syndrom und andere artifizielle Störungen bei Kindern und Jugendlichen. Forum Kinder Jugendpsych Psychosom Psychother 2016; 26: 2–58
Spitczok von Brisinski (zur Publikation eingereicht): Autismus-Spektrum-Störungen. In: von Sydow K, Borst U (Hrsg.) Praxis der Systemische Therapie. Weinheim: Beltz
Strunk G, Schiepek G. Systemische Psychologie. Heidelberg: Elsevier; 2006

Dr. med. Ingo Spitczok von Brisinski

LVR-Klinik Viersen
Psychiatrie, Psychosomatik und Psychotherapie des Kindes- und Jugendalters
Horionstr. 14
41749 Viersen
Ingo.SpitczokvonBrisinski@lvr.de

Ausbildungen in struktureller und systemischer Therapie sowie in tiefenpsychologischer Psychotherapie, seit 1998 Chefarzt in Viersen, seit 2005 zusätzlich Fachbereichsarzt. Zahlreiche Publikationen zu systemischer Therapie sowie Kinder- und Jugendpsychiatrie.

Interessenkonflikt
Der Autor gibt an, dass kein Interessenkonflikt besteht.

Beitrag online zu finden unter
http://dx.doi.org/10.1055/s-0043-103868

Rolf-Dieter Stieglitz

ADHS in der Lebensspanne
Verhaltenstherapie im Übergang der Lebensphasen

Wächst sich eine ADHS aus? Die frühere Auffassung, dass es eine im Kindesalter diagnostizierte ADHS im Erwachsenenalter nicht gibt, ist zwischenzeitlich durch eine Vielzahl empirischer Studien widerlegt. Man geht davon aus, dass ca. 4–5 % aller im Kindesalter diagnostizierten Patienten im Erwachsenenalter immer noch eine ADHS haben. Eine besonders kritische Phase in der Behandlung ist die Adoleszenz, also der Übergang von der späten Kindheit über die Pubertät bis ins Erwachsenenalter.

Adoleszenz und ADHS

Aufgaben der Adoleszenz Die Adoleszenz ist mit wichtigen biologischen (somatischen) und psychischen (psychologischen) Veränderungen assoziiert, aus denen spezielle Probleme erwachsen können. Als Beispiele zu nennen wären auf der somatischen Ebene die Akzeptanz des eigenen Körpers oder Aussehens und auf der psychischen Ebene die zunehmende Unabhängigkeit von den Eltern.

Psychologische Behandlung Die psychopharmakologische Behandlung ergänzt um Psychotherapie spielt auch in der Adoleszenz eine wichtige Rolle. Da Patienten im Übergang in das Erwachsenenalter oft „verloren" gehen, ist es umso wichtiger, ihnen therapeutische Angebote zu machen (vgl. z. B. Cadman et al. 2016).

Prävalenz und Verlauf

ADHS verwächst sich nicht Im Hinblick auf die ADHS-Symptomatik ist es von besonderer Bedeutung, die verschiedenen Entwicklungsphasen vom Kleinkind bis ins höhere Lebensalter zu berücksichtigen.

> Die auch heute z. T. noch vorzufindende Annahme, dass sich die Symptomatik „auswachsen" würde, lässt sich nicht halten.

ADHS in der Lebensspanne Nach Kahl (2014) liegt die Persistenz der Symptomatik in verschiedenen Studien zwischen 15 bis über 80 % (mehrheitlich über 50 %). So untersuchten z. B. Merikangas et al. (2011) über 10 000 Jugendliche im Alter von 13–18 Jahren in den USA. Bei 8,7 % konnte eine ADHS-Diagnose vergeben werden. Nach Sprich et al. (2015) erfüllen 50–80 % der Kinder auch in der Adoleszenz die Kriterien einer ADHS, was gesamt ca. 2–6 % der Adoleszenten betrifft.

ADHS-Trias Die primären ADHS-Symptombereiche, wie Unaufmerksamkeit, Hyperaktivität und Impulsivität, zeigen sich in allen Altersgruppen, d. h. diese klassische Trias ist der rote Faden in der Lebensspanne. Es ist jedoch zu beachten, dass Veränderungen der Manifestation der Symptomatik im Zeitverlauf auftreten, wie aus ○ **Abb. 1** zu erkennen ist.

Überaktivität, Impulsivität und Unaufmerksamkeit Während im Vorschulalter zunächst die Überaktivität und Impulsivität gegenüber der Unaufmerksamkeit dominieren, kommt es im Schulalter zu einer relativen Angleichung der Gewichtigkeit aller 3 Symptombereiche: Diese verändern sich jedoch im Übergang zum Jugendalter und dann hin bis zum Erwachsenenalter in der Form, dass sich bei Patienten Impulsivität und Überaktivität reduzieren können, während die Unaufmerksamkeit relativ konstant bestehen bleiben kann. Bezüglich der Hyperaktivität ist beim Älterwerden zusätzlich eine relevante Veränderung festzustellen: Diese zeigt sich u. a. in exzessivem Reden, Schwierigkeiten zu entspannen, vor allem aber innerer Unruhe. Die Impulsivität zeigt sich u. a. in zu schnellen Entscheidungen, starker Reizbarkeit, aber auch in häufigem Substanzgebrauch. Unaufmerksamkeit als das relativ zeitstabilste Merkmal zeigt sich u. a. in schneller Ablenkbarkeit, speziell bei monotonen Tätigkeiten oder in ineffizienter Arbeitsweise. Zudem zeigt sich eine Zunahme komorbider Störungen.

Relevanz

Kritische Phase ADHS in der Adoleszenz ist eine besonders kritische Phase in der Behandlung, die durch Faktoren beeinflusst wird, die auf Seiten des Patienten, der Behandler und des Versorgungssystems liegen.

Patient Auf Seite des Patienten ist entwicklungsbedingt eine zunehmende Selbstständigkeit und Autonomie von zentraler Bedeutung. Zudem neigen die Patienten eher dazu, Medikamente abzulehnen und befürchten eine Stigmatisierung.

Behandler Auf Seiten der Behandler besteht immer noch ein großes Defizit bezüglich der Information über das Störungsbild, speziell im Hinblick auf die Lebenszeitper-

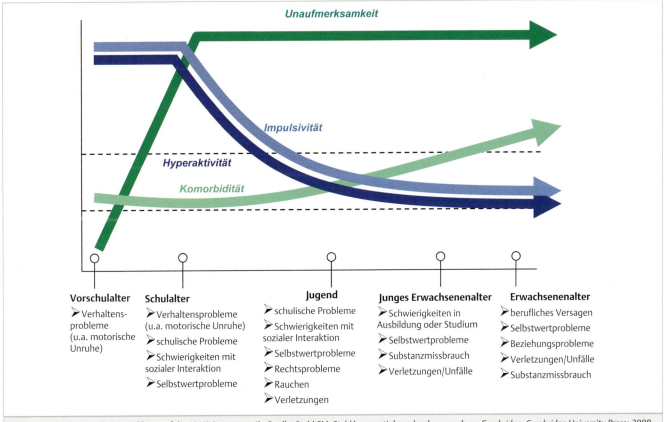

Abb. 1 Auswirkungen der Entwicklung auf die ADHS-Symptomatik. Quelle: Stahl SM. Stahl´s essential psychopharmacology. Cambridge: Cambridge University Press; 2008 [rerif]

spektive. Oft herrscht auch hier noch die Meinung vor, dass es eine ADHS im Erwachsenenalter gar nicht gibt, eine weitere Behandlung also nicht mehr notwendig sei. In den seltensten Fällen wird aber eine Statusbestimmung durchgeführt, ob dies tatsächlich der Fall ist.

Versorgungssystem Im Rahmen des Versorgungssystems ist speziell das Problem einer mangelnden Kontinuität über die gesamte Lebensspanne hinweg zu beachten. Es gibt keinen geregelten Übergang zum Erwachsenenalter.

Probleme aus der Kindheit bestehen jedoch oft fort oder werden sogar verstärkt durch neu auftretende Schwierigkeiten, die sich in verschiedenen Bereichen manifestieren können, wie soziale Beziehungen, Schule und Ausbildung (Lehre, Studium), Familie, Gefahr für Substanzgebrauch, Straßenverkehr und Delinquenz (Sibley et al. 2012).

Transitionsmodell Turgay et al. (2012) betonen in ihrem Transitionsmodell die sich im Zeitverlauf verändernde Relation zwischen Anforderungen der Umwelt und verfügbaren Ressourcen. Die Ressourcen werden von den Autoren differenziert nach internalen Ressourcen (z. B. neuropsychologische Kompetenzen) und externalen Ressourcen (u. a. soziale Unterstützung), wobei sich letztere im Zeitverlauf tendenziell reduzieren, während die Anforderungen größer werden. Hierdurch ergeben sich Anhaltspunkte für therapeutische Interventionen.

Entwicklungsaufgaben Chan et al. (2016) geben eine ausgezeichnete Übersicht zum Zusammenhang zwischen Entwicklungsaufgaben in der Adoleszenz und ADHS und leiten Implikationen für eine Behandlung ab. So können sich z. B. mit der Zunahme komplexer Anforderungen im Alltag Gefühle der Überforderung entwickeln. Mögliche therapeutische Interventionen könnten in der Vermittlung von Organisations-Skills liegen. Der Umgang mit risikoreichem Verhalten könnte sich im Konsum von Substanzen zeigen. Psychoedukation wäre hier z. B. der erste Schritt als Intervention.

Behandlung

Multimodale Therapie Verschiedene nationale wie internationale Leitlinien empfehlen eine multimodale Behandlung, d. h. die Kombination von Psycho- und Pharmakotherapie (vgl. Coogan et al. 2012). So empfehlen z. B. NICE (2008) Psychotherapie als Teil des gesamten Behandlungsplans bei Kindern, Adoleszenten und Erwachsenen und primär zunächst ein gruppentherapeutisches Vorgehen als eine kostengünstige Option. Young und Amarasinghe (2010) sehen Art und Ziel der Intervention in Abhängigkeit von der Entwicklungs-/Altersstufe, d. h.:

Von der Vorschule bis zum Erwachsenenalter gilt es, spezielle Überlegungen im Hinblick auf die Therapieplanung anzustellen.

Pharmakotherapie Verschiedene Studien weisen auf die speziellen Schwierigkeiten und Probleme der psychopharmakologischen Behandlung in der Adoleszenz hin. So konnte u. a. eine Abnahme der Verschreibungen (z. B. McCarthy et al. 2009) oder der überhaupt in Behandlung befindlichen Patienten (z. B. Zetterqvist et al. 2013) festgestellt werden. McCarthy et al. (2009) untersuchten z. B. in einer Verlaufsstudie eine Kohorte von 44 ADHS-Patienten: Zu Beginn der Untersuchung waren die Patienten im Alter von 15 Jahren und am Ende 21 Jahre. Die mittlere Dauer der Medikation betrug 1,8 Jahre (Median). Besonders bemerkenswert ist, dass im Alter von 21 Jahren kein Patient mehr eine Medikation bekam. Als Gründe für die Diskontinuität werden nach Wong et al. (2009) u. a. genannt:
- Nebenwirkungen
- Ablehnung der Behandlung
- Bewältigung der Symptome
- Beeinträchtigung ohne Medikation (Coping)
- Übergang (Transition) von einem ins nächste Setting

Selbstmanagement Es ist daher Brinkman et al. (2012) zuzustimmen, dass Adoleszente eine zunehmend wichtige Rolle beim Management der Medikation bei ADHS einnehmen sollten. Gut strukturierte und koordinierte Versuche der Medikamentenunterbrechung und Messung relevanter Outcome-Variablen durch den Adoleszenten, Eltern, Lehrer, Arzt und andere wichtige Personen kann gewährleisten, dass ein adäquater Übergang zum Selbstmanagement erfolgt.

Psychotherapie Eine medikamentöse Behandlung ist nach Sprich et al. (2015), wie bei den Erwachsenen auch, als alleinige Behandlung oft nicht ausreichend, da nicht alle Patienten hinreichend gebessert werden. Eine Psychotherapie in Form einer kognitiv-behavioralen Therapie ist besonders relevant in diesen Entwicklungsphasen, da sich eine zunehmende Abhängigkeit entwickelt, weniger Kontrolle durch die Schule besteht und gesamthaft weniger Strukturen vorgegeben werden.

Indikationsempfehlungen NICE (2008) geben folgende Indikationsempfehlungen für eine kognitiv-behaviorale Einzel- oder Gruppentherapie ab:
- nach stabiler Medikamenteneinstellung bleiben mit einer ADHS verbundene Beeinträchtigungen bestehen
- Patienten zeigen keine bzw. nur Teilresponse bzw. tolerieren Medikation nicht
- Patienten haben sich gegen eine medikamentöse Behandlung entschieden
- Patienten haben Probleme, Diagnose und medikamentöse Behandlung zu akzeptieren
- remittierte Patienten werden bei geringer Beeinträchtigung zusätzlich mit Psychotherapie behandelt

Studienlage Chan et al. (2016) legen ein systematisches Review zur Behandlung der ADHS in der Adoleszenz vor. Sie konnten dabei auch 10 randomisierte Studien identifizieren, bezogen auf insgesamt 916 Patienten. Die psychosoziale Behandlung bezog sich auf eine Kombination von Verhaltenstherapie, kognitiver Therapie und Skills bzw. Techniken. Es zeigten sich geringere bis mittlere Effektstärken (.30–.69) bezogen auf die Einschätzung der ADHS-Symptomatik durch die Eltern, emotionale und Verhaltenssymptome und interpersonelle Aspekte. Im Review von Sibley et al. (2014) wird besonders auf die Bedeutung des „Motivational Interviewing" zu Therapiebeginn bei Adoleszenten hingewiesen (Ziel u. a. Umgang mit Widerständen gegen Veränderungen).

Klinische Argumente Für den Einsatz von Psychotherapie gibt es eine Reihe klinischer Argumente: ADHS als eine über viele Jahre hinweg oft nicht erkannte und behandelte Störung hat bedeutsame Folgen über die Symptomatik hinaus. Selbst bei einem sehr guten Erfolg der pharmakologischen Behandlung verschwinden die Symptome oft nicht sofort. Aufgrund der jahrelang vorhandenen Symptomatik entwickeln sich sekundäre Probleme, wie z. B. ein reduziertes Selbstwertgefühl oder auch Depressionen (vgl. hierzu Safren et al. 2009). Weiterhin ist auch von einer hohen Komorbidität auszugehen (vgl. Stieglitz et al. 2012), die gleichfalls ein differenziertes therapeutisches Vorgehen verlangt.

Auf Seiten des Patienten besteht oft der Wunsch, nicht nur Medikamente einzunehmen, sondern einen aktiven Teil in der Behandlung zu übernehmen.

Kognitive-behaviorale Therapie Im Kontext der ADHS ist die kognitiv-behaviorale Therapie (KBT) von großer Bedeutung. Die KBT kann als allgemeines Rahmenmodell verstanden werden, da es **die** KBT nicht gibt. Es lässt sich eine Vielzahl unterschiedlicher Techniken und Strategien unterscheiden, die im Hinblick auf ADHS adaptiert wurden. Die Vorteile einer KBT kommen besonders bei ADHS-Patienten zum Tragen: Die Probleme lassen sich klar definieren (z. B. im Bereich der Arbeit) und Ziele lassen sich darauf bezogen ebenfalls klar formulieren und durch konkrete Interventionen in Angriff nehmen. Viele dieser Probleme lassen sich nicht nur im Einzel-, sondern auch im Gruppensetting gut bearbeiten, da es große Überschneidungen der Problematiken bei Patienten gibt. Für den Patienten sind die einzelnen Interventionen hinsichtlich ihrer Funktion erkennbar. Einzelne in der Therapiesituation erarbeitete Strategien müssen im Alltag kontinuierlich zur Anwendung kommen.

Ansatzpunkte und Zielbereiche Psychotherapeutische Interventionen können bei Adoleszenten wie Erwachsenen bezogen auf folgende Bereiche sinnvoll sein:
- Verhaltens- und Leistungsbereich, z. B.:
  - Schule
  - Organisationsprobleme im Alltag

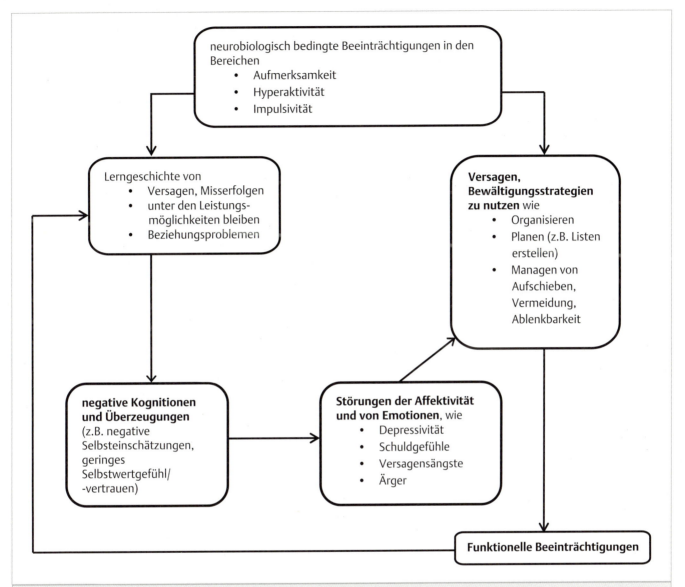

Abb. 2 Kognitiv-behaviorales Modell der Funktionsstörungen bei ADHS in der Adoleszenz und im Erwachsenenalter. Quelle: Safren SA, Sprich S, Chulvick S, et al. Psychosocial treatments for adults with attention-deficit/hyperactivity disorder. Psychiatr Clin North Am 2004; 27: 349–360 [rerif]

- ▷ Schwierigkeiten, monotone Arbeit auszuführen
- ▷ langweilige Aktivitäten
- ▷ Unpünktlichkeit und Vergesslichkeit
- ▷ impulsive Entscheidungen
- ▷ Autofahren
- ▶ emotionaler Bereich, z. B.:
  - ▷ reduziertes Selbstvertrauen
  - ▷ Probleme in der Emotionsregulation
  - ▷ erlebte Demoralisierung
- ▶ soziale und interpersonelle Ebene, z. B.:
  - ▷ Probleme, Freundschaften zu schließen und aufrecht zu erhalten,
  - ▷ Probleme, anderen zuzuhören
- ▷ schnell aggressiv und wütend werden
- ▷ Beziehungskonflikte

Ansatz von Sprich Der elaborierteste Ansatz zur Behandlung von Adoleszenten mit Psychotherapie wurde von der Arbeitsgruppe um Sprich et al. (2015) aufgestellt. Sie adaptierten und modifizierten das für den Erwachsenenbereich entwickelte Programm von Safren et al. (2009). Speziell die sekundären Folgen und Konsequenzen einer unbehandelten ADHS geben Ansatzpunkte für psychotherapeutische Interventionen, wie sie in ○ **Abb. 2** dargestellt werden (vgl. auch Stieglitz et al. 2012). Die neurobiologisch bedingten Grundbeeinträchtigungen können danach zu einem Versagen von Kompensationsstrategien führen mit der Folge von Beeinträchtigungen in verschiedenen Funktionsbereichen. Da sich diese immer wiederholen, kommt es zu einer Lerngeschichte von Misserfolgen und Versagen verschiedenster Art. Als Folge davon können sich über die Zeit die eigene Person betreffende negative Kognitionen entwickeln. Weitere psychische Störungen können sogar die Folge sein (vor allem De-

pressionen), die wiederum mögliche Kompensationsstrategien weiter behindern.

Bei einer unbehandelten ADHS kommt es im Sinne eines „Teufelskreises" zur zunehmenden Verstärkung der Probleme.

KBT-Programmziel Das Ziel des von Sprich et al. (2015) entwickelten Programms besteht in der Vermittlung von Bewältigungsstrategien zum Umgang mit Defiziten der ADHS, größere Unabhängigkeit von Erwachsenen/Eltern, mehr Selbstständigkeit. Es besteht aus 14 Sitzungen Einzeltherapie von jeweils 50 Minuten verteilt über 20 Wochen (vgl. **Tab. 1**). Zentrales Element und roter Faden ist die Psychoedukation sowie ein KBT-orientiertes Skill-Training. Einbezogen werden auch die Eltern, da gerade die Kommunikation zwischen Kind und Eltern oft als ein Problem angesehen wird.

KBT-Programmevalution Das Programm wurde zunächst in einer Pilotstudie von Antshel et al. (2014) erprobt, dann weiterentwickelt und modifiziert. Als erste Ergebnisse zeigte sich u. a. eine Verbesserung der Symptomatik, jedoch gleichermaßen, dass nicht alle hinreichend davon profitieren, aber insgesamt weniger Medikamente eingenommen werden mussten. Sprich et al. (2016) evaluierten das Programm dann in einer randomisierten Studie (Crossover Design). Einbezogen wurden Patienten mit einer stabilen Medikation, die immer noch klinisch relevante ADHS-Symptome aufwiesen. Es zeigte sich eine Überlegenheit gegenüber einer alleinigen medikamentösen Behandlung (u. a. 58 % Responder versus 18 %), sowie in einer Reihe von klinischen Variablen (u. a. Symptomschwere).

Multimodale Behandlung Bezüglich der Bedeutsamkeit von Psychotherapie kommen Kooij et al. (2010) zur Einschätzung, dass die Psychotherapie ein optimaler Behandlungsansatz bei Erwachsenen wie bei Kindern und Jugendlichen darstellt. Aktuelle Übersichten, auch deutschsprachige, empfehlen daher eine multimodale Behandlung (u. a. Werling et al. 2014, Romanos & Jans 2014). Als relevante Bausteine werden genannt:

- Psychoedukation bzgl. ADHS und Komorbidität
- Pharmakotherapie der ADHS und der Komorbidität
- Coaching
- kognitive Verhaltenstherapie im Einzel- und Gruppensetting
- Familientherapie

Tab. 1 KBT-Programm für Adoleszente mit ADHS (Quelle: Sprich et al. 2015).

Bezeichnung der Module	Anzahl Sitzungen	Kennzeichen
Psychoedukation und Organisation/Planung	4	Einführung in KVT, Psychoedukation als roter Faden durch alle Sitzungen
Ablenkbarkeit	2	Techniken der Aufrechterhaltung der Aufmerksamkeit, Arbeit in Teilschritte zerlegen, Reiz-Kontroll-Prozeduren
adaptives Denken	2	Umgang mit Stress, ADHS-bedingten Schwierigkeiten, kognitive Umstrukturierung in Anlehnung an Beck, Vermittlung von Techniken, sich selbst zu coachen
Prokrastination	1	Umgang mit Aufschieben, orientiert an Methode des Problemlösens
Einbeziehung Eltern	2	Psychoedukation, Information über bisherige Behandlung, Möglichkeit der Kooperation Eltern/Kind
Eltern alleine	2	Erfassung Elternstil, Besprechung Kontingenzmanagement
Rückfallprävention	1	Rückmeldung durch Patienten, mögliche auftretende Probleme in Zukunft, Anwendung Skills in Zukunft

Fazit

Bereits heute kann man trotz noch nicht definitiv abschließender Einschätzung feststellen, dass die Psychotherapie ein wichtiges Element darzustellen scheint. Psychotherapie sollte ein Teil multimodaler Programme sein. Bezüglich therapeutischer Richtungen kann davon ausgegangen werden, dass bis zum heutigen Tag allein kognitiv-behaviorale Ansätze hinreichend empirisch abgesichert sind. Meist finden sich jedoch keine substanziell neuen Techniken, sondern deren Adaptation an die Probleme der ADHS-Patienten. Booster-Sessions scheinen zudem hilfreich, um die erreichten Erfolge zu stabilisieren bzw. zwischenzeitlich aufgetretene Schwierigkeiten zu bearbeiten.

Die Entwicklungsperspektive muss die Veränderung in der Symptomatik und der assoziierten Beeinträchtigungen berücksichtigen. Psychosoziale Interventionen müssen entsprechend den Altersstufen angeglichen werden. Eine Stimulanzienbehandlung als „Stand alone"-Behandlung wird den vielfältigen Beeinträchtigungen wahrscheinlich nicht gerecht werden. Umgekehrt existiert bisher auch kein Nachweis, dass Psychotherapie alleine wirksam ist (vgl. Kooij et al. 2010). Komplexe Programme scheinen bei schweren Beeinträchtigungen zudem notwendig zu sein (Young & Amarasinghe 2010).

Auch wenn eine Zunahme von Studien zu Psychotherapie zu konstatieren ist, bestehen unverändert eine Reihe offener Fragen, wie methodische Defizite von Studien (u. a. kontrollierte Medikation, Stichprobengröße, Wirksamkeit im Alltag), konzeptuelle Probleme (u. a. oft eklektisch, welche Bausteine sind relevant) und praktische Probleme (u. a. Transfer in den Alltag). Ebenfalls unklar ist, welche Kriterien erfüllt sein müssen bzw. ab wann eine Psychotherapie im Einzelfall zu erfolgen ist. Aufgrund von strukturellen Gegebenheiten im Versorgungsalltag scheint es unrealistisch, dass allen Patienten ein Angebot gemacht werden kann bzw. es wahrscheinlich auch nicht unbedingt nötig ist. Hier gilt es, spezifische Indikationskriterien zu entwickeln.

Literatur

Antshel KM, Faraone SV, Gordon M. Cognitive behavioral treatment outcomes in adolescent ADHS. J Att Dis 2014; 18: 483–495

Brinkman WB, Sherman SN, Zmitrovich AR, et al. In Their Own Words: Adolescent Views on ADHD and Their Evolving Role Managing Medication. Acad Ped 2012; 12: 53–61

Cadman T, Findon J, Eklund H, et al. Six-year follow-up study of combined type ADHD from childhood to young adulthood: Predictors of functional impairment and comorbid symptoms. Eur Psychiat 2016; 35: 47–54

Chan E, Fogler JM, Hammerness PG. Treatment of Attention-Deficit/Hyperactivity Disorder in Adolescents: A Systematic Review. JAMA 2016; 315: 1997–2008

Coogan AN, Dobrean A, Donev RM et al. Adult attention deficit hyperactivity disorder: translating research into practice. ADHD 2012; 4: 41–51

Kahl KG. ADHS im Erwachsenenalter: Klinik und Therapie. Neurol & Psy 2014; 3: 21–22

Kooij SJ, Bejerot S, Blackwell A, et al. European consensus statement on diagnosis and treatment of adult ADHD: The European Network Adult ADHD. BMC Psy 2010; 10: 67

Merikangas KR, Burstein M, Swendsen J, et al. Service utilization for lifetime mental disorders in U.S. adolescents: results of the National Comorbidity Survey – Adolescvent Supplement (NCS-A). J Am Acad Child Adolesc Psy 2011; 50: 32–45

McCarthy S, Asherson P, Coghill D, et al. Attention-deficit hyperactivity disorder: treatment discontinuation in adolescents and young adults. J Psy 2009; 194: 273–277

National Institute for Health and Clinical Excellence (NICE). Attention deficit hyperactivity disorder. NICE clinical guideline 2008; 72

Romanos M, Jans T. ADHS – an der Nahtstelle von Medizin und Pädagogik. Lernen Lernstör 2014; 3: 117–132

Safren SA, Perlmann CA, Sprich S. Kognitive Verhaltenstherapie der ADHS des Erwachsenenalters. Berlin: Medizinisch Wissenschaftliche Verlagsgesellschaft; 2009

Safren SA, Sprich S, Chulvick S, et al. Psychosocial treatments for adults with attention-deficit/hyperactivity disorder. Psychiatr Clin North Am 2004; 27: 349–360

Sibley MH, Kuriyan AB, Evans SW, et al. Pharmacological and psychosocial treatments for adolescents with ADHD: an updated systematic review of the literature. Clin Psychol Rev 2014; 34: 218–232

Sibley MH, Pelham WE Jr, Molina BS, et al. Diagnosing ADHD in adolescence. J Consult Clin Psychol 2012; 80: 139–150

Sprich SE, Burbridge J, Lerner JA, et al. Cognitive-Behavioral Therapy for ADHD in Adolescents: Clinical Considerations and a Case Series. Cogn Behav Pract 2015; 22: 116–126

Sprich SE, Safren SA, Finkelstein D, et al. A randomized controlled trial of cognitive behavioural therapy for ADHD in medication-treated adolescents. J Child Psychol Psy 2016; 57: 1218–1226

Stahl SM. Stahl's essential psychopharmacology, 3rd ed. Cambridge: Cambridge University Press; 2008

Stieglitz RD, Nyberg E, Hofecker-Fallahpour M. ADHS im Erwachsenenalter. Göttingen: Hogrefe; 2012

Turgay A, Goodman DW, Asherson P, et al. Lifespan persistence of ADHD: the life transition model and its application. J Clin Psychiat 2012; 73: 192–201

Werling AM, Drechsler R, Walitza S. Klinische Praxis der Aufmerksamkeitsdefizit-/Hyperaktivitätsstörungen und hyperkinetischen Störungen. Psych up2d 2014; 8: 257–272

Wong IC, Asherson P, Bilbow A, et al. Cessation of attention deficit hyperactivity disorder drugs in the young (CADDY) – a pharmacoepidemiological and qualitative study. Health Technol Assess 2009; 13: 1–120

Young S, Amarasinghe JM. Practitioner Review: Non-pharmacological treatments for ADHD: A lifespan approach. J Child Psychol Psy 2010; 51: 116–133

Zetterqvist J, Asherson P, Halldner L, et al. Stimulant and non-stimulant attention deficit/hyperactivity disorder drug use: total population study of trends and discontinuation patterns 2006–2009. Acta Psychiatr Scand 2013; 128: 70–77

Prof. Dr. rer. nat. Rolf-Dieter Stieglitz
Universitäre Psychiatrische Kliniken (UPK) Basel
Wilhelm-Klein-Str. 27
CH-4012 Basel
rolf-dieter.stieglitz@upkbs.ch

Prof. Dr. rer. nat., Dipl.-Psych.; Leiter der Querschnittsfunktion „Psychodiagnostik" an der UPK Basel sowie Leiter der Abteilung „Klinische Psychologie und Psychiatrie", Psychologischer Psychotherapeut, Weiterbildung in Gesprächspsychotherapie, Verhaltenstherapie und Familientherapie, wissenschaftliche Interessen: Psychopathologie, psychiatrische/klinisch-psychologische Diagnostik, ADHS im Erwachsenenalter, Schizophrenie

Interessenkonflikt
Der Autor gibt an, dass kein Interessenkonflikt besteht.

Beitrag online zu finden unter
http://dx.doi.org/10.1055/s-0043-103874

Kathrin Sevecke • Astrid Bock

Selbstverletzendes Verhalten als Symptom von (Borderline-) Persönlichkeitspathologie bei Jugendlichen im Rahmen der MBT-A
Überblick und Fallbeispiel

Persönlichkeitsstörungen lassen sich bereits im Jugendalter valide diagnostizieren. Mit dem DSM-5 ist eine differenzierte Erfassung der persönlichkeitspathologischen Merkmale und Einschränkungen psychischer Funktionen möglich. Eine Kasuistik zeigt einen longitudinalen Verlauf einer Jugendlichen. Die Mentalisierungsbasierte-Therapie für Adoleszente, als erwiesen erfolgreiche Behandlung von Jugendlichen mit selbstverletzendem Verhalten, wird als eine therapeutische Möglichkeit vorgestellt.

Persönlichkeitsstörungen im Jugendalter

Jugendliche mit Persönlichkeitsstörung diagnostizieren und behandeln Nach langjähriger Zurückhaltung, Persönlichkeitsstörungen (PS) aufgrund eines zu frühen Labelings als eine diagnostische Entität bereits im Jugendalter zu beforschen und zu diagnostizieren, gibt es inzwischen genug Stimmen, die dieses Konzept eindeutig auf die Adoleszenz ausweiten (Herpertz-Dahlmann & Herpertz 2005, Sevecke et al. 2011, 2014). Daraus ergibt sich die Forderung und Notwendigkeit, dass Jugendliche störungsspezifisch im Hinblick auf ihre Persönlichkeitspathologie diagnostiziert und behandelt werden sollten, um frühzeitig extreme Anpassungsschwierigkeiten sowie ausgeprägten und chronifizierenden Symptomen entgegenzuwirken (Goth et al. 2012, Huber et al. 2016, Schmid et al. 2008).

Beginn in Kindheit und Jugend In dem alternativen, dimensional-kategorialen Hybridmodell für PS des DSM-5 bestehen die wesentlichen Merkmale einer PS zum einen in der Einschränkung der Funktionsfähigkeit (im Hinblick auf selbstbezogene und zwischenmenschliche Persönlichkeitsanteile) und zum anderen im Vorhandensein pathologisch ausgeprägter Persönlichkeitsmerkmale (Traits). Sowohl ICD-10 als auch DSM-5 verweisen darauf, dass der Beginn einer PS in der Kindheit und Jugend liegt. Die Altersbeschränkung wurde aufgehoben. Eine Diagnosestellung ab dem 14. Lebensjahr ist nun möglich.

Frühsymptome von PS sind gemäß jüngster Forschung bereits im Kindesalter zu beobachten und differenzieren sich in der Adoleszenz.

Nichtsuizidale Selbstverletzungen im Verlauf

Erstmals eigenständige Diagnose Nichtsuizidale Selbstverletzungen (NSSV) treten im DSM-5 erstmalig als eigenständige Diagnose auf. Plener et al. (2015) konnten in einem Review der spärlich vorhandenen Langzeitstudien zum Verlauf von NSSV einen Häufigkeitsgipfel bei 15–16 Jahren finden, die Anzahl der Betroffenen nimmt dann um das 18. Lebensalter wieder ab. Auch Moran et al. (2012) fanden in einer australischen Längsschnittstudie, dass NSSV bis ins Erwachsenenalter meist remittieren.

25–30 % sind betroffen NSSV zeigen sich mittlerweile bei vielen unterschiedlichen Störungsbildern im Jugendalter, wie z. B. bei affektiven Störungen, während sie früher primär der Borderline-Störung (BPS) zugeordnet wurden. Plener et al. (2016) berichten von einer Lebenszeitprävalenz von 25–30 % unter Jugendlichen in Deutschland.

Häufig auch Persönlichkeitsstörung In unseren eigenen Daten von stationären Patienten zeigt sich bei 50 Jugendlichen mit regelmäßigem NSSV ein Prozentsatz von 38 %, die nach Strukturiertem Klinischen Interview nach DSM-IV für Achse II (SKID II; Fydrich et al. 1997) die Kriterien für mindestens eine PS komplett erfüllen. Bei 68 % dieser Jugendlichen mit NSSV besteht eine subklinische Diagnose für mindestens eine PS.

Adoleszenzkrise oder Persönlichkeitsstörung?

Passager oder dauerhaft? Es wird deutlich, wie wichtig eine frühzeitige Differenzierung einer beginnenden PS von einer Adoleszentenkrise ist. Dies ist mitunter schwierig, da einige persönlichkeitspathologische Merkmale gleichzeitig auch passagere Entwicklungsmerkmale darstellen. Die sogenannte Adoleszenzkrise, Reifungskrise, adoleszente Identitätskrise oder adoleszente Entwicklungskrise stellt die wichtigste Differenzialdiagnose einer Persönlichkeitsstörung im Jugendalter dar.

> **Fallbeispiel**
>
> **Longitudinaler Verlauf einer Borderline-Symptomatik bei einer Jugendlichen mit NSSV**
>
> Die 16-jährige Patientin H. hatte bereits mehrfach stationäre kinder- und jugendpsychiatrische Aufenthalte. Vorstellungsgrund waren primär massive Selbstverletzungen und Suizidalität. Zusätzlich zeigte H. eine deutlich depressive Symptomatik, die bereits mehrere Monate anhielt. Aufgrund der familiären Belastungen, u. a. wegen einer schweren psychischen Erkrankung in der Primärfamilie, wurde H. im Anschluss an den ersten stationären Aufenthalt in eine therapeutische Wohngemeinschaft aufgenommen.
>
> Ein Jahr später wurde sie mit tiefen Schnittwunden an den Unterarmen erneut in die Klinik aufgenommen. Kurz nach Aufnahme brach die Patientin den stationären Aufenthalt ab und wurde in die Wohngemeinschaft entlassen. Es folgten immer wieder kürzere stationäre Akutaufnahmen aufgrund massiver Spannungszustände mit schwerem selbstverletzendem Verhalten. Die Kasuistik wird bezüglich bindungsbezogener Aspekte ausführlich diskutiert in Gander & Sevecke (2015). Eine ambulante MBT-A Therapie brach sie nach 8 Sitzungen ab, da sie keine Besserung ihrer Symptome verspürte.
>
> H. wurde im Rahmen einer Nachuntersuchung eineinhalb Jahre nach der letzten längeren stationären Aufnahme wiedergesehen (dazwischen gab es zwei kürzere Krisenaufnahmen aufgrund der NSSV und Suizidalität). Sie wird zum Zeitpunkt der Nachuntersuchung bald 18 Jahre alt und ist vor zwei Monaten aus der therapeutischen Wohngemeinschaft ausgezogen. Sie lebt wieder bei ihrer Mutter, seither gehe es ihr gut.
>
> H. kommt begleitet von ihrer Mutter zum Termin, sie trägt demonstrativ ein ärmelloses T-Shirt an einem kühlen Tag. Das T-Shirt gibt den Blick frei auf ihre Arme, die von den Selbstverletzungen stark vernarbt sind. Sie erzählt, Kleinkinder in der Verwandtschaft, auf die sie nun regelmäßig aufpasst, hätten mehrfach nachgefragt, was sie da an den Armen für ein Muster habe. Auch motiviert durch diese Kinder, denen sie keine Erklärung geben kann, verletzte sie sich nun seit circa fünf Monaten nicht mehr. Sie könne ihnen nicht sagen, dass sie sich selbst so tief geschnitten habe.
>
> H. hat derzeit eine stabile Freundschaft zu einem Mädchen. Sie möchte in eine höhere Schule mit einem künstlerischen Schwerpunkt und später studieren. Sie möchte sich nun auch wieder um einen Psychotherapieplatz kümmern.
>
> Aus den Untersuchungen ergab sich im Verlauf und ohne psychotherapeutische Maßnahme eine Reduktion der mittels SKID II (Fydrich et al. 1997) erfassten Kriterien. Im Januar 2015 waren es 33 (von 101) voll erfüllte Einzelkriterien, bei der Nachtuntersuchung sind es 20. Die BPS war 2015 voll erfüllt mit 9 von 9 Kriterien, nun sind 7 Kriterien voll erfüllt sowie 2 teilweise erfüllt. Der dimensionale SKID-Gesamtscore reduzierte sich; vor allem die depressiven und paranoiden PS-Anteile waren deutlich abgeschwächt. Auch in der Selbsteinschätzung mittels AIDA, einem Fragebogen für die Erfassung der Identitätsentwicklung im Jugendalter (Goth et al. 2012), reduzierten sich die Werte für Identitätsdiffusion von 164 auf 153, trotz Reduktion liegt der Wert auch zum zweiten Erhebungszeitpunkt noch eindeutig im klinisch höchst auffälligen Bereich (beide Werte entsprechen einem T-Wert von 80).
>
> Im longitudinalen Verlauf über eineinhalb Jahre zeigte sich eindeutig, dass das NSSV komplett remittierte, während die Borderline-PS jedoch weiterhin Bestand hat, allerdings mit abgeschwächtem Erscheinungsbild. Eine spezifische Therapie wie z. B. die MBT-A bleibt aufgrund des nachgewiesenermaßen hohen Ausmaßes an Identitätsdiffusion indiziert.

Vor dem Hintergrund der krisenhaften Umstrukturierung im Jugendalter ist es wichtig, die Differenzialdiagnosen Adoleszenzkrise versus Persönlichkeitsstörung zu diskutieren, um damit der dynamischen Betrachtung einer zeitlich begrenzten Entwicklungsproblematik gerecht zu werden.

Mentalisierung Zentral für eine Differenzierung erscheint das Konzept der Mentalisierung bzw. die Ausprägung der Mentalisierungsfähigkeit, welche wiederum konzeptuell mit dem Konzept der Levels of Personality Functioning (LOPF) des DSM-5 in einem engen Zusammenhang steht. Nach diesem Alternativmodell des DSM-5 zur Diagnostik von PS müssen Beeinträchtigungen auf selbstbezogenen (Identität und Selbststeuerung) und zwischenmenschlichen Fähigkeiten (Empathie und Nähe) vorliegen, um die Diagnose einer Persönlichkeitsstörung vergeben zu können (siehe Kasuistik).

Mentalisierungsbasierte Therapie für Adoleszente (MBT-A)

Sich mentale Zustände vorstellen

Mentalisierung wird von Fonagy und Kollegen als Fähigkeit verstanden, „sich mentale Zustände im eigenen Selbst und in anderen Menschen vorzustellen" (Fonagy et al. 2002; S. 31). Es wird davon ausgegangen, dass Jugendliche besonders anfällig sind, bereits bei milderem Stress ihre Mentalisierungsfähigkeit zu verlieren. Dann kann es passieren, dass sie sich selbst und andere nicht mehr verstehen können und andere als entwertend, verletzend und demütigend erleben.

Die Unterstützung der Aufrechterhaltung der Mentalisierungsfähigkeit Adoleszenter und ihrer Familien kann daher zu einer verbesserten Selbstkontrolle führen, welche einen Schutz vor Affektdysregulation und Impulsstörungen darstellt (Fonagy 1998).

Einzel- und Familiensitzungen
Die Mentalisierungsbasierte Therapie (MBT) wurde von Bateman & Fonagy (1999, 2004) zur Behandlung von Erwachsenen mit einer BPS entwickelt. Die MBT-A ist eine Modifi-

kation der MBT (Rossouw 2015, Taubner et al. 2015). Die Behandlung besteht aus einer Kombination von Einzel- und Familiensitzungen. In ambulanten Settings werden die Einzelsitzungen zumeist einmal pro Woche und die Familiensitzung einmal im Monat durchgeführt. MBT-A ist eine manualisierte Therapie auf psychodynamischer und bindungstheoretischer Grundlage (vgl. Taubner & Volkert 2016).

Vier Phasen Die Behandlung ist in vier Phasen unterteilt, die jeweils eigene Zielformulierungen enthalten. Nach der Diagnostik-Phase erhält jeder MBT-A-Patient eine schriftliche Fallformulierung, die zusätzlich einen Krisenplan für die Familie, Fachkräfte und den Patienten beinhaltet. Nach der Phase der Psychoedukation, die auch im Gruppensetting stattfinden kann, wird an dem Kernziel die Mentalisierungsfähigkeit in Situationen mit starker Affektivität zu verbessern (z.B. bei Gefühlen von Zurückweisung und Konflikten in Bindungsbeziehungen) gearbeitet.

Fokus: aktuelle interpersonale Erfahrungen Die Sitzungen sind generell nicht vorstrukturiert, sondern fokussieren auf die aktuellen interpersonalen Erfahrungen der Patienten. Das Ziel der Familiensitzungen besteht darin, die Mentalisierungsfähigkeiten des Familiensystems, besonders in Bezug auf familiäre Konflikte, zu steigern. In der finalen Phase der Behandlung werden, wie in vielen psychodynamischen Therapien üblich, Themen von Trennung und Abschied sowie weitere Bewältigungsstrategien und Herausforderungen mentalisierend besprochen (Taubner 2015, Taubner et al. 2016).

Wirksamkeit der MBT-A bei nichtsuizidalen Selbstverletzungen

Depressivität und Selbstverletzung reduziert Neben einem Wirksamkeitsnachweis der MBT für Erwachsenen mit Borderline-PS (Bateman & Fonagy 2008) liegt für die Behandlung Adoleszenter mit selbstverletzendem Verhalten mittels der MBT-A eine randomisiert kontrollierte Studie (RCT) von Rossouw & Fonagy (2012) vor. Die Studie zeigt eine klare Überlegenheit der MBT-A gegenüber der „treatment as usual". Alle Jugendlichen (85% weiblich, 73% mit einer Diagnose einer Borderline-PS) zeigten zu Beginn NSSV.

> MBT-A-Behandelte zeigten eine Reduktion in Depressivität, selbstverletzendem Verhalten und der Borderline-Symptomatik sowie eine Steigerung der Mentalisierungsfähigkeit und eine Reduktion der Bindungsvermeidung. Es konnte gezeigt werden, dass der Rückgang des NSSV auf der Erhöhung der Mentalisierungsfähigkeit und der Reduktion der Bindungsvermeidung beruht.

MBT-A, Verhaltenstherapie und dialektisch-behaviorale Therapie geeignet Auch eine aktuelle Meta-Analyse von Ougrin et al. (2015), in die 19 RCTs mit insgesamt über 2179 jugendlichen Patienten einflossen, zeigt, dass selbstverletzendes Verhalten mittels Psychotherapie am besten behandelbar ist und dass die MBT-A neben der kognitiven Verhaltenstherapie und der dialektisch-behavioralen Therapie für Adoleszente die größten Effekte erzielen konnte.

MBT als Gruppenintervention Bo et al. (2016) führten eine viel versprechende Pilotstudie zu MBT-Gruppeninterventionen für Jugendliche mit Borderline-Symptomatik durch. Diese mündete nun in eine derzeit in Dänemark durchgeführte RCT (Beck et al. 2016). Das Design sieht neben dem Hauptbestandteil der MBT-Gruppentherapie mit 37 Sitzungen auch 3 Einzelsitzungen zum Bilden individueller Ziele und Fallformulierungen vor, begleitend gibt es sowohl für die Jugendlichen als auch die Eltern Psychoedukationstermine.

Manual erstellt Für MBT-A bei Jugendlichen mit einer Sozialverhaltensstörung wurde kürzlich ein Manual erstellt und ein randomisiert kontrollierte Studie läuft derzeit in Heidelberg, Innsbruck und Klagenfurt an (Projektleitung: Svenja Taubner).

Fazit

Die Diagnostik und Behandlung von Jugendlichen mit PS gilt als Herausforderung, da es sich meist um komplexe Symptome und Probleme handelt. Neuere diagnostische Systeme differenzieren über die Symptomebene hinaus; dies ermöglicht, Dysfunktionalitäten in Identität, Steuerung, zwischenmenschlichen Beziehungen, Empathie- und Mentalisierungsfähigkeit besser zu erkennen. Die Fähigkeit zur Mentalisierung bietet eine Basis, um Affekte besser regulieren zu können und somit adoleszente Krisen besser zu bewältigen. Die MBT-A ist deshalb zur Behandlung insbesondere von Jugendlichen mit strukturellen Schwächen geeignet.

Literatur

Bateman A, Fonagy P. Effectiveness of partial hospitalization in the treatment of borderline personality disorder: a randomized controlled trial. Am J Psychiatry 1999; 156: 1563–1569

Bateman A, Fonagy P. Psychotherapy for borderline personality disorder. Mentalization-based treatment. Oxford: Oxford University Press; 2004

Bateman A, Fonagy P. 8-year follow-up of patients treated for borderline personality disorder: mentalization-based treatment versus treatment as usual. Am J Psychiatry 2008; 165: 631–638

Beck E, Bo S, Gondan M et al. Mentalization-based treatment in groups for adolescents with borderline personality disorder (BPD) or subthreshold BPD versus treatment as usual (M-GAB): study protocol for a randomized controlled trial. Trials 2016; 17: 314

Bo S, Sharp C, Beck E et al. First Empirical Evaluation of Outcomes for Mentalization-Based Group Therapy for Adolescents With BPD. Personal Disord 2016 Aug 15 [Epub ahead of print]

Fonagy P. An attachment theory approach to treatment of the difficult patient. Bull Menninger Clin 1998; 62: 147–169

Fonagy P, Gergely G, Jurist EL, Target M. Affect Regulation, Mentalization and the Development of the Self. New York: Other Press; 2002

Fydrich T, Renneberg B, Schmitz B et al. SKID-II. Strukturiertes Klinisches Interview für DSM-IV. Achse II: Persönlichkeitsstörungen. Göttingen: Hogrefe; 1997

Gander M, Sevecke K. Bindungsbezogene Aspekte bei einer Jugendlichen mit einer Borderline-Persönlichkeitsstörung. Persönlichkeitsstörungen. Theor Ther 2015; 19: 213–223

Goth K, Foelsch P, Schlüter-Müller S et al. Assessment of identity development and identity diffusion in adolescence – Theoretical basis and psychometric properties of the self-report questionnaire AIDA. Child Adolesc Psychiatry Ment Health 2012; 6: 27

Herpertz-Dahlmann B, Herpertz S. Persönlichkeitsstörungen. In: Herpertz-Dahlmann B, Resch F, Schulte-Markwort M,

Warnke A, Hrsg. Entwicklungspsychiatrie. Stuttgart: Schattauer; 2005: 151–162

Huber E, Bock A, Hans M et al. Emotionserleben, Emotionsregulation und strukturelle Störung bei Jugendlichen. Psychother Forum 2016: doi:10.1007/s00729-016-0070-y

Moran P, Coffey C, Romaniuk H et al. The natural history of self-harm from adolescence to young adulthood: a population-based cohort study. Lancet 2012; 379: 236–243

Ougrin D, Tranah T, Stahl D et al. Therapeutic interventions for suicide attempts and self-harm in adolescents: systematic review and meta-analysis. J Am Acad Child Adolesc Psychiatry 2015; 54: 97–107.e102

Plener PL, Schumacher TS, Munz LM et al. The longitudinal course of non-suicidal self-injury and deliberate self-harm: a systematic review of the literature. Borderline Personal Disord Emot Dysregul 2015; 2: 2

Plener PL, Brunner R, Fegert JM et al. Treating nonsuicidal self-injury (NSSI) in adolescents: consensus based German guidelines. Child Adolesc Psychiatry Ment Health 2016; 10: 46

Rossouw TI. The use of mentalization-based treatment for adolescents (MBT-A) with a young woman with mixed personality disorder and tendencies to self-harm. J Clin Psychol 2015; 71: 178–187

Rossouw TI, Fonagy P. Mentalization-based treatment for self-harm in adolescents: a randomized controlled trial. J Am Acad Child Adolesc Psychiatry 2012; 51: 1304–1313.e1303

Schmid M, Schmeck K, Petermann F. Persönlichkeitsstörung im Kindes- und Jugendalter? Kindh Entwickl 2008; 17: 190–202

Sevecke K, Schmeck K, Krischer M. Das dimensional-kategoriale Hybridmodell für Persönlichkeitsstörungen im DSM-5 aus jugendpsychiatrischer Perspektive. Kritik und klinischer Ausblick. Z Kinder Jugendpsychiatr 2014; 42: 279–283

Sevecke K, Lehmkuhl G, Petermann F et al. Persönlichkeitsstörungen im Jugendalter. Widersprüche und Perspektiven. Kindheit und Entwicklung 2011; 20: 256–264

Taubner, S. Konzept Mentalisierung. Eine Einführung in Forschung und Praxis. Gießen: Psychosozial-Verlag, 2015

Taubner S, Volkert J. Mentalisierungsbasierte Therapie für Adoleszente (MBT-A). Göttingen: Vandenhoeck & Ruprecht; 2017

Taubner S, Sevecke K, Rossouw T. Mentalisierungsbasierte Therapie bei Jugendlichen (MBT-A) mit Persönlichkeitsstörungen. Persönlichkeitsstörungen. Theor Ther 2015; 19: 33–43

Prof. Dr. med. Kathrin Sevecke
Universitätsklinik für Psychiatrie, Psychotherapie und Psychosomatik im Kinder- und Jugendalter, Medizinische Universität Innsbruck
Anichstr. 35
6020 Innsbruck
E-Mail: Kathrin.Sevecke@i-med.ac.at

Direktorin der Universitätsklinik für Psychiatrie, Psychotherapie und Psychosomatik im Kinder- und Jugendalter der Medizinischen Universität Innsbruck, Fachärztin für Kinder- und Jugendpsychiatrie und -psychotherapie, Forensische Gutachterin für das Kindes- und Jugendalter. Forschungsschwerpunkte: Persönlichkeitspathologie im Kindes- und Jugendalter, aggressives und impulsives Verhalten bei Kindern und Jugendlichen, Essstörungen.

Dr. Astrid Bock
Univ.-Assistentin an der Universitätsklinik für Psychiatrie, Psychotherapie und Psychosomatik im Kinder- und Jugendalter der Medizinischen Universität Innsbruck, Klinische Psychologin und Gesundheitspsychologin, Psychoanalytikerin in Ausbildung unter Supervision. Forschungsschwerpunkte: Klinische Emotions- und Interaktionsforschung, Psychotherapieprozessforschung, Entwicklung und Verlauf struktureller Störungen in der Adoleszenz.

Interessenkonflikt
Die korrespondierende Autorin gibt an, dass kein Interessenkonflikt vorliegt.

Beitrag online zu finden unter http://dx.doi.org/10.1055/s-0043-103882

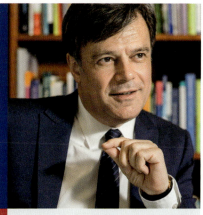

„Die Medizin muss neu lernen, eine tiefe Wertschätzung für jeden Menschen zum Ausdruck zu bringen."
Giovanni Maio

Giovanni Maio
Medizin ohne Maß?
€ 17,99 [D] / € 18,50 [A]
ISBN 978-3-8304-6749-6
Auch als E-Book

▸ **MEHR MENSCHLICHKEIT**
Wer heute mit Medizin zu tun hat, wird überwältigt durch die Vorherrschaft der Apparate. Es scheint so, als fliehe die Medizin in die technische Machbarkeit, um sich den existentiellen Fragen der Menschen zu entziehen. Giovanni Maio stellt die unausweichlichen Fragen nach dem guten Leben zu stellen.

 Bequem bestellen über
www.trias-verlag.de
versandkostenfrei innerhalb Deutschlands

TRIAS Wissen, was gut tut.

Birgit Riediger • Fritz Handerer

Multifamilientherapie und Adoleszenz
Eine psychodynamische Sicht auf das Konzept

Multifamilientherapie ist ein junges Verfahren, in dem mehrere Familien gemeinsam Lösungswege für ihre Probleme erarbeiten – ohne Lösungsvorschläge der Therapeuten. In diesem Beitrag wird die Multifamilientherapie vorgestellt und die besondere Bewältigung adoleszenter Entwicklungsblockaden am Beispiel von Familienklassen aufgezeigt.

Was ist Multifamilientherapie?

Therapie im Alltag Im April 2012 hielt Eia Asen im Rahmen einer Tagung in Göttingen einen Vortrag, in dem er ein relatives junges Behandlungsverfahren, die Multifamilientherapie (MFT), vorstellte, das sich komplett von anderen Behandlungsmethoden unterschied. Er arbeitete mit mehreren Familien, Kindern und Eltern zusammen. Die Therapie fand in ganz alltäglichen Kontexten statt, da wo es gerade brannte. Er begleitete die Familien beim Einkaufen, drehte Videos in Essenssituationen, zeigte aber auch Gruppensitzungen.

Lösungswege selber finden In Problemsituationen wurden keinerlei Lösungsvorschläge seitens der Therapeuten angeregt. Vielmehr wurden die Familien intensiv angehalten, Lösungswege selbst oder mithilfe der Mitpatienten zu erarbeiten. Sehr eindrücklich war ein Video, in dem mehrere Eltern und Jugendliche in einem sogenannten „Familienklassenzimmer" gemeinsam an den Schwierigkeiten ihrer Kinder arbeiteten.

Von anderen Familien profitieren In der Multifamilientherapie wird davon ausgegangen, dass dysfunktionale Verhaltensweisen innerhalb einer Familie differenzierter bearbeitet werden können, wenn diese Familien durch die Sichtweise und die Erfahrungen anderer Familien mit ähnlichen Schwierigkeiten bereichert und unterstützt werden. Die Klientengruppe ist der virtuelle Co-Therapeut.

Multifamilientherapie ist ein Verfahren, in dem unterschiedliche Familien ohne Fokussierung auf einen psychiatrischen Störungsanteil ressourcenorientiert in einem progressionsgeleiteten Kontext dazu angeregt werden, interaktionelle Schwierigkeiten im Familiensystem zu identifizieren, als veränderungswürdig zu betrachten und eine Veränderung letztendlich in unterschiedlich großen Schritten einzuleiten und zu festigen.

Blinde Flecken überlisten Es wird davon ausgegangen, dass man sensibel für die Probleme anderer ist, aber für ähnliche Probleme in der eigenen Familie oder bei einem selbst blinde Flecken hat. Diese Erkenntnis wird in der Multifamilientherapie dazu genutzt, andere Familien direkt in den Prozess der Veränderung und somit in den Prozess der Gesundung mit einzubeziehen.

Kein hierarchisches Gefälle Man könnte also sagen, dass die Gruppe einem einzelnen System oder auch einzelnen Mitgliedern dieses Familiensystems eine Vielzahl differenzierter Außenperspektiven liefert, die diese Familien insofern besser für einen Gesundungsprozess nutzen können, da zwischen den Klienten untereinander kein hierarchisches Gefälle existiert. Dies hat grundlegende Auswirkungen auf die Veränderungsbereitschaft und den Widerstand im therapeutischen Prozess.

Geschichte der Multifamilientherapie

Familien profitieren von Familien Als den Urheber der Multifamilientherapie dürfte man Peter Laqueur bezeichnen, der in den Fünfzigerjahren des vergangenen Jahrhunderts mit schizophrenen Patienten psychotherapeutisch arbeitete und nach und nach deren Familienangehörige im Gruppensetting in die Arbeit mit einbezog (Laqueur 1969, 1972, 1976). Es wurde deutlich, dass Familien bei schwer zu bewältigenden Problemen, dysfunktionalen Interaktionsmustern und chronifizierten interpersonellen Schwierigkeiten gut von ähnlich betroffenen Familien und deren Sichtweise profitieren konnten.

Lernen am Modell und hilfreiche Feedbacks untereinander erwiesen sich als entstigmatisierend und als Regulativ der oft empfindlich gestörten narzisstischen Balance.

Arbeit mit Multiproblemfamilien In England kam es zu ersten multifamilientherapeutischen Probeläufen im tagesklinischen Bereich durch Allan Cooklin. Cooklin, Direktor des Malborough Family Service London, fokussierte speziell auf die Arbeit mit Multiproblemfamlien, und es war die Arbeit mit dieser Klientel, die ihn dazu veranlasste, 1976 eine therapeutische Gemeinschaft für solche Familien ins Leben zu rufen, die „Family Day Unit" (Familientagesklinik) (Cooklin et al. 1983). Cooklin und damals bereits Eia Asen erlebten die übliche Fokussierung auf die Behandlung von psychischen Störungen als invalidisierend, regressionsfördernd und nicht ausreichend progressionsorientiert und entwickelten am Malborough Family Service das Konzept der Multifamilientherapie. Dieser Ansatz fand zunehmend auch in anderen Ländern Interesse und Anwendung – so in Frankreich (Benoit et al.1980), in der Schweiz (Salem et al. 1985) und auch in Deutschland.

Konzept und Grundgedanke

Behandlungsvoraussetzungen – nicht immer ideal
Zu einem psychotherapeutischen Prozess gehören im Allgemeinen Behandlungsvoraussetzungen, von denen bei Multiproblemfamilien nicht unbedingt ausgegangen werden kann. Um von einer Therapie zu profitieren, braucht man einen Veränderungswunsch, eine Motivation, die Fähigkeit zur Introspektion, Leidensdruck und einen relativ geringen sekundären Krankheitsgewinn.

Veränderungsangst und Widerstand
Es wird z. B. in der psychodynamischen Schule davon ausgegangen, dass auch bei guter Motivation und vorhandenem Veränderungswunsch allein das Wissen darum, dass ein psychotherapeutischer Prozess Veränderung bedeutet, bei Klienten unbewusst zu erheblicher Veränderungsangst führt. Um den Status quo zu erhalten, werden Kräfte wirksam, die in der psychodynamischen Schule als Widerstand bezeichnet werden (Freud 1895, König 1995b), wobei dieser Begriff in der Multifamilientherapie allerdings nicht konzeptualisiert ist. Widerstand zeigt sich unter anderem darin, dass es dem Klienten in einer Psychotherapie nur schwer möglich ist, sich mit der Haltung des Therapeuten bzw. mit dessen Konzept zu identifizieren.

Außenschau auf mögliche Veränderungen
In der Multifamilientherapie dient die Triade Therapeut-System-Gruppe als Modell zur Einsichtsvermittlung, denn eine Identifikation mit den Haltungen und Ansichten der Klientengruppe soll von Veränderung bedrohten Familiensystemen entsprechend den Annahmen der MFT deutlich besser gelingen.

Durch den ständigen Austausch mit anderen in unterschiedlichsten Situationen können die Klienten eine direkte Außenschau von möglichen Veränderungen bekommen.

Einbeziehen anderer in die eigenen Schwierigkeiten
Mit dem Einbeziehen anderer Familien in die eigenen Schwierigkeiten – und wir werden darstellen, in welcher Form dies technisch geschieht – werden Familien auf eine sehr praktische Art und Weise angeregt, die Grundsätze der Multifamilientherapie zu entdecken, zu verinnerlichen und sich mit diesen zu identifizieren. Dieser Identifikationsprozess hält die Familien in Arbeit und ist eine hervorragende Form der Widerstandsbearbeitung.

Spielerisch die Perspektive wechseln
Die Multifamilientherapie soll zu einer Förderung von Solidarität, zu einer Verminderung der sozialen Isolation, zu einer Entstigmatisierung und zur Entlastung insuffizienzbedingter Schamaffekte führen. Durch die Art und Weise, wie der multifamilientherapeutische Alltag im Detail, aber auch in strukturierten Sitzungen verläuft, werden Klienten zu neuen Sichtweisen und Perspektiven angeregt. Sie lernen am Modell, spielerisch die Perspektive zu wechseln, und Mentalisierungsprozesse werden befördert.

Positiver Gruppendruck
Die Gruppe übernimmt häufig klarifizierende und konfrontierende Arbeit, aber auch Hilfs-Ich-Funktion. Sie antizipiert oft unaufgefordert Konsequenzen, erzeugt positiven Gruppendruck und übernimmt somit supportive Funktionen. Ressourcen werden aktiviert und die Klienten entwickeln innerhalb kürzester Zeit ein Gefühl dafür, dass ein Veränderungsprozess in Gang ist. Die Fähigkeit zur Selbstreflexion wird gestärkt und sie machen die Erfahrung, auch mit Schwierigkeiten anerkannt und wertgeschätzt zu werden (Asen & Scholz 2009, S. 20/21).

Einblick in die Technik der Multifamilientherapie

Vom Therapeuten zum Co-Piloten
Grundsätzlich ist es die Aufgabe des Therapeuten, möglichst schnell dafür zu sorgen, dass der „Co-Therapeut", die Patientengruppe, seine Arbeit aufnimmt, damit sich der Therapeut in die „Co-Piloten-Position" (Asen & Scholz 2009) begeben kann. Wenn von „der Therapeut" gesprochen wird, sind in Wahrheit immer zwei Therapeuten gemeint, die sich die Aufgaben teilen, gemeinsam die Sitzungen, Interventionen und Übungen vorbereiten und den Ablauf planen.

Schnell in Kontakt bringen
Generell besteht die Notwendigkeit, alle Teilnehmer so schnell wie möglich zu vernetzen und zum Austausch anzuregen. Hierbei gibt es unterschiedliche Techniken, die Familien gezielt aufzufordern, ihre Perspektiven und Ansichten jeweils anderen Familien oder der Gruppe mitzuteilen. Die Therapeuten sind zunächst sehr präsent, bringen die Systeme intensiv zu beobachtetem Problemverhalten und Kommunikationsstörungen einzelner Familien in Kontakt und ziehen sich dann zurück, um die Gruppe einerseits ihre Arbeit machen zu lassen, andererseits in „kreisender Haltung" und durch „Allozentriertheit" den Gruppenprozess aus der Beobachterposition zu begleiten und, falls nötig, erneut anzuwärmen (Asen & Scholz 2009).

Das Fünf-Schritte-Modell
Eine Besonderheit in der Multifamilientherapie ist neben den systemischen Basistechniken, wie dem zirkulären Fragen, der Externalisierung und der Columbo-Technik, das sogenannte Fünf-Schritte-Modell nach Asen, kurz B-W-B-V-A genannt. Es stellt neben einer reinen Technik letztendlich auch die beschriebene therapeutische Haltung in der Multifamilientherapie dar.

Im Fünf-Schritte-Modell B-W-B-V-A steht „B" für Beobachtung, „W" für Wahrnehmungsvergleich, „B" für Bewertung, „V" für Veränderungswunsch und „A" für Aktion/1. Schritt.

Am Anfang steht die Beobachtung Zunächst teilt der Therapeut seine eigene Beobachtung zu einem Kommunikations- oder Verhaltensproblems innerhalb einer Familie mit und versichert sich, ob der Klient diese Wahrnehmung teilt. Dann wird der Klient dazu angeregt, diese Wahrnehmung in seiner Erwünschtheit zu bewerten. Als Nächstes muss er eine Entscheidung treffen. Soll das beobachtete Verhalten verändert werden – und wenn ja, was könnten die ersten Schritte sein?

Keine Lösungen vorgeben Das Fünf-Schritte-Modell impliziert, dass der Therapeut zu keiner Zeit die Verantwortung für Lösungsvorschläge, auch in Bezug auf die Probleme im Umgang mit den Kindern, übernimmt. Die Verantwortung für die Kinder und für die Gestaltung des Umgangs mit ihnen bleibt stets bei den Eltern, auch wenn die oft lange Zeit rat- und hilflos gewesenen Eltern in einer gewissen Passivität verhaftet sind. Auch aus psychodynamischer Sicht hätte eine Befriedigung solcher regressiver Wünsche durch Vorgabe von Lösungsmöglichkeiten eine Verstärkung des sekundären Krankheitsgewinns zur Folge und wäre progressionshinderlich.

Strukturelle Störungsanteile Rudolph (2004) beschreibt ein solches chronifiziertes „Nicht-wissen-wie" im Sinne einer allgemeinen Ziel- und Orientierungslosigkeit als ein besonderes Merkmal strukturell gestörter Patienten. Strukturelle Störungsanteile findet man häufig auch bei Klienten aus Multiproblemfamilien.

Funktionale Verhaltensweisen sofort ausprobieren Im Unterschied zu rein gesprächspsychotherapeutischen Verfahren lösen sich Asen & Scholz komplett vom gängigen defizitorientierten Störungsmodell und setzen radikal auf die Aktivierung verschütteter oder nicht freigelegter interpersoneller Ressourcen in Form kompletter Verantwortungsübernahme durch die Klienten, und sie beziehen zudem die Handlungsebene mit ein.

Die Klienten werden in kritischen Situationen aufgefordert, funktionalere Verhaltens- und Kommunikationsweisen sofort auszuprobieren. Die Reaktionen der anderen dienen der Realitätsprüfung, der Korrektur des eigenen Selbstkonzeptes, der Entwicklung von Arbeitsstolz und somit der Regulierung der narzisstischen Balance und der Entwicklung von Antizipation.

Sehr aktive Techniken Diese Verantwortungsübernahme wird mit außerordentlich aktiven Schritten und Techniken gefördert und gefordert. Die Multifamilientherapie kennt die Innenkreis- und Außenkreistechnik genauso wie Videofeedback, Rollentauschtechniken oder auch Adoptivelternschaften, in denen verschiedene Systeme die Kinder tauschen und sich so ihrer eigenen Fähigkeiten bei anderen Kindern gewahr werden.

Spiel für Spaß Neben diesen bereits vorgestellten Techniken gibt es jedoch auch klassische Sitzungsstrukturen. So wird eine Multifamilientherapiesitzung häufig mit einem sogenannten „Spiel" eröffnet. Dieses Spiel dient einerseits der Vernetzung der Klienten untereinander, verbessert spielerisch die Kommunikation, fördert Kennenlernprozesse und schafft eine lustvolle Arbeitsatmosphäre. Zudem fördert es eine Fähigkeit, die vielen dieser Problemklienten fehlt: die Fähigkeit zum Genuss. Viele der Klienten, die wir im ÖHK Mühlhausen im Rahmen von 6- bis 8-wöchigen stationären Aufenthalten behandelt haben, beschreiben im Nachgang, dass sie seit Jahren das erste Mal wieder zusammen mit ihren Kindern Spaß gehabt haben.

Übungen für Familienidentität und Ressourcen Meist schließt sich eine sogenannte „Übung" an. Diese Übungen haben sehr unterschiedliche Einsatzmöglichkeiten. Sie dienen z. B. dem bewussten Erleben der eigenen Familienidentität oder der Fokussierung auf Ressourcen. Typische Übungen hierfür wären z. B. das künstlerische Gestalten eines Familienwappens, Familienskulpturarbeit oder die Entwicklung eines Familientraumschlosses. Es können aber auch Schwierigkeiten und Konfliktsituationen bearbeitet werden, wie z. B. in der Übung „Klaps oder Schlagen?". Die Sitzungen werden dann beendet, indem die Familien ihre Arbeitsergebnisse vorstellen und diskutieren – und ggf. zum Ausklang wieder ein Spiel gemacht wird.

Familientherapie und Adoleszenz – verträgt sich das?

Entidealisierung der Elternimagines Eine der wesentlichen Aufgaben der Adoleszenz ist nach Auffassung psychoanalytischer und entwicklungspsychologischer Ansätze die Loslösung und Individuation von den infantilen Liebesobjekten (Corey 1946, Blos 1973, Streeck-Fischer 2006) und die Generierung einer erwachsenen Identität. Die notwendige Entidealisierung der Elternimagines bei gleichzeitig andrängendem Triebdruck führen zu einer Labilisierung von Ich-Ideal und Über-Ich (Blos 1973). Das heißt, Jugendliche sind entwicklungsbedingt störanfällig für Regelverstöße und strapazieren die Beziehung zu Eltern und zu Autoritäten in erheblichem Maß durch das Verleugnen positiver (elterlicher) Aspekte.

Die Schamkrise Dieses Wegwenden von den Eltern ohne stabiles inneres Selbstkonzept geht mit einer Hinwendung zur Peergroup einher. Scham und Gefühle von Unfähigkeit, bzw. unpassend und minderwertig zu sein, führen zur adoleszenten Schamkrise. Typische adoleszente Verhaltensweisen und narzisstische Übergangskonfigurationen (Streeck-Fischer 2006) dienen einerseits der Abwehr unerträglicher Schamaffekte, andererseits der Rollenfindung in der Peergroup. Selbsterhöhung, Verleugnung eigener Defizite, grobe Entwertung anderer, Leistungsverweigerung und aggressive Konfliktlösungsstrategien als auch Borderline-ähnliche Beziehungsgestaltungen (Streeck-Fischer 2006) kommen ebenso oft vor wie narzisstisch/omnipotente Selbstgenügsamkeit, gepaart mit sozialem Rückzug und mit Abwehr von Schamaffekten durch Identifikation mit Idolen.

Das Dilemma des narzisstischen Durchgangsstadiums

Insofern stellt das narzisstische Durchgangsstadium (Blos 1973) mit seinen Bewältigungsstrategien ein Dilemma dar: Einerseits ist es zur Entwicklung einer erwachsenen Identität und zur Beförderung von Loslös- und Individuationsprozessen dringend erforderlich, andererseits kann es besonders bei adoleszentenkritischem Verlauf zu einer erheblichen Beeinträchtigung der psychosozialen Funktionsfähigkeit führen und somit zur Blockade in der Bewältigung altersentsprechender Entwicklungsaufgaben.

MFT setzt den Schwerpunkt nicht auf Adoleszenz als eigene Entwicklungsstufe mit eigenen Erfordernissen (wie oben dargestellt). Ihr Blick richtet sich auf die real beobachtbaren Interaktionsprobleme in sozialen Bezügen.

Verantwortungsübernahme der Eltern

Während in den meisten Psychotherapieschulen in der Arbeit mit Eltern adoleszenter Jugendlicher darauf fokussiert wird, die Eltern dabei zu unterstützen, den Jugendlichen die Verantwortung nach und nach zu übergeben und ihnen die anstehende Separation durch Unterstützung autonomer Schritte zu ermöglichen, setzt die Multifamilientherapie auf Präsenz und Verantwortungsübernahme der Eltern für die Entwicklung ihrer Kinder anhand einer autoritativen Haltung. Ein Beispiel hierfür ist das an der Malborough Family School entwickelte Konzept der Familienklassen und Familienklassenzimmer. Aufgrund ihres Erfolgs ist sie mittlerweile in MFEC (Malborough Family Education Center) umbenannt.

Das Konzept der Familienklassen und Familienklassenzimmer

Lehrer, Therapeut, Schüler, Eltern Familienklassen und Familienklassenzimmer sind jahrgangsübergreifend organisiert und werden von speziell ausgebildeten Lehrern (wenigstens ein multifamilientherapeutischer Grundkurs) und einem Familientherapeuten moderiert. Insgesamt nehmen bis zu 10 Schüler und wenigstens ein Elternteil oder eine relevante Erziehungsperson teil. Am MFEC London sind je nach Intensität der Störung die Schüler bis zu viermal wöchentlich mit täglich 2–3 Stunden intensiv in eine Familienschule integriert. Für den Rest der Stundenzahl nehmen sie in ihrer Regelschule am Unterricht teil, um dort die Anbindung nicht zu verlieren.

Verschiedene Modelle Dieses Konzept hat mittlerweile Modifikationen und Ergänzungen erfahren. U. a. wird es z. B. an Regelschulen einmal wöchentlich in Form von Familienklassenzimmern durchgeführt. Auch in Deutschland findet man inzwischen Familienklassen. Beispiele hierfür sind das im teilstationären Bereich angesiedelte FiSch-Projekt in den Tageskliniken Husum, Schleswig und Flensburg (Behme-Matthiessen et al. 2009). Familienklassenzimmer gibt es aber auch im Regelschulbereich so z. B. an Bremer Oberschulen (Bremer Modell) und in hessischen Grundschulen (Grundschule Aßlar).

Destruktives Verhalten in der Schule Jugendliche, die in Familienschulen oder Familienklassenzimmern unterstützt werden, haben meist Verhaltensstörungen, vermeiden die Schule, zeigen oppositionelles und aggressives Verhalten, haben Probleme in den klassischen Schultugenden und Leistungsstörungen. Solche Problemjugendlichen agieren destruktives Verhalten und können im Regelschulkontext das Gruppenklima der Lerngruppe nachhaltig stören. Oft versuchen sie, mit dissozialen Verhaltensweisen die Gruppennorm zu dominieren. Meist stehen die Lehrer hilflos und ohnmächtig da, fühlen sich ausgehebelt und geben den Eltern die Schuld (Asen & Scholz 2009). Die Eltern wiederum halten häufig die Schule für unfähig, ihrem Lehr- und Erziehungsauftrag nachzukommen.

Schwierigkeiten in der Schule können auch dort in Arbeit gebracht werden Das Konzept der Familienklassen setzt darauf, dass weder Eltern noch Lehrer sich durch Schuldverschiebung und Verharren in Resignation aus der Verantwortung nehmen können. Verantwortungsübernahme durch die Eltern heißt Präsenz und Kooperation mit Lehrern und mit dem Kind.

MFT setzt darauf, dass Schwierigkeiten, die im schulischen Kontext auftreten, auch dort in Arbeit gebracht werden können. Die Grundannahme, dass man als betroffenes System möglicherweise für sich noch keinen eigenen Lösungsweg antizipiert, aber Familien, die im gleichen Boot sitzen, hilfreich sein könnten, kommt auch hier zur Anwendung.

Alle sind verantwortlich Die Eltern sind für das Verhalten ihrer Kinder und die Kooperation mit dem Lehrer verantwortlich, die Lehrer für die Wissensvermittlung. Alle zusammen haben zum Ziel, durch Bereitstellung und Gewährleistung einer prosozialen Arbeitsatmosphäre und durch sofortiges Aufgreifen und Bearbeiten dysfunktionaler Kommunikations- und Verhaltensweisen aller Teilnehmer das Verhalten und die Lernbereitschaft der Jugendlichen zu verbessern und sie sukzessive in die Regelschule zu reintegrieren.

Konkrete Ziele, strukturierter Prozess Dies geschieht in einem zielorientierten und in einzelne Sequenzen strukturierten Prozess. Mit den Schülern, Regelschullehrern und Eltern werden zunächst bewusst konkret gehaltene Ziele vereinbart. Der tägliche Stundenplan beinhaltet pädagogische und therapeutische Ziele.

Sich gegenseitig aufmerksam machen

Familien, Lehrer, Therapeut und Jugendliche treffen sich zum vereinbarten Termin und beginnen zunächst mit einer informellen Runde, begleitet von einem Frühstückssnack. In dieser Runde tauschen sie sich bereits über Erfolge oder stattgehabte Konflikte aus. Dann beginnt eine Schulstunde Unterricht, in der Wissen vermittelt wird. Die Eltern sitzen im Außenkreis, beobachten ihre Kinder, können sich gegenseitig darauf aufmerksam machen, was sie bei ihren und den jeweils anderen Kindern wahrnehmen, und auch bei Fehlverhalten aktiv eingreifen.

Die Familienlerngruppe

Nach dieser ersten Schulstunde findet an jedem Tag eine „Familienlerngruppe" statt. Familien, Lehrer und Schüler diskutieren unter dem Vorsitz eines Erziehungsberechtigten oder Schülers, was sie beobachtet haben. Mindestens einmal pro Woche wird die Runde genutzt, um sich mit den speziellen Zielen jedes einzelnen Schülers zu befassen. Mit Schülern und Eltern werden ganz konkrete positive als auch negative Konsequenzenpläne erarbeitet. Auch diese sind wiederum graduell an das Ausmaß des gezeigten erwünschten Verhaltens angepasst.

Interaktion – auch in der Pause

Je nach Dauer eines solchen Schultages können sich Pausensituationen anschließen, in denen wiederum die Interaktion aller untereinander beobachtet wird, die Familien nach der B-W-B-V-A-Technik miteinander in Arbeit gebracht werden und somit als Reflecting Team für andere Familien dienen. Dann folgt eine weitere Schulstunde oder eine MFT-Übung.

Dokumentation und Rückmeldung

Der Erfolg der Verhaltensänderung wird nicht nur wöchentlich überprüft, vielmehr wird das Erreichen der Verhaltensziele über den gesamten Prozess dokumentiert und neben den Betroffenen auch den Regelschulen rückgemeldet. Je weiter die Schüler in Bezug auf die internalisierten prosozialen und pädagogischen Verhaltensziele fortgeschritten sind, desto höher wird der Anteil an Regelschulstunden und desto geringer die elterliche Präsenz in den Familienklassen.

Fazit

Multifamilientherapie wirkt. Studien belegen die Wirksamkeit z. B. bei Schizophrenie und Anorexie und zeigen hochsignifikante Verbesserungen der Verhaltensziele. Wesentliche Wirkfaktoren sind die intensive Ressourcenaktivierung und die Generierung des Prinzips Hoffnung.

Mit der Schaffung einer Triade durch Einbeziehung der Gruppe wird Distanz geschaffen und Identifikationsprozesse mit den Erfordernissen der Therapie befördert.

Unerträgliche Zustände verlieren ihre Schwere und werden bearbeitbarer. Jugendliche lernen, dass Konflikte in einer sozialen Gemeinschaft zu lösen sind und affektive Zustände nicht zwangsläufig zu Ohnmacht führen. Sie erleben die Eltern als ehrlich bemüht und veränderungswillig. Die Übernahme von Verantwortung erleben sie als Interesse an ihrer Entwicklung; eine Erfahrung, die sie darin bestärkt, einen individuellen Lebensweg einzuschlagen.

Literatur

Asen E, Scholz M. Praxis der Multifamilientherapie. Heidelberg: Carl-Auer-Systeme; 2009/2015

Benoit JC, Daigremont A, Kossmann L et al. (1980): Group de rencontre multifamilial dans un pavillon de malades chroniques. Ann medicopsychol 1980; 10: 1253–1259

Blos P. Adoleszenz. Stuttgart: Klett-Cotta; 1973

Behme-Matthiessen U, Bock K, Nykamp A et al. FiSch, Familie in Schule. Ein Arbeitsbericht. Systhema 2009; 3: 266–276

Cooklin A, Miller A, McHugh B. An institution for change: developing a family day unit. Family Process 1983; 22: 453–468

Corey SM. Development Tasks of Youth. In: Devey J, ed. Social Yearbook. New York: Harper; 1946

Freud S. (1895): Zur Psychotherapie der Hysterie. In: Freud A, Bibring E, Hoffer W, Kris E, Isakower O. Studien über Hysterie. Gesammelte Werke. Frankfurt: Fischer Taschenbuchverlag; 1895: 252–312

Geist R, Heinmaa M, Stephens D et al. Comparison of family therapy and family group psychoeducation in adolescents with anorexia nervosa. Canad J Psychiatr 2000; 45: 173–178

Klein M. Bemerkungen über einige schizoide Mechanismen. In: Thorner HA. Das Seelenleben des Kleinkindes. Stuttgart: Klett-Cotta; 1946

König K. Abwehrmechanismen. Göttingen: Vandenhoeck & Ruprecht; 1995a

König K. Widerstandsanalyse. Göttingen: Vandenhoeck & Ruprecht; 1995b

Laqueur HP (1969): Multiple family therapy in a state hospital. Hosp Community Psychiatry 1969; 20: 13–20

Laqueur HP. Mechanisms of change in multiple family therapy. In: Sager CJ, Kaplan H, eds. Progress in group and family therapy. New York: Bruner/Mazel; 1972: 400–415

Laqueur P. Multiple family therapy. In: Guerin PJ, ed. Family therapy: Theory and practice. New York: Gardner; 1976

McDonell MG, Short RA, Berry CM et al. Multiple-family group treatment of outpatients with schizophrenia: impact on service utilization. Fam Process 2006; 45: 359–373

McFarlane WR, Link B, Dushay R et al. Psychoeducational multiple family groups: four year relaps outcome in schizophrenia. Fam Process 1995; 34: 127–144

Rhodes P, Baillee A, Brown J et al. Can parent-to-parent consultation improve the effectiveness of the Maudsley model of family-based treatment for anorexia nervosa? A randomized controlled trial. J Fam Ther 2008; 30: 96–108

Rudolph G. Strukturbezogene Psychotherapie: Leitfaden zur psychodynamischen Therapie struktureller Störungen. Stuttgart: Schattauer, Stuttgart; 2004

Salem G, v. Niederhäusern O, Aubry M et al. (1985): Approche multifamiliale à l´hospital psychiatrique. Arch Suisses Neurol Psychiatr 1985; 136: 67–71

Streeck-Fischer A. Trauma und Entwicklung. Stuttgart, New York: Schattauer; 2006

Süß-Falkenberg U. Familientagesklinische Behandlung bei sozial und emotional gestörten Kindern. Eine 1½-Jahres-Katamnese. Inauguraldissertation der Medizinischen Fakultät Carl Gustav Carus der Technischen Universität Dresden 2005

Dr. Birgit Riediger

Ökumenisches Hainich Klinikum Pfafferode 102
99974 Mühlhausen
B.Riediger@oehk.de

Kinder- und Jugendpsychiaterin, Erwachsenenpsychiaterin und Psychoanalytikerin, langjährig im AFK Tiefenbrunn tätig, zuletzt als Oberärztin und kommissarische Chefärztin in der Klinik für Kinder- und Jugendpsychiatrie und -psychotherapie mit Schwerpunkt Entwicklungstherapie und Behandlung von Traumafolgen, seit 2016 Leiterin der Eltern-Kind-Station des ÖHK Mühlhausen.

Dr. Fritz Handerer

Chefarzt der Klinik für Kinder- und Jugendpsychiatrie, -psychotherapie und -psychosomatik am Ökumenischen Hainich Klinikum Mühlhausen, Chefarzt seit 2001, Master im Management Health Care, Krankenhaushygieniker, Psychotherapeut.

Interessenkonflikt
Die korrespondierende Autorin gibt an, dass kein Interessenkonflikt vorliegt.

Beitrag online zu finden unter
http://dx.doi.org/10.1055/s-0043-103853

Wolfgang Jansen • Ursula Ranke • Elvira Steuck

Trotz Krankheit zur Schule?!

Klinikschule – ein wesentlicher Beitrag zur Sicherung der Bildungsbiografie und zur Unterstützung der Behandlung von Jugendlichen mit einer chronischen Erkrankung

Sowohl Eltern als auch Schülerinnen und Schüler haben oft Befürchtungen wegen einer Unterbrechung des Schulbesuchs durch einen Krankenhausaufenthalt: Sie sehen die Schullaufbahn in Gefahr. Dies bedeutet eine zusätzliche psychische Belastung. Dass die Kinder während des Klinikaufenthalts durch Pädagogen von Klinikschulen in schulischen Angelegenheiten betreut und unterrichtet werden, beruhigt. Besondere Bedeutung erhält Klinikschule bei chronischen Erkrankungen.

Eine Schule in der Klinik?

Unterschiedliche Regelungen der Bundesländer Ein Beschluss der Kultusministerkonferenz von 1998 definiert allgemein die Ziele und Aufgaben, Formen und Organisation des Unterrichts. In den Bundesländern gelten dann unterschiedliche Regelungen zum Unterricht kranker Schülerinnen und Schüler. In den meisten Ländern sind die Klinikschulen (Schulen für Kranke) Teil der sonderpädagogischen Unterstützungssysteme, in Bayern zählen sie zu den allgemeinen Schulen. In Baden-Württemberg gibt es ca. 60 Schulen mit dem Förderschwerpunkt *Schülerinnen und Schüler in längerer Krankenhausbehandlung* sowohl in öffentlicher (Land, Kreis, Kommune) als auch in privater Trägerschaft (i. d. R. in gleicher wie die Klinik) (o **Infobox 1**).

Sicherung der Bildungsbiografie Am Universitätsklinikum Freiburg werden Kinder und Jugendliche in stationärer Behandlung am *Zentrum für Kinder- und Jugendmedizin* oder am *Zentrum für Psychische Erkrankungen* (bei Bedarf auch in anderen Kliniken im Stadtgebiet) von Lehrkräften der staatlichen Klinikschule unterrichtet (www.klinikschule-freiburg.de). Dies geschieht in Abstimmung mit der Stammschule, den Eltern und dem medizinischen Behandlungskontext. Die Klinikschule arbeitet subsidiär zur Therapie.

Ziel ist die Sicherung der Bildungsbiografie. Die Wiedereingliederung in die bisherige Stammschule wird dabei vorrangig angestrebt, u. U. werden jedoch auch während der Behandlung alternative Bildungswege angebahnt.

Vier Säulen Vier Säulen tragen das Dach, das die Zielsetzung „Sicherung der Bildungsbiografie" symbolisiert. Die Hauptlast wird getragen durch die beiden Säulen *Unterricht* für die Kinder und Jugendlichen in stationärer Behandlung. Diese Säulen stellen das Kerngeschäft der Klinikschule dar (o **Abb. 1**).

> **Infobox 1**
>
> **Die Klinikschule ist ein sonderpädagogisches Bildungs- und Beratungszentrum (SBBZ)**
> In Baden-Württemberg sind Schulen an Kliniken Teil des sonderpädagogischen Unterstützungssystems und heißen deshalb „Sonderpädagogisches Bildungs- und Beratungszentrum mit dem Förderschwerpunkt Schülerinnen und Schüler in längerer Krankenhausbehandlung". Das Kultusministerium Baden-Württemberg beschreibt das auf seiner Internetseite so:
> „Das sonderpädagogische Bildungs- und Beratungszentrum mit Förderschwerpunkt Schüler in längerer Krankenhausbehandlung fördert Schülerinnen und Schüler aus allen Schularten. Aufgabe der Schulen mit diesem Förderschwerpunkt ist es vor allem, ihren Beitrag zum Erhalt des Bildungsstandes, der Sicherstellung der schulischen Wiedereingliederung nach krankheitsbedingter Unterbrechung des regulären Schulbesuchs sowie der Koordination von geeigneten Fördermaßnahmen für Kinder und Jugendliche bei längerem Krankenhausaufenthalt zu leisten. Das sonderpädagogische Bildungs- und Beratungszentrum unterstützt dabei auch andere Schulen bei der Förderung von Schülerinnen und Schülern, die krankheitsbedingt besonderen Förderbedarf haben. Hinzu kommen unterstützende Aufgaben beim Aufbau von regionalen Netzwerken."
>
> *Quelle: Ministerium für Kultus, Jugend und Sport Baden-Württemberg. Im Internet: http://www.km-bw.de/,Lde/Startseite/Schule/Foerderschwerpunkt+Schuelerinnen+und+Schueler+in+laengerer+Krankenhausbehandlung*

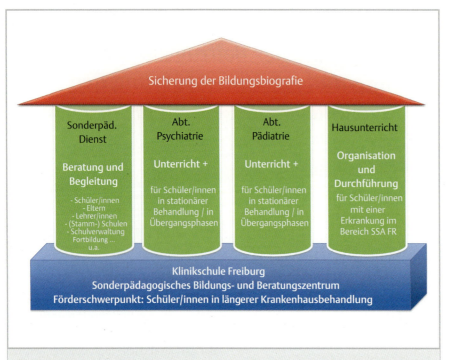

Abb. 1 Vier Säulen der Klinikschule am Universitätsklinikum Freiburg

Unterstützung und Begleitung über den Klinikaufenthalt hinaus

Unterstützung für Schüler mit chronischen Erkrankungen Neben dem originären Auftrag der Beschulung von Kindern und Jugendlichen während der stationären Behandlung haben Klinikschulen – u. a. bedingt durch Veränderungen im medizinischen Behandlungskontext (z. B. Ambulantisierung) – die Unterstützungsangebote für Schülerinnen und Schüler mit einer chronischen Erkrankung ausdifferenziert. Die Klinikschule Freiburg hat für diese Aufgabe – analog zu den weiteren Institutionen des sonderpädagogischen Unterstützungssystems – ein sonderpädagogisches Dienstleistungsangebot eingerichtet (◐ Infobox 2).

An diesen sonderpädagogischen Dienst der Klinikschule können sich Schülerinnen und Schüler, Eltern, Schulen, Lehrkräfte, niedergelassene Fachärzte sowie Therapeutinnen und Therapeuten wenden, wenn Fragen im Zusammenhang mit Erkrankung und Schule entstehen.

Poststationärer Hausunterricht Die vierte Säule symbolisiert das Angebot, Hausunterricht zu organisieren und durchzuführen. Dieses Angebot bedient (neben einzelnen Fällen aus dem Bereich Psychiatrie) zumeist Schülerinnen und Schüler mit onkologischen Erkrankungen, die zwischen den Behandlungszyklen (insgesamt bis zu 18 Monate und mehr) nach Hause entlassen werden, aber die Stammschule noch nicht (in vollem Umfang) besuchen können.

> Die Klinikschule hat ihre Aufgabe erfüllt, wenn die Kinder und Jugendlichen für sich das Krank-(gewesen)-sein als vereinbar mit der Bildungsbiografie erleben und diese erfolgreich fortsetzen.

Krankheit – Leben unter veränderten Bedingungen

Besondere Belastungen Es sind nicht nur der verpasste Lehrstoff, die versäumten Klausuren, die verpassten Erlebnisse in der sozialen Umgebung. „Krankheit ist Leben unter veränderten Bedingungen", hat Rudolf Virchow gesagt. Für die betroffen

---

Infobox 2

Sonderpädagogische Dienste – Beratungs- und Unterstützungsangebote an allgemeinen Schulen

Wenn eine Schülerin oder ein Schüler besondere Entwicklungsprobleme hat und diese Lernschwierigkeiten zur Folge haben, kann ein sonderpädagogischer Beratungs- und Unterstützungsbedarf bestehen. Eltern oder die allgemeinen Schulen können dann den sonderpädagogischen Dienst eines Bildungs- und Beratungszentrums (SBBZ) bitten mitzuhelfen, um den schulischen Lernerfolg zu gewährleisten. Nahezu alle sonderpädagogischen Bildungs- und Beratungszentren halten solche Dienste vor. Zu ihren Aufgaben gehört:

▸ die beteiligten Lehrkräfte und Eltern zu beraten,
▸ den Bedarf sonderpädagogischer Leistungen zu klären,
▸ sich an der Teilhabeplanung der allgemeinen Schulen im Zusammenwirken mit den Eltern und ggf. außerschulischen Kosten- und Leistungsträgern zu beteiligen,
▸ die Schulen beim Aufbau von Hilfesystemen und Förderkonzepten zu unterstützen.

Neben den sonderpädagogischen Diensten stehen regionale Ansprechpersonen für Fragen zur schulischen Bildung junger Menschen mit Behinderungen und Beeinträchtigungen zur Verfügung, außerdem die Arbeitsstellen Kooperation an den staatlichen Schulämtern. Darüber hinaus gibt es Hilfe durch behinderungsspezifische Medien- und Beratungszentren.

Die sonderpädagogischen Bildungs- und Beratungszentren bzw. die staatlichen Schulämter helfen, die im Einzelfall passende fachliche Unterstützung zu finden. Wichtig ist, dass die Unterstützung rechtzeitig nachgefragt wird.

Quelle: Ministerium für Kultus, Jugend und Sport Baden-Württemberg. Im Internet: http://www.km-bw.de/,Lde/Startseite/Schule/Sonderpaedagogische+Dienste

Kinder und Jugendlichen entstehen durch die Erkrankung besondere Belastungen:
- körperliche Belastungen, z. B. Schmerzen oder Unwohlsein, Schlafmangel,
- Einschränkungen der Lebensqualität: „Sie können ihr Zimmer nicht einrichten, wie sie wollen (Hausstauballergie), sie dürfen nicht herumtollen wie die anderen (Herzerkrankungen), sie dürfen nicht ohne Vorsichtsmaßnahmen in die Diskothek (Epilepsie)." (BzgA 2009, S. 14),
- Strukturierung des Tagesablaufs nach Krankheitserfordernissen, z. B. notwendige Ruhezeiten, tägliche Behandlungsphasen, häufige Arztbesuche …,
- Einschränkung der Leistungsfähigkeit und erhöhter Kraftaufwand für das Erbringen von mit Gleichaltrigen vergleichbaren Leistungen, z. B. aufgrund hoher Fehlzeiten und körperlicher Belastungen, eingeschränkter kognitiver Fähigkeiten im Zusammenhang mit Nebenwirkungen von Medikamenten,
- erschwerte soziale Kontakte, z. B. Stigmatisierungen durch das Symptombild, Freizeitverhalten an Krankheitserfordernisse angepasst, häufig Sonderrolle in der Klassengemeinschaft,
- hohe Belastung der Familie,
- altersuntypische Lebensplanungen und eingeschränkte Zukunftsperspektive,
- Auswirkungen auf Psyche und Selbstwertgefühl, z. B. durch Angsterfahrungen und ständige Auseinandersetzung mit den eigenen Grenzen, Verringerung der körperlichen Attraktivität durch krankheitsbedingte Veränderungen,
- Auswirkung auf Bewältigung von Entwicklungsaufgaben (Havighurst 1982), z. B. erhöhte Abhängigkeitsbeziehung und erschwerte Selbständigkeitsentwicklung, zusätzliche Entwicklungsaufgaben im Zusammenhang mit der Erkrankung.

Vielfältige Aufgaben Daraus ergeben sich für die Lehrkräfte an Klinikschulen vielfältige Aufgaben, Ansatzpunkte und Kooperationspartner.

Infobox 3

Fallbeispiel

Lisa (Name geändert), 17,6 Jahre, Gymnasiastin, Kursstufe 1 (in Baden-Württemberg folgt nach der 10. Klasse des G8-Gymnasiums die Oberstufe mit Kursstufe 1 und 2), Diagnose: Anorexia nervosa ICD 10: F 50.0.

Wenige Wochen nach Beginn des neuen Schuljahres wurde Lisa in der Klinik aufgenommen. Sie hatte starkes Untergewicht und war nicht mehr in der Lage, dem Unterricht in der Stammschule zu folgen.

Unterricht an der Klinikschule war aufgrund stark eingeschränkter Konzentrations- und Aufnahmefähigkeit und labiler Stimmung zunächst nur für ca. 20–30 Minuten täglich möglich. Gleichwohl zeigte sich Lisa hoch motiviert und zugleich sehr verzweifelt, denn das war nun ihr dritter Aufenthalt in der Klinik. Im Jahr zuvor, in der 10. Klasse, hatte sie zwar mit großer Anstrengung die Versetzung in die Kursstufe erreicht, bald zeigten sich allerdings deutliche Überforderungssymptome mit Auswirkungen auf die psychische Gesundheit. Lisa war damals auf Empfehlung der Klinikschule in die 10. Klasse zurückgegangen.

Der Umfang des Unterrichts konnte diesmal nur langsam gesteigert werden und es zeichnete sich bis Mitte Dezember ab, dass ein erneuter Abbruch der Kursstufe 1 drohte. Die Therapie kam nur langsam voran, Lisa schien auf der Stelle zu treten. Die Stammschule signalisierte, dass sie es nicht mehr für möglich hielt, ein Zeugnis für das erste Halbjahr der Kursstufe 1 ausstellen zu können. Vor diesem Hintergrund fand nach den Weihnachtsferien ein Gespräch mit Lisa, ihren Eltern und den zuständigen Lehrkräften der Klinikschule statt. Lisa machte deutlich, es sei ihr ausdrückliches Ziel, den Anschluss an den Leistungsstand der Klasse zu erreichen und die notwendigen Leistungsnachweise zu erbringen, um das Halbjahr erfolgreich abschließen zu können. Sie könne nicht mehr die Kraft für eine erneute Wiederholung aufbringen und der Verbleib in der Stufe sei für ihren weiteren Gesundungsprozess von großer Bedeutung.

Das erforderte, dass Lisa in 11 Fächern die entsprechenden Leistungsnachweise (Klausuren, praktische Arbeiten, Hausarbeiten) erbringen musste. Dies schien aus Sicht der Lehrkräfte der Klinikschule während der Therapie nicht leistbar. Gleichzeitig erschien ihnen wichtig, diese lebensbejahende Planung zu unterstützen. Unter dem Eindruck, dass Lisa sich in diesem Zusammenhang für ihre Autonomie und ihre Ziele engagierte und sich dabei bereit zeigte, als Priorität 1 das Gesundwerden zu akzeptieren, stimmten Eltern, Therapie und Klinikschule dem Vorhaben zu. In Kooperation mit den Lehrkräften der Stammschule wurden die nächsten Schritte geplant.

Die Lehrkräfte der Stammschule erstellten für die Leistungsnachweise die anstehenden Klausuren bzw. Aufgaben. Lisa bereitete sich mit Unterstützung der Klinikschule auf diese vor und zeigte in dieser Phase zunehmend eine Steigerung der Leistungsfähigkeit. Es war ein selbstständiges, verantwortungsbewusstes Arbeiten mit einem guten Durchhaltevermögen zu beobachten und gleichzeitig eine gute Balance zwischen schulischem Arbeiten und den Anforderungen der Therapie. Mit jeder bewältigten Klausur schien das Selbstwertgefühl größer zu werden. Lisa wirkte zunehmend zufrieden, entspannt und ausgeglichen. Momente, in denen die Anspannung durch die hohen Anforderungen stieg, meisterte sie gut und setzte die Empfehlungen und Unterstützungsangebote der Lehrkräfte um. Mit den schulischen Erfolgen bewegte sich auch in der Therapie einiges, was zuvor nicht möglich erschienen war. So hatte es sich für Lisa gelohnt, sich selbst zu vertreten und sich stark zu machen für ihren schulischen Weg.

Kurz nach Beginn des zweiten Kurshalbjahres wurde Lisa aus der Klinik entlassen und stieg wieder in die Stammschule ein.

Multidisziplinäre Kooperation

Wechselwirkungen Im Arbeitsfeld der Klinikschule berühren und überschneiden sich verschiedene Systeme, die in ihrer jeweiligen Wirkungsfähigkeit stark voneinander abhängig sind. So sind therapeutische Interventionen (insbesondere psychotherapeutische) immer auch in Bezug auf den psychosozialen Kontext zu betrachten, und Entscheidungen im schulischen Kontext wirken sich oft auf die persönliche Verfassung der Betroffenen aus (o **Fallbeispiel, Infobox 3**).

> Von der Klinikschule muss daher erwartet werden, dass sie abgestimmt mit den jeweils relevanten Bezugssystemen vorgeht und sich insbesondere an den Wünschen und Bedürfnissen sowie am Bedarf der Schülerinnen und Schüler und deren Eltern orientiert.

Multidisziplinäre Kooperationspartner der Klinikschule sind:
- familiärer Kontext: Eltern/Sorgeberechtigte/Familie,
- ärztlicher/therapeutischer/pflegerischer Kontext,
- schulischer Kontext (bisherige bzw. zukünftige Stammschule): Klassenlehrkräfte, Schulleitung, Schulsozialarbeit, Schulverwaltung,
- Jugendhilfe (Jugendamt), Behindertenhilfe (Sozialamt),
- Selbsthilfeinitiativen, -vereinigungen,
- ggf. weitere Institutionen, wie z. B. Arbeitsagentur, Träger einschlägiger Reha-Maßnahmen.

Klinikschule – Mittler zwischen den Welten

Schule statt Krankheitsumgebung Schulzimmer auf Stationen des Zentrums für Kinder- und Jugendmedizin sowie ein Schulhaus direkt neben der Kinder- und Jugendpsychiatrie ermöglichen einen Wechsel von der Erlebniswelt als Patientin bzw. Patient in die der Schülerin bzw. des Schülers. Es ist ein bedeutsamer Teil des Arbeitskonzepts, dass Schülerinnen und Schüler sobald wie möglich die Krankheitsumgebung Krankenzimmer/Klinik verlassen und sich in der altersgerecht normalen Umgebung der Schule erleben. Diese Bedingungen generieren hilfreiche Informationen für die Therapie und es ergeben sich oft frühzeitig Ansatzpunkte für die Arbeit an kompensatorischen Ressourcen.

Brückenschlag zur Schulwelt Die Re-/Integration in die bisherige/neue Stammschule wird während des Klinikschulbesuches vorbereitet und ist von Beginn an eine besondere Herausforderung, sowohl für Schülerinnen und Schüler und Eltern als auch für die Stammschulen. Häufig entsteht daraus eine neue Dynamik im Prozess.

> Es wird von den Schülerinnen und Schülern wie auch von Eltern i. d. R. als sehr bedeutsam beschrieben zu erleben, dass die Schullaufbahn während der stationären Behandlung fortgesetzt und der Wiedereinstieg unterstützt wird.

Hoffnung auf ein normales Leben Die sich daraus entwickelnde Hoffnung auf ein weitgehend normales Leben nach der Erkrankung wirkt häufig positiv auf die therapeutischen Prozesse zurück. Dadurch, dass die Lehrkräfte der Klinikschule bei den Stammschulen die aktuell behandelten schulischen Themen erfragen und sie die Stammschulen über den möglichen Umgang mit der Erkrankung aufklären (jeweils mit Einverständnis der Sorgeberechtigten), wird den Stammschulen deutlich markiert, dass sie auch weiterhin in der Verantwortung gegenüber den Schülerinnen und Schülern sind. Klinikschule versteht sich auch in Bezug auf die Stammschule subsidiär.

Alternative Bildungswege Krankheitsfolgen oder Therapiebedingungen machen gelegentlich den Wechsel in eine andere Schule, manchmal auch einen anderen Bildungsgang erforderlich. So kann z. B. eine Epilepsie oder ein Hirntumor kognitive Beeinträchtigungen verursachen, sodass das bisherige Bildungsziel nicht mehr erreicht werden kann. Ein Unfall, dessen Folgen körperliche Einschränkungen verursacht, bedingt u. U. den Wechsel des Ausbildungsberufs.

Schullaufbahn unterbrechen? Für ältere Schülerinnen und Schüler mit einer psychischen Erkrankung kann es empfehlenswert sein, die Schullaufbahn – zumindest vorübergehend – zu unterbrechen, um sich z. B. im Rahmen einer Reha-Maßnahme oder eines Freiwilligen Sozialen/Kulturellen Jahres o. Ä. zu stabilisieren. Auch der Übergang in eine Berufsausbildung kann ein Weg sein.

Besondere Unterstützungssysteme Immer wieder werden für – vor allem jüngere – Schülerinnen und Schüler besondere Unterstützungssysteme (Förderkonzepte bei besonderem Förderbedarf, sonderpädagogische Unterstützung, Schulbegleitung o. Ä.) in ihrem bisherigen Kontext implementiert. Sie sollen die Teilhabemöglichkeiten erweitern.

Wie entsteht eine „Kultur der Fürsorge"?

Jedes fünfte Kind hat Zeichen einer psychischen Störung Die KiGGS-Studie des Robert Koch-Instituts (Studie zur Gesundheit von Kindern und Jugendlichen in Deutschland) beschreibt:
- Etwa 16% der Kinder und Jugendlichen haben nach Angaben der Eltern ein lang andauerndes, chronisches Gesundheitsproblem.
- Bei jedem fünften Kind (20,2%) zwischen 3 und 17 Jahren können Hinweise auf psychische Störungen festgestellt werden.

Chronische Erkrankung bei Schülern immer häufiger Medizinisch-therapeutische Behandlungen werden immer erfolgreicher. Schülerinnen und Schüler mit chronischen Erkrankungen, die früher kaum die Einschulung erlebten, sind heute selbstverständliche Schülerinnen und Schüler in der Sekundarstufe (Beispiele: angeborene Herzerkrankungen, Mukoviszidose u.a.). Manche chronischen Erkrankungen nehmen deutlich zu (z.B. Diabetes).

Auftrag jeder Schule muss es daher sein, sich Kindern und Jugendlichen mit gesundheitlichen Beeinträchtigungen in besonderer Weise zu widmen. Es geht darum, das zu gestalten, was Lebherz als „Kultur der Fürsorge" (Lebherz 2002) beschreibt.

Voraussetzung: Information Information über die Krankheit und deren Auswirkung auf den Schulalltag wird gemäß der TIMSIS-Studie von Lehrerinnen und Lehrern als Voraussetzung für einen ausgewogenen und hilfreichen Umgang mit den betroffenen Schülerinnen und Schülern angesehen. Sind die Lehrkräfte hinreichend informiert, ist es ihnen möglich, eine hinreichende Fürsorge zu übernehmen.

Erfahrung und Kompetenzen Klinikschulen sind hierauf vorbereitet und verfügen über die erforderlichen (u.a. krankheitsbezogenen didaktischen) Kompetenzen. Darüber hinaus sind sie durch ihre alltägliche Unterrichts- und Beratungstätigkeit darin geschult, die relevanten Informationen in angemessener Weise zu vermitteln und die relevanten Partner (Schule/Eltern/Therapie) in sachdienlicher Weise miteinander zu verknüpfen.

Wissen für alle Beteiligten So sind hinreichende Information und Aufklärung die Basis für eine „Kultur der Fürsorge". Deshalb beteiligt sich Klinikschule auch immer wieder mit Beiträgen zum Themenkomplex „Schule und Krankheit" an Tagungen und Fortbildungen für Lehrkräfte und Lehramtsanwärter und (Fach-)Ärzte, Pflegekräfte sowie an Elterninformationsveranstaltungen oder anderen Aufklärungs- und Informationsforen.

Fazit

Kinder und Jugendliche mit chronischen Erkrankungen (und ihre Familien) bedürfen des Schutzes und der Unterstützung. Nur eine multiprofessionelle Kooperation ermöglicht eine hinreichende „Kultur der Fürsorge" (Lebherz 2002). Als Instanz zwischen den Welten Krankheit, Familie, Schule und soziale Umwelt können die Klinikschulen eine moderierende Rolle übernehmen, da sie zu all den betroffenen Umwelten Berührungsflächen haben und über eine hinreichende Professionalität verfügen, um von allen Beteiligten anerkannt zu werden.

Literatur

Bundeszentrale für gesundheitliche Aufklärung (BzgA): Chronische Erkrankungen als Problem in Schule und Unterricht. Köln 2009
Havighurst RJ. Developmental tasks and education. New York 1982
Lebherz G. Das chronisch kranke Kind in der Schule – Plädoyer für eine Kultur der Fürsorge. In: Verband Deutscher Sonderschulen, Fachverband für Behindertenpädagogik, Hrsg. Das chronisch kranke Kind in der Schule. Würzburg; 2002
Ministerium für Kultus Jugend und Sport Baden-Württemberg. Sonderpädagogisches Bildungs- und Beratungszentrum mit Förderschwerpunkt Schüler in längerer Krankenhausbehandlung. Im Internet: http://www.km-bw.de/,Lde/Startseite/Schule/Foerderschwerpunkt+Schuelerinnen+und+Schueler+in+laengerer+Krankenhausbehandlung; Stand: 29.10 2016
Ministerium für Kultus Jugend und Sport Baden-Württemberg. Sonderpädagogische Dienste – Beratungs- und Unterstützungsangebote an allgemeinen Schulen. Im Internet: http://www.km-bw.de/,Lde/Startseite/Schule/Sonderpaedagogische+Dienste; Stand: 29.10 201
Studie zur Gesundheit von Kindern und Jugendlichen in Deutschland, http://www.rki.de/DE/Content/Gesundheitsmonitoring/Studien/Kiggs/kiggs_node.html
TIMSIS – Teacher inservice training material on seriously ill students in hospital and ordinary schools (Comenius 2.1) www.ph-ludwigsburg.de/index.php?id=3 727

Interessenkonflikt

Die Autoren geben an, dass kein Interessenkonflikt besteht.

Beitrag online zu finden unter
http://dx.doi.org/10.1055/s-0043-103885

Wolfgang Jansen
Klinikschule Freiburg am
Universitätsklinikum
Hauptstr. 8
79 104 Freiburg
wolfgang.jansen@
uniklinik-freiburg.de

Sonderpädagoge, Leiter der Klinikschule Freiburg am Universitätsklinikum, Systemischer Supervisor und Organisationsberater, TZI-diplomiert, langjährige Tätigkeit in der Ausbildung von Lehrkräften für sonderpädagogische Handlungsfelder sowie Fort- und Weiterbildung in systemischer Beratung und systemischer Supervision, Lehrcoach der Führungsakademie Baden-Württemberg. Interessenschwerpunkt: multidisziplinäre Kooperation in der sonderpädagogischen Förderung von Kindern und Jugendlichen.

Elvira Steuck
Realschullehrerin (Mathematik und Biologie), seit 1988 an der Klinikschule Freiburg, Mitglied der erweiterten Schulleitung, Lehraufträge in der Lehrerausbildung, langjährige Fortbildungstätigkeit im Bereich Schule für Kranke. Interessenschwerpunkte: systemische Handlungsansätze im pädagogischen Kontext, lösungsorientiertes Arbeiten.

Ursula Ranke
Gymnasiallehrerin (Musik und Deutsch), langjährige Lehrtätigkeit an verschiedenen Gymnasien, seit 2009 Lehrerin an der Klinikschule Freiburg in der Mittel- und Oberstufe, Lehraufträge in der Lehrerausbildung. Interessenschwerpunkte: systemische Handlungsansätze im pädagogischen Kontext, lösungsorientiertes Arbeiten.

 Über den Tellerrand

Erich Kasten • Nina Zeiler

Machen Tattoos selbstbewusst?
Psychische und medizinische Aspekte von Body-Modifications

In der Haut verankerter Körperschmuck (wie Piercings, Tätowierungen oder Schmucknarben) wird unter dem Sammelbegriff Body-Modification zusammengefasst. Können Heranwachsende in ihrer Persönlichkeitsentwicklung durch diesen Körperschmuck auch reifen? Die Träger fühlen sich attraktiver und erlangen häufig besseren Zugang zu den Peergroups, Studien berichten von einer verringerten Häufigkeit selbstverletzender Verhaltensweisen. Der Artikel beschäftigt sich auch mit medizinischen Risiken und der Stigmatisierung.

Fallbeispiel

> *Man kann es nicht beschreiben, wie es ist, wenn man da steht und nur von vier Haken im Rücken getragen wird, obwohl ich noch gar nicht richtig hing, sondern noch auf den Zehenspitzen stand."* Auf einer einschlägigen Seite im Internet (www.bmezine.com) berichtet ein junges Mädchen von ihrer erste „Suspension" – einer Aufhängung an durch die Haut gebohrten sterilen Haken. Die Frau beschreibt weiter, dass sie ziemliche Beklemmungen in sich fühlte, als man ihr die Haken durch die Haut bohrte und die Seile daran befestigte. Aber sie war völlig überwältigt von dem Gedanken, an einer Suspension mitzumachen. Das Team zog den Balken hoch: *„Zu diesem Zeitpunkt versuchte ich meine Beine vom Boden abzuheben, aber sie kamen sofort wieder zurück. (…) Dann verloren meine Füße das erste Mal völlig den Kontakt mit dem Boden. Mich überströmt noch jetzt, während ich dies hier schreibe, ein Schauder, wenn ich mich an das unbeschreibliche Gefühl der Gewichtslosigkeit erinnere. Mein Gott, es war so wunderbar. Schwebend – besser kann man es nicht beschreiben. Wir begannen dann zu schwingen und ich zog meine Knie bis zur Brust hoch und hielt sie dort fest, schloss die Augen und dachte an gar nichts mehr. Ich fühlte nur noch. In dem Moment war ich völlig absorbiert. Wir drehten uns da oben um uns selbst. Nichts anderes geschah, aber in diesem Moment hätte die Welt aufhören können zu existieren, mir wäre es trotzdem gut gegangen. Ich wünschte, ich könnte das Ganze besser beschreiben, aber ich bin von Emotionen völlig überflutet worden."*
> (aus: Kasten 2006)

Bewusstseinserweiternde Erfahrungen durch Tattoos & Co.

Bewusstseinserweiternde Erfahrungen Menschen, die so etwas wie eine Suspension mitmachen, berichten von bewusstseinserweiternden Erfahrungen, die mit Todesnähe-Erfahrungen vergleichbar sind (siehe z. B. Kasten & Geier 2014). Suspensions sind Extremerlebnisse, mit denen sich zeigen lässt, dass man mit Body-Modifications völlig neue Erfahrungen machen und dadurch unter Umständen sogar in der eigenen Persönlichkeitsentwicklung reifen kann.

Nonverbale Kommunikation Body-Modifications sind auch eine Form der nonverbalen Kommunikation. Definitionsgemäß zählt man hierzu nur Körperschmuck, dessen Erwerb schmerzhaft ist und damit als eine Mutprobe angesehen werden kann. Die Veränderungen am Körper können dabei sowohl temporär (z. B. Play-Piercings) als auch dauerhaft sein.

Tattoos & Co. lassen sich auch als einen in die Haut eingestanzten Ausdruck des eigenen Charakters interpretieren.

Mehr Selbstwertgefühl Gerade junge Menschen reifen daran, oft kommt es zu einer besseren Integration in die gleichaltrigen Peergroups, insbesondere wenn diese auch Träger von Körperschmuck sind. Teilnehmer in einer Studie von Swami (2011) zeigten nach dem Stechen höhere Werte in der Körperwahrnehmung und im Selbstwertgefühl sowie geringere Werte von Angst und Unzufriedenheit. Andere Autoren weisen insbesondere auf Individualitätssteigerung, Selbstverwirklichung und Verbesserungen der Attraktivität und des Selbstwertgefühls hin (Wohlrab, Stahl & Kappeler 2007, Stirn & Hinz 2008).

Körperkunst In einer Studie von Wessel & Kasten (2015) fanden die Autoren die Bereiche „Körperkunst" (33,6 %), „Unterstreichen der eigenen Identität" (30,0 %) und „Steigerung der Attraktivität" (14,3 %) als wichtigste Gründe für den Erwerb eines Piercings. Laut dieser Studie veränderten sich das Selbstbewusstsein, das Gefühl attraktiv zu sein und der Kontakt zur Bezugsgruppe positiv. 18,5 % der Teilnehmer hatten sich gezielt Problemzonen piercen lassen, die sie an sich selbst unattraktiv fanden. Ähnliches gilt auch für Tätowierungen: 26,9 % der Teilnehmer bestätigten eine Verbesserung der Sozialkontakte (Al-Rayess, bislang unveröffentlichte Studie).

Durch Piercings und Tattoos erhöht sich die subjektiv wahrgenommene Attraktivität, nicht selten werden Problemzonen damit kaschiert. Die meisten berichten von verbesserten Kontakten zur Gruppe Gleichaltriger.

Vom Eingeborenen-Ritual zum Massentrend

Statussymbol Dass gerade Jugendliche von Körperschmuck profitieren, erstaunt nicht, denn Tattoos und Piercings werden seit Jahrtausenden vorwiegend im Rahmen von Reifezeremonien wie z. B. Mannbarkeitsritualen eingesetzt (Kasten 2006). Auf den polynesischen Inseln konnte man an Art und Ausmaß des Tattoos den sozialen Status erkennen.

Fürs Leben gezeichnet Im Mittelalter wurden im Gegensatz hierzu Straftäter damit dauerhaft gekennzeichnet. Während des Nationalsozialismus nummerierte man Gefangene in Konzentrationslagern mit Tätowierungen. Zum Teil zeigten Tattoos auch den Beruf an (Pöhlmann et al. 2014); ebenso konnten sie Ausdruck politischer und religiöser Zugehörigkeit sein (Hainzl & Pinkl 2003).

Außenseiter Gegen Ende des 19. Jahrhunderts war Körperschmuck besonders unter Kriminellen, Seeleuten, Zigeunern und Zirkusleuten verbreitet, später dann bei Rockern. Hierdurch gerieten die Träger immer mehr in die Position von Außenseitern (Eberhard 2011).

Tab. 1 Motive für Tätowierungen (nur höchste Priorität, aus: Al-Rayess 2016)

Gründe für die Tätowierung	Prozent
Lebensabschnitt markieren	20,2 %
aus Liebe	14,4 %
sexuelle Motive	13,5 %
Attraktivität	11,5 %
Identität	10,6 %
Neugier	6,7 %
Rebellion	6,7 %
Aufbau von Kontakten	4,8 %
Mutprobe	2,9 %
erwachsen sein	1,9 %
spirituell	1,9 %
Vorbilder	1,9 %
Stress abbauen	1,9 %
Gruppendruck	1,0 %

Tab. 2 Motive für Piercings (nur höchste Priorität, aus: Wessel & Kasten 2014)

Gründe für Piercings	Prozent
Körperkunst	33,8 %
Unterstreichung der Identität	30,2 %
Erhöhung der Attraktivität	14,3 %
sexuelle Motive	8,6 %
Markierung eines Lebensereignisses	5,7 %
Protest, Rebellion	1,4 %
Unabhängigkeit	1,4 %
Neugier	1,4 %
Grenzerfahrungen	1,4 %
Schmerz ertragen	0,7 %
Anderes	0,7 %

Auf der Basis dieser Historie sind Körpermodifikationen in vielen Gesellschaftskreisen auch heute noch verpönt. So müssen Tattoo-Fans aus beruflichen Gründen oft auf sichtbaren Körperschmuck verzichten (Kasten 2006). Diskriminierung und Stigmatisierung können sogar bis zur gesellschaftlichen Exklusion führen (Maier 2010).

In allen Schichten Piercings und Tattoos sind heute in allen gesellschaftlichen Schichten vertreten (Hainzl & Pinkl 2003, Brähler 2009). Eine Studie aus dem Jahr 2006 von Stirn, Brähler & Hinz fand eine Prävalenz von Piercings von 27,2 % unter 15- bis 30-jährigen Deutschen. Im Auftrag des Katholischen Klinikums Bochum befragte die Gesellschaft für Konsumforschung (GfK) 2000 Männer und Frauen ab 16 Jahren. Demnach beträgt der Anteil an Menschen mit Körperschmuck in Deutschland 40 %, davon 66 % Frauen und 15 % Männer. Am höchsten war der Anteil bei Personen mit Tattoos (22 %) im Bereich von 25–34 Jahren (Trampisch & Brandau 2014).

Motive für Tätowierungen

Die Individualität unterstreichen Die Motive für das Massenphänomen Body-Modification sind breitgestreckt; hierzu gehören insbesondere die Erhöhung der Attraktivität und die Unterstreichung der Individualität (Pöhlmann et al. 2014). Al-Rayess (2016) fand heraus, dass sich bei 75 % der

von ihr befragten Teilnehmer die Tätowierungen positiv auf die wahrgenommene Attraktivität auswirkten (**Tab. 1**). Ähnliches gilt für Piercings (**Tab. 2**).

Lebensabschnitte und Leidenschaften symbolisieren

Neben der Entscheidung, ob ein Tattoo überhaupt gestochen werden soll, ist der Inhalt des gestochenen Bildes ausschlaggebend. So können Tattoos auch Lebensabschnitte und Leidenschaften symbolisieren: „*Dieser Sport gibt mir immer noch (fast) alles und ich habe nie bereut damit begonnen zu haben. Mein Tattoo mit dem Verweis auf die Tour 97, den Pflastersteinen von Roubaix und den Bergen im Hintergrund erinnert mich jeden Tag an diese wunderbare Sache! Es ist ein Teil von mir und wird es immer sein!*" (anonymer Tattoo-Träger)

Negative Aspekte von Tattoos

Infektionen, Allergien, Trauma

Auch wenn Tattoos & Co. gerade bei Jugendlichen das Selbstwertgefühl erhöhen können, muss auch auf Risiken hingewiesen werden. Alle Body-Modifications verletzen die Haut, womit eine Vielzahl gesundheitlicher Probleme verbunden ist.

> Bereits 1967 berichtete Goldstein von allergischen Reaktionen der Haut nach Tätowierung. Weitere Krankheitsfolgen sind Infektionen bis hin zu Sepsis, traumatische Schäden, Störungen des Hormonsystems und diverse andere (Trupiano et al. 2001, Simplot & Hoffman 2000, Casper et al. 2004).

Kaum Gedanken an Risiken

Millner & Eichold hatten 2001 in einer Befragung von 79 gepiercten oder tätowierten Personen festgestellt, dass sich diese kaum Gedanken über medizinische Folgen ihres Körperschmucks machten. Rahimi, Eberhardt & Kasten stellten fest, dass Kenntnisse über typische gesundheitliche Folgen von Tattoos nahe der Ratewahrscheinlichkeit waren (bislang unveröffentlichte Arbeit).

> Die wenigsten Träger von Tattoos und Piercings sind sich der gesundheitlichen Risiken bewusst, die sie eingehen. Die sog. „granulomatöse Fremdkörperreaktion" z. B. ist eine Allergie gegen Tattoo-Farben, die noch Jahre später auftreten kann und dazu führt, dass die farbtragende Hautschicht regelrecht abgefräst werden muss (Serup, Carlsen & Sepehri 2015).

Nicht für die Ewigkeit

Piercing-Öffnungen verschließen sich, sobald der Schmuck nicht mehr getragen wird, sogar gespaltene Zungen wachsen wieder zusammen. Zu glauben, ein Tattoo bliebe für die Ewigkeit immer gleich schön, ist eine trügerische Sicherheit. Tätowierungen zerfallen durch UV-Licht in Spaltprodukte, von denen man nicht weiß, was sie im Körper anrichten.

Irgendwann verwaschen

Hierbei muss man wissen, dass Tattoofarbe in die Lederhaut eingebracht wird und auch nur dort lange Zeit bleibt. Die Oberhaut nutzt ab und regeneriert sich, im Fettgewebe unter der Lederhaut verschwimmt das Tattoo sofort. Die Kunst des Tätowierers besteht darin, die Farbe genau in diese Lederhaut einzubringen, die bei Männern eine andere Dicke hat als bei Frauen und je nach Körperteil unterschiedliche Tiefe haben kann. Darüber hinaus bleiben nur große Farbpigmente in der Lederhaut. Durch ständige Bewegung wird auch ein Teil dieser großen Farbpartikel nach innen gedrückt und dann vom Lymphsystem abtransportiert, d. h. jedes Tattoo verwäscht im Lauf von Jahrzehnten und muss dann nachgestochen werden.

Der nächste Trend: Tatto-Entfernung?

Angesichts des derzeitigen Massentrends ist davon auszugehen, dass sich in den kommenden Jahrzehnten ein Teil der Träger nicht mehr mit den in der Jugend angebrachten Bildern in der Haut wird identifizieren können. Vielleicht wird der nächste Massentrend dann die Entfernung von Body-Modifications sein.

Wohin geht die Farbe?

Auch das Weglasern eines Tattoos sprengt die großen Farbpartikel in kleinste Bestandteile, die dann nicht einfach ins Nichts verschwinden, sondern vom Lymphsystem abtransportiert werden. Bislang weiß niemand so ganz genau, was dann daraus wird. Einige Studien zeigten, dass die Tinte sich in den Lymphknoten sammelt (einem Organ, das entscheidende Bedeutung für unser Immunsystem hat) und von dort aus mit einiger Sicherheit auch in die Leber transportiert wird. Das Hautkrebsrisiko ist nach dem gegenwärtigen Stand des Wissens nicht generell erhöht, allerdings lässt sich z. B. ein bösartiges Melanom in einem großflächigen, bunten Tattoo selbst vom Fachmann oft kaum erkennen.

Stigma Piercing

Unabhängig von den gesundheitlichen Nebenwirkungen gibt es auch heute noch soziale Vorurteile. Alice-Ann Acor führte im Jahr 2001 einen Versuch durch, in welchen den Teilnehmern Fotos unterschiedlicher Bewerber für einen Job vorgelegt wurden. Bei den Bildern wurde unterschieden zwischen „normalen" und solchen mit einem Augenbrauenpiercing. Unabhängig von der Art der Tätigkeit, für welche die Personen sich beworben hatten, schnitten die Träger von Piercings drastisch schlechter ab.

Sind tätowierte Frauen promiskuitiver?

Auch noch im Jahr 2007 kamen Swami & Furnham zu dem Schluss, dass Frauen mit Tattoos als unattraktiver, promiskuitiver und mehr Alkohol konsumierend eingestuft wurden. Falkenhain stellte in einer bislang unveröffentlichten Arbeit immerhin fest, dass stark tätowierte Frauen positiver beurteilt werden als stark tätowierte Männer; beide Gruppen wurden aber stigmatisiert.

> In einer Studie von Resenhoeft, Villa und Wiseman (2010) lässt sich nachlesen, dass insbesondere die Art des Tattoos Auswirkungen auf die Beurteilung der Persönlichkeit hat.

Nicht kreativer als Untätowierte Cebula & Kasten (2015) untersuchten, ob Tätowierte kreativer als Untätowierte sind (n = 106). Die Teilnehmer füllten sowohl einen Intelligenztest als auch Tests zur Messung der Kreativität aus. Ein bedeutsamer Unterschied konnte jedoch nicht nachgewiesen werden.

Alles Straftäter? Trotz des Massentrends werden gerade Tätowierungen auch heute oft noch als Zeichen von Kriminalität und abweichendem Verhalten gesehen – wobei es tatsächlich viele Straftäter gibt, die Tinte in der Haut tragen (Stöver & Bammann 2006). 2016 befragten Zeiler & Kasten 60 untätowierte und 50 tätowierte Personen danach, wie hoch ihre Neigung sei, eine Ordnungswidrigkeit oder strafbare Handlungen zu begehen, beginnend mit dem Überqueren einer roten Ampel bis hin zum Einbruch oder handgreiflichen Auseinandersetzungen. Tatsächlich hatte die Körperschmuck-Gruppe eine knapp signifikant größere Bereitschaft.

Motiv wichtiger als das Tattoo an sich Viel wichtiger an dieser Arbeit war aber, dass Zeiler & Kasten eine beträchtliche Differenz zwischen Tätowierten mit friedfertigen und Tätowierten mit aggressiveren Tattoo-Motiven nachweisen konnten. Man kann also nicht einfach von dem Fakt, dass jemand Körperschmuck trägt, darauf schließen, dass diese Person Böses im Sinn hat – wohl aber von dem Inhalt des Tattoos.

Schmucknarben, Piercings und Selbstverletzung

Body-Modification statt Selbstverletzung Nicht selten entdecken Menschen, die sich selbst verletzen, Body-Modifications als Ausweg. Rund 13 % der Teilnehmer der Studie von Stirn & Hinz (2008) berichteten, das selbstverletzende Verhalten eingestellt zu haben, seitdem sie sich piercen oder tätowieren ließen.

> Statt sich wild die Haut zu zerschneiden und die Narben dann peinlich verstecken zu müssen, lässt sich auch Körperschmuck auf der Haut anbringen, der dann nicht nur nicht verborgen werden muss, sondern sogar von der sozialen Gruppe als positiv bewertet werden kann.

Fallbeispiel

> *Rachel, eine Schülerin, die sich schon seit mehreren Jahren mit Schnitten selbst verletzt, entdeckt im Internet eine Seite über Skarifizierung (Schmucknarben). Sie schreibt: „Der Schmerz dabei erschreckt mich nicht; die Furcht davor habe ich verloren, seitdem ich mich selbst schneide. Narben bedeuten in meiner Welt Schönheit und dieses Denkmuster ist fest in meinem Geist, meinem Körper und meiner Seele verankert. [anonymous, Internet: www.bmezine.com]*

Piercing als Entlastung In der Studie von Wessel & Kasten (2014) besaßen Teilnehmer mit selbstverletzendem Verhalten im Durchschnitt 4,9 Piercings, was deutlich höher lag als bei jenen ohne psychische Auffälligkeiten. 25,0 % gaben an, sich seit dem ersten Piercing seltener selbst zu verletzten, weitere 25,0 % hatten das selbstverletzende Verhalten sogar komplett aufgegeben. Allerdings muss vermutet werden, dass die meisten Piercings von den Teilnehmern dieser Studie selbst gesetzt worden waren, da man einen Termin beim Piercer in der Regel nicht gleich bekommt, der Drang zum selbstverletzenden Verhalten aber nach sofortiger Entlastung verlangt.

Fazit

Medizinische Publikationen über gesundheitliche Risiken von Tattoos und Piercings findet man inzwischen zu Tausenden. Hierbei sollte man aber nicht aus dem Blickfeld verlieren, dass es für die Identitätsentwicklung gerade von Adoleszenten wichtig sein kann, solchen Trends zu folgen. Junge Menschen versuchen, sich von der Welt der Erwachsenen abzugrenzen, und entwickeln dann gerade in Subgruppen einen erhöhten Zusammenhalt. Tragen sie sich mit dem Wunsch nach einem Tattoo, sollte man sie objektiv über gesundheitliche Bedenken informieren und mögliche positive Entwicklungen abwägen. Ausreden lässt sich so ein Bedürfnis in der Regel nicht. Wichtig ist, sich möglichst für ein Motiv zu entscheiden, das man auch in 50 Jahren noch tragen mag.

Literatur

Acor AA. A Employer's perceptions of persons with body art and an experimental test regarding eyebrow piercing. Dissertation Abstracts 2001: 61: 3 885

Al-Rayess A. Tattoos: Vorteile auf die Persönlichkeitsentwicklung? Unveröffentlichte Bachelorarbeit, Medical School Hamburg, Fakultät Psychologie, 2016

Brähler E. Verbreitung von Tätowierungen, Piercing – Ergebnisse einer Repräsentativerhebung in Deutschland. Leipzig: Huber; 2009

Casper C, Groth W, Hunzelmann N. Sarcoidal-Type Allergic Contact Granuloma – A Rare Complication of Ear Piercing. Am J Dermatopathol 2004; 26: 59–62

Cebula A, Kasten E. Differences in Intelligence and Creativity between Tattooed and Non-Tattooed Students. Psychol Behav Sci 2015; 4: 165–169.

Eberhard I. „Das blaue Weib" und andere Zirkusfrauen. Theoretische Aspekte von Tätowierungen unter besonderer Berücksichtigung von „Tätowierte Damen" in Zirkus und Schaubuden untersucht am Beispiel der Sammlung Walther Schönfeld. Mitteilungen der Anthropologischen Gesellschaft in Wien 2011; 141: 305–328

Falkenhain K. Tätowierungen und Vorurteile – Einflüsse von Extraversion, Offenheit für neue Erfahrungen und Bildungsgrad auf die Beurteilung tätowierter Erwachsener. Unveröffentlichte Bachelorarbeit, Medical School Hamburg, 2016

Goldstein N. Mercury-cadmium sensitivity in tattoos. Ann Intern Med 1967; 67: 984–989

Hainzl M, Pinkl P. Lebensspuren hautnah. Eine Kulturgeschichte der Tätowierung. Wels: trod.ART Verlag; 2003

Jetten J, Branscombe NR, Schmitt MT et al. Intragroup and Intergroup Evaluation Effects on Group Behavior. Pers Soc Psychol Bull June 2002; 28: 744–753

Kasten E. Body-Modification. Psychologische und medizinische Aspekte von Piercing, Tattoo, Selbstverletzung und anderen Körperveränderungen. München: Ernst Reinhardt Verlag; 2006

Kasten E, Geier KJ. Near-Death-Experiences: Between spiritual transmigration and psychopathological hallucinations. J Stud Soc Sci 2014; 9: 34–82

Maier D. Inked: 0,3 mm unter der Haut der Gesellschaft. Empirische Analyse gesellschaftlicher Diskriminierungs- und Exklusionsprozesse in der Moderne – untersucht am Phänomen der Tätowierung. Berlin: RabenStück Verlag; 2010

Millner VS, Eichold BH. Body piercing and tattooing perspectives. Clin Nurs Res 2001; 10: 424–441

Pöhlmann K, Eismann E, Weidner K et al. Tätowierungen. In: Borkenhagen A, Stirn A, Brähler E, Hrsg. Body Modifikation. Berlin: MWV Medizinisch Wissenschaftliche Verlagsgesellschaft; 2014: 1–20

Reitzenstein F. Das Weib bei den Naturvölkern – Eine Kulturgeschichte der primitiven Frau. Berlin: Neufeld & Henius; 1923

Resenhoeft A, Villa J, Wiseman D. Tattoos can harm perceptions. A study and suggestions. J Am Health 2010; 56: 593–596

Serup J, Carlsen KH, Sepehri M. Tattoo complaints and complications: Diagnosis and clinical spectrum. Curr Probl Dematol 2015; 48: 48–60

Simplot TC, Hoffman H. A comparison between cartilage and soft tissue ear piercing complications. American Journal Otolaryngology 2000; 19: 305–310

Stirn A, Hinz A. Tattoos, body piercings, and self-injury: Is there a connection? Investigations on a core group of participants practicing body modification. Psychother Res 2008; 18: 326–333

Stirn A, Brähler E, Hinz A. Prävalenz, Soziodemographie, mentale Gesundheit und Geschlechtsunterschiede bei Piercing und Tattoo. Psychother Psychosom Med Psychol 2006; 56, 445–449

Stöver H, Bammann K. Tätowierungen im Strafvollzug: Hafterfahrungen, die unter die Haut gehen. Oldenburg: BIS-Verlag der Carl von Ossietzky Universität Oldenburg; 2006

Swami V, Furnham A. Unattractive, promiscuous and heavy drinkers. Perceptions of women with tattoos. Body Image 2007; 4, 343–352

Swami V. Marked for life? A prospective study of tattoos on appearance anxiety and dissatisfaction, perceptions of uniqueness, and self-esteem. Body Image 2011; 8: 237–244

Trampisch HJ, Brandau K. Tattoos und Piercings in Deutschland – Eine Querschnittsstudie. Im Internet: http://aktuell.ruhr-uni-bochum.de/mam/content/tattoo-studie.pdf (2014). Stand: 15.05.2017

Trupiano JK, Sebek BA, Goldfarb J et al. Mastitis due to Mycobacterium abscessus after body piercing. Clin Infect Dis 2001; 33: 131–134

Wessel A, Kasten E. Body-piercing and self-mutilation: A multifaceted relationship. Am J Appl Psychol 2014: 3: 104–109

Wohlrab S, Stahl J, Kappeler PM. Body Image. Modifying the body: Motivations for getting tattoed and pierced. Sci Direct 2007; 4: 87–95

Zeiler N, Kasten E. Decisive is what the tattoo shows: Differences in criminal behavior between tattooed and non-tattoed people. Soc Sci 2016; 5: 26–20

Prof. Dr. Erich Kasten
MSH University of Applied Sciences
Medical University
Fakultät Humanwissenschaften
Am Kaiserkai 1
20457 Hamburg
eriKasten@aol.com

Dipl.-Psychologe, Neuropsychologe und approbierter Psychotherapeut; W3-Professur für „Neurowissenschaften" an der Medical School Hamburg.

Nina Zeiler
2015 Bachelor in Psychologie an der Medical School Hamburg mit dem Thema „Kriminalität und Tattoo"; 2017 Master in Klinischer Psychologie und Psychotherapie.

Interessenkonflikt
Der korrespondierende Autor gibt an, dass kein Interessenkonflikt vorliegt.

Beitrag online zu finden unter
http://dx.doi.org/10.1055/s-0043-103875

Adoleszenz
CME-Fragen, Teil 1 (S. 16–55)

1 Welche Aussage ist richtig? Eine Identitätskrise …
- A) … kann eine Psychose sein.
- B) … hat mit der Adoleszenzkrise nicht gemein.
- C) … ist ein krisenhafter, jedoch vorübergehender Zustand.
- D) … geht mit Drogen und Alkohol einher.
- E) … ist das gleiche wie die Identitätsdiffusion.

2 Was sind Borderland-Jugendliche?
- A) Jugendlich die nahe der Grenze wohnen
- B) Jugendliche mit Migrationshintergrund
- C) Jugendliche, die zwischen Mutter und Vater pendeln
- D) Jugendliche mit Drogenerfahrungen
- E) Borderland und Borderline sind synonyme Begriffe.

3 Welche Gefahr ist mit sog. „extreme communities" im Internet verbunden?
- A) Keine, sie wurden von den Medien lediglich aufgebauscht.
- B) die Entwicklung einer Internetsucht
- C) die Zunahme der selbstdestruktiven Verhaltensweisen bei einem Teil der Foren-Nutzer
- D) die Verschärfung der selbstdestruktiven Verhaltensweisen bei allen Foren-Nutzern
- E) der Verlust realer Freundschaften

4 Welche Komorbiditäten sind bezüglich der Internetsucht nachgewiesen?
- A) bisher keine
- B) v. a. Zwangsstörungen
- C) v. a. affektive Erkrankungen, Angststörungen und PTBS
- D) v. a. affektive Erkrankungen, Angststörungen, stoffgebundene Süchte und ADHS im Jugendalter
- E) v. a. affektive Erkrankungen, Angststörungen, stoffgebundene Süchte und ADHS im Erwachsenenalter

5 Welche Aussage ist richtig? Geschlechtsidentität und Geschlechtsrolle …
- A) … sind zwei deckungsgleiche Konzepte.
- B) … entstehen entwicklungspsychologisch erst im mittleren Erwachsenalter.
- C) … sind zwei voneinander unabhängig zu betrachtende Konzepte.
- D) … stehen sich i. d. R. diametral gegenüber.
- E) … sind Erfindungen jüngster Zeit, deren empirische Evidenz erst noch gefunden werden sollte.

6 Welche Aussage ist falsch?
- A) Im DSM-5 hat die Diagnose „Geschlechtsdysphorie" die Diagnose „Geschlechtsidentitätsstörung" aus dem DSM-IV abgelöst.
- B) Geschlechtsdysphorie beschreibt das anhaltende und drängende Gefühl, dass Geschlechtsidentität und Körper nicht übereinstimmen
- C) Geschlechtsdysphorie ist wie Transsexualität, die Rahmenbedingungen der Diagnostik und der Behandlung sind unverändert.
- D) Das Konzept der Geschlechtsdysphorie ist inklusiver gedacht als das Konzept der Geschlechtsidentitätsstörung.
- E) Geschlechtsdysphorie geht mit Leidensdruck und häufig auch mit einem Behandlungswunsch einher.

7 Was ist sowohl prä- als auch peri- und posttraumatisch ein wesentlicher Schutzfaktor vor Traumafolgestörungen?
- A) Intelligenz
- B) Alter
- C) soziale Unterstützung
- D) männliches Geschlecht
- E) Wohnortwechsel

8 Welcher spezifische Auftrag stellt sich Psychotherapeuten in der Behandlung adoleszenter unbegleiteter Flüchtlinge?
- A) die Begleitung und Unterstützung beim Nachholen wichtiger Aspekte der Adoleszenz
- B) das Ersetzen der im Heimatland verbliebenen oder verstorbenen Familie
- C) die Übernahme der Verantwortung für den Abschluss der Adoleszenz
- D) die Anwendung zielgruppenspezifischer therapeutischer Methoden
- E) die Verfügbarkeit umfassenden kulturspezifischen Wissens

9 Welche Aussage ist richtig? Der Frühadoleszent …
- A) … beginnt aufgrund unserer Transkripte mit „Reflektieren" zu seinem Symptom.
- B) … schweigt meistens.
- C) … verwendet meist noch eine infantile Sprache.
- D) … berichtet i. d. R. von sozialen Alltagserscheinungen.
- E) … hat überwiegend Fragen zur der Berufsfindung.

10 Welche Aussage ist richtig?
- A) Die Explikation beinhaltet die endgültige Diagnosestellung.
- B) In der Explikation berichtet der Therapeut von seiner Ausbildung.
- C) Mit der Explikation kann der Spätadoleszent i. d. R. nichts anfangen.
- D) Mit der Explikation kann bis zur 20. Therapiestunde gewartet werden.
- E) Explikation ist Vertiefung und Konkretisierung der Exploration zur Einübung therapeutischen Arbeitens.

CME-Teilnahme

Viel Erfolg bei Ihrer CME-Teilnahme unter cme.thieme.de
Diese Fortbildungseinheit ist 12 Monate online für eine CME-Teilnahme verfügbar. Sollten Sie Fragen zur Online-Teilnahme haben, unter cme.thieme.de/hilfe finden Sie eine ausführliche Anleitung.

Adoleszenz
CME-Fragen, Teil 2 (S. 56–100)

1 Welche Aussage zum praktischen Umgang mit selbstschädigenden Verhaltensweisen ist richtig?
- A) Therapieverträge und Krisenplänen sollten nur bei suizidalen Jugendlichen eingesetzt werden, nicht aber bei sich selbst verletzenden.
- B) Auch bei fehlender Distanzierung von Suizidalität kann eine ambulante Behandlung durchgeführt werden.
- C) Klare Regeln sollten erst im Verlauf der Therapie aufgestellt werden.
- D) Therapievertrag und Krisenplan sind synonym zu verwenden.
- E) Im Krisenplan sind klare Handlungsanweisungen zu finden, wie der Jugendliche in Notfällen vorgehen soll.

2 Welcher Aspekt gehört nicht zur therapeutischen Grundhaltung im Motivational Interviewing?
- A) Evokation
- B) Akzeptanz
- C) Konfrontation
- D) Mitgefühl
- E) Partnerschaftlichkeit

3 Welche Aussage ist richtig? Die Essstörungen Anorexie und Bulimie treten u. a. deshalb häufig zuerst in der Adoleszenz auf, weil …
- A) … sich das Körperbild verändert.
- B) … Freundschaften zu Gleichaltrigen geschlossen werden.
- C) … veränderte schulische Leistungen verlangt werden.
- D) … häufig Auslandsaufenthalte stattfinden.
- E) … das Interesse an Ernährung zunimmt.

4 Welche Aussage ist richtig? Im anorektischen Modus versuchen Betroffene, …
- A) … Gleichaltrigen besonders zu gefallen.
- B) … Nähe zu den Eltern herzustellen.
- C) … sich von ihrem strengen Über-Ich zu lösen.
- D) … erste sexuelle Erfahrungen zu machen.
- E) … die Selbst-Grenze nach außen zu sichern, indem sie die Nahrung verweigern, und die Selbst-Grenze nach innen zu sichern, indem sie dem Hungergefühl nicht nachgeben.

5 Welche Aussage zur Individuation ist richtig?
- A) Sie beginnt ab der Pubertät.
- B) Es handelt sich um einen kontinuierlichen linearen Prozess.
- C) Hinwegsetzen über Wertvorstellungen anderer gehört nicht dazu.
- D) Sie betrifft nicht nur das Individuum, sondern kann auch von den Eltern und anderen für den Adoleszenten relevanten Personen mitgestaltet werden.
- E) Mit zunehmender Individuation nimmt die Bezogenheit ab.

6 Welche Aussage zur Pharmakotherapie in der Adoleszenz ist richtig?
- A) Medikamente können keine Probleme lösen.
- B) Durch Beeinflussung struktureller Bahnungen im Gehirn können Medikamente Lernprozesse erschweren, oftmals aber auch erleichtern.
- C) Patient und Familie werden in Autonomie und Individuation geschwächt.
- D) Nur der verordnende Arzt kann Medikamente positiv konnotieren.
- E) Medikamente können nur dann der Individuation dienlich sein, wenn der Adoleszente und seine Eltern gegenüber einer Medikation sehr positiv eingestellt sind.

7 Welche der Aussagen ist richtig? ADHS in der Adoleszenz …
- A) … gibt es nicht.
- B) … tritt selten auf.
- C) … liegt bei 10 %.
- D) … „verwächst sich" bis zum Erwachsenenalter.
- E) … liegt zwischen 2 und 6 %.

8 In welcher Alterspanne hat Nicht-Suizidales Selbstverletzendes Verhalten (NSSV) seinen Häufigkeitsgipfel?
- A) im frühen Erwachsenenalter von 18–21 Jahren
- B) im mittleren Erwachsenenalter von 30–36 Jahren
- C) im Jugendalter von 15–16 Jahren
- D) in der frühen Adoleszenz 11–12 Jahren
- E) in der Kindheit von 6–10 Jahren

9 Welche 4 Fähigkeiten / Funktionen umfassen die Levels of Personality Functioning des DSM-5?
- A) Intelligenz, Mentalisierung, Konzentrationsfähigkeit und Empathie
- B) Identität, Selbststeuerung, Empathie und Nähe
- C) Bindung, Mentalisierung, Selbstwahrnehmung und Affekt
- D) Mentalisierung, Beziehung, Steuerung und Selbst-Objekt-Differenzierung
- E) Reflective Functioning, Aufmerksamkeit, Empathie und Selbstwert

10 Was sind die wichtigsten Motive für die Anschaffung von Body-Modifications?
- A) Protest, Rebellion, Abkehr von der Gesellschaft
- B) erotische, sexuelle, sadomasochistische Motive
- C) Verbesserung von Attraktivität und Individualität / Identität
- D) Grenzerfahrungen machen und Schmerz ertragen
- E) spirituelle und religiöse Motive, Tattoos und Piercings als Magie

CME-Teilnahme
Viel Erfolg bei Ihrer CME-Teilnahme unter cme.thieme.de
Diese Fortbildungseinheit ist 12 Monate online für eine CME-Teilnahme verfügbar. Sollten Sie Fragen zur Online-Teilnahme haben, unter cme.thieme.de/hilfe finden Sie eine ausführliche Anleitung.

Generation Z – die Millenium-Babys werden erwachsen
„Eine junge Generation, der alles offen steht, die aber dadurch stark gefordert ist"

Wie geht es den jungen Menschen, die um die Jahrtausendwende geboren wurde, heute? Sie sind die erste Generation, die von Anfang an mit digitalen Kommunikationsmitteln aufgewachsen ist. Hat das ihre Persönlichkeit geprägt? Was beschäftigt sie, wie steht es um ihre seelische Gesundheit? Sozialwissenschaftler Prof. Klaus Hurrelmann hat sich mit den Stärken und Schwächen der Generation Z beschäftigt – und PiD-Mitherausgeberin Prof. Maria Borcsa im Interview Studienergebnisse und die Folgen aus seiner Sicht dazu dargelegt.

PiD: Sehr geehrter Herr Hurrelmann, Sie gelten als Spezialist in Themen der Adoleszenz und werden hierzu auch gerne befragt. Uns interessieren im Zusammenhang des Heftes besonders die heutigen Jugendlichen, die um die Jahrtausendwende geboren wurden. Sie werden Generation Z genannt und es gibt bereits erste Studien über sie.

K. Hurrelmann: Ja, da können wir auf die Sozialisationsforschung zurückgreifen. Wenn 10 oder 15 Jahre hintereinander ähnliche wirtschaftliche, soziale, kulturelle, politische Konstellationen und ähnliche technische Rahmenbedingungen vorherrschen, hinterlassen die in den Persönlichkeiten Spuren – v. a. nach der Pubertät, in dieser sensiblen Phase der ersten bewussten Persönlichkeitsformation.

Was hat die Sozialisationsforschung zu dieser Generation herausgefunden? Was sind besondere Kennzeichen – soweit man dies sagen kann –, die sie von der vorausgegangenen Jugend-Generation unterscheiden?

K. Hurrelmann: Es sieht so aus, als wenn diese Generation, im Unterschied zur Generation Y, nicht mehr von der großen Sorge bedrängt ist, dass sie nicht in Arbeit und Beruf kommt, und das macht sie selbstbewusster, etwas entspannter, als es die Y-Generation sein konnte, nicht mehr ganz so berechnend, kalkulierend, taktierend. Und wahrscheinlich wird sie politischer werden. Denn wenn sich junge Menschen nicht unmittelbar und alltäglich um ihre eigene Situation, um ihrer eigene Zukunftsperspektive v. a. im beruflichen Bereich kümmern müssen, werden sie politisch interessiert. Aber insgesamt sind wir sehr vorsichtig, zum heutigen Zeitpunkt schon etwas für diese Generation auszusagen.

Wie ging und geht es denn der vorangegangenen Generation – der Generation Y?

K. Hurrelmann: Über diese Generation haben wir sehr gut abgesicherte Forschung. Es ist eine junge Generation in Zeiten von Unsicherheit, was die politische Zukunft angeht, in Zeiten mit eruptiven politischen Konstellationen, mit internationalen Spannungen und Kriegen mit Terroranschlägen. Das ist natürlich eine elementare Verunsicherung. Dazu kommen Umweltkrisen – Fukushima liegt noch nicht weit zurück. Dieser jungen Generation wird zugemutet, in einer Welt zu leben, in der man sich eigentlich auf nichts wirklich verlassen kann und in der existenzielle Ängste im Hintergrund stehen. Die Generation Y hat nun auch noch die Weltwirtschaftskrise 2007 bis 2008 erlebt. Solche Ausgangssituationen, die zu Unsicherheit in der Lebensplanung führen, haben zur Folge, dass Entscheidungen aufgeschoben werden. Man ist sehr vorsichtig sich festzulegen. So eine ziemlich nüchterne Kosten-Nutzen-Berechnung kommt in das eigene Handeln – das ist sozusagen eine soziale Überlebensstrategie.

Generation Z sind „digital natives" – sie wachsen in einer Welt auf, in der es für sie immer schon Internet und digitale Kommunikationstechnologien gab. Welchen Einfluss haben diese auf die Jugendlichen?

K. Hurrelmann: Ist man über die elektronischen Kanäle der Medien ständig auf Sendung, wird man zum Informationsverarbeiter – und damit auch Realitätsverarbeiter. Ob man will oder nicht. Man muss sich aktiv beteiligen. Kritiker sagen, das macht kurzatmig. Es beeinträchtigt Konzentration, Ruhe und Ausdauer. Überreizung kann die Folge sein. Es gibt in der Hirnforschung eine ganze Reihe von Kollegen und Kolleginnen, die äußerst kritisch mit der digitalen Durchdringung der alltäglichen Lebenswelt umgehen. Meiner Ansicht nach überzeichnet. Aber wir müssen aufpassen, dass wir Krisenphänomene nicht übersehen. Es ist eine junge Generation, der alles offen steht, an Informationen, an Erschließung der eigenen Umwelt. Die aber dadurch stark gefordert ist, die Informationen zu verarbeiten.

Wie kommen die Jugendlichen damit zurecht?
K. Hurrelmann: Die Sozialisationsforschung zeigt, dass bis zu 20 % der jungen Leute hiermit überfordert sein können. Diese ununterbrochene Auseinandersetzung mit der Lebenswelt, die ständige Erreichbarkeit und die ständige Kommunikationsanforderung gehen über ihre Kräfte. Umgekehrt heißt das, dass wir für etwa 80 % annehmen können, sie kommen mit den heutigen Lebensbedingungen gut zurecht – was viele ja immer wieder überrascht. Die riesige Mehrheit stellt sich der Herausforderung, weiß, wie man mit Unsicherheit und Ungewissheit umgeht, findet Strategien dafür – und bleibt dabei psychisch intakt und gesund.

Trotz dieser vergrößerten Komplexität?
K. Hurrelmann: Ja, das ist insgesamt ein wirklich erstaunliches und bemerkenswertes Ergebnis.

Sie haben das „Collaboration Centre for Child and Adolescent Health Promotion" im Auftrag der Weltgesundheitsorganisation (WHO) aufgebaut. Welche Bedeutung kann und muss gesundheitliche Prävention im Jugendalter haben?
K. Hurrelmann: Wir haben gelernt, dass man sehr vorsichtig sein muss mit einer Ansprache nur der Risikogruppen – insbesondere im Jugendalter. Wenn ich Risikogruppen gezielt anspreche, also sagen wir mal, die mit riskantem Drogenkonsum, riskantem Ernährungsverhalten, schlechtem Tagesrhythmus oder niedrigem Leistungsstand, fühlen die sich häufig stigmatisiert. Das ist eine riesige Gefahr. Deswegen sprechen wir den ganzen Jahrgang an. Also eine universelle Strategie – unter Beteiligung der jungen Leute selbst, damit sie sich dann auch als die Akteure fühlen, und nicht als irgendwie Betroffene bedroht. Das sind die entscheidenden Strategien. Plus Einbindung in die Lebenswelt, in der sie sich aufhalten. Gesunde Ernährung in der Schule z. B. heißt dann auch, dass in der Schule nur gesunde Nahrungsmittel zur Verfügung stehen, dass das alles in die aktuelle Alltagswelt mit eingebettet ist.

Sie sagen, diese Untersuchung wurde in mehreren Ländern durchgeführt. Welche Kontinente deckt diese Studie ab? Da gibt es ja sicher sehr große Unterschiede.
K. Hurrelmann: Oh ja! Es ist ungefähr die OECD-Welt (Organisation für wirtschaftliche Zusammenarbeit und Entwicklung in Europa). Das heißt also, die hochentwickelten Länder, Schwerpunkt Europa, auch die hochentwickelten Länder in Amerika, bis rüber nach Zentralasien. Und Sie haben völlig recht: Der Entwicklungsgrad der Länder, also v. a. der jeweilige Wohlstand, spielt eine große Rolle. Der schlägt sich unmittelbar nieder auf die Entwicklungschancen der jungen Generation und damit auch auf den Gesundheitsstand, sodass wir bei einem internationalen Vergleich der Ergebnisse ganz klar sagen können: Sie hängt unmittelbar mit der wirtschaftlichen Prosperität in den Ländern zusammen.

Wie bewerten Sie die psychotherapeutische Versorgung von heutigen Jugendlichen in Deutschland?
K. Hurrelmann: Die ist qualitativ gut – auch im internationalen Vergleich. Wir haben hervorragend ausgebildete Fachleute in diesem Bereich, tief gestaffelt mit unterschiedlichem Spezialisierungsgrad. Jetzt grade bei der großen Zahl geflüchteter junger Leute ist ja deutlich geworden, was für ein tief gestaffeltes Wissen und wie viele Kompetenzen hier in Deutschland vorhanden sind. Nun entdecken wir aber immer mehr die psychischen Belastungen, und wir haben alle den Eindruck, sie werden bedeutsamer. Wir wissen nicht genau, ob sie mehr werden oder ob wir endlich in der Lage sind, sie genauer zu identifizieren – beides spielt möglicherweise zusammen. Jedenfalls wird immer deutlicher, dass die Quantität der psychotherapeutischen Beratung nicht ausreicht. In Zeiten, in denen es nun endlich möglich ist, sorgfältig ohne jede Tabuisierung z. B. depressive Verstimmungen zu diagnostizieren, wird deutlich, dass die Versorgungsdecke einfach zu dünn ist und wir eine enorme Unterversorgung haben, bekanntermaßen regional sehr unterschiedlich.

> „80 % der Jugendlichen stellen sich der Herausforderung, wissen, wie man mit Unsicherheit und Ungewissheit umgeht, finden Strategien dafür – und bleiben dabei psychisch intakt und gesund."

Sie sprechen sich für eine stärkere Verschränkung der Sozial-, Bildungs- und Gesundheitspolitik aus … wichtige Bereiche im Leben von Jugendlichen. Wie genau sollte diese Verschränkung aussehen?
K. Hurrelmann: Eine Schwäche bei uns ist, dass die verschiedenen Berufe zur Unterstützung von Kindern und Jugendlichen in ihren jeweiligen Elfenbeintürmen sitzen und ihnen eine interdisziplinäre Kooperation schwer fällt. Meiner Ansicht nach sollten an den Kindergärten und an den Schulen die Andockplätze sein. Also in den Kindergärten etwa die sog. Familienzentren, die sich bewährt haben. Da halten sich Fachkräfte auf, von der Pflege über die Ergo- und Physio- bis zur Psychotherapie, aber natürlich auch normale medizinische Dienste und Soziale Arbeit und Sozialpädagogik, Logopädie – alles das, was Kinder brauchen, in Kooperation mit den Lehrkräften. Ein abgestimmtes Programm, direkt vor Ort, ohne dass man mühselig diese Institutionen einzeln aufsuchen muss. Also eine solche Verschränkung und Vernetzung der Angebote und ihre Zugänglichkeit in den Institutionen, wo sich die Kinder und die Jugendlichen und zum Glück auch gelegentlich die Eltern direkt aufhalten. Das ist das, was ich mir wünsche – und was in Zusammenhang mit der Entwicklung von Ganztagsangeboten schon heute möglich ist.

Worauf sollte dabei gerade heute besonders geachtet werden?
K. Hurrelmann: Heute ist es wichtig, die Stärken der Kinder zu sehen. Das sind diese angesprochenen Fähigkeiten, mit sehr vielen anregenden Impulsen auf einmal umzugehen, eigenständig etwas

zu koordinieren, ständig aufmerksam zu sein, „auf Sendung" zu sein. Das sind sicherlich Stärken, die vorherige Generationen so nicht hatten, sehr stark durch die elektronische Erfahrung und elektronische Tätigkeit unterstützt. Aber die Schwächen sind ebenso offensichtlich: Das ist die Überreizung, der Mangel an Durchhaltevermögen und Strukturierungsvermögen, an Rhythmisierungsvermögen, bei einem Teil der Kinder und Jugendlichen Konzentrations- und Aufmerksamkeitsschwächen, die sich in Leistungsschwächen niederschlagen. Aber natürlich dann auch in Angst, in Irritation, in Verstimmungen depressiver Art etwa und dergleichen. Also die verschiedenen Ausweichformen, Aggressivität, Regressivität, alle Verhaltensweisen mit Suchtgefahr. Hier liegen die Schwächen dieser jungen Generation. Das aufzunehmen und Unterstützung und Hilfe in diesem Bereich anzubieten, das ist das, was heute epochal im Vordergrund steht und gegenüber früheren Profilen der Hilfe eine gewisse Verschiebung bedeutet.

Auch institutionell?
K. Hurrelmann: Ja. Institutionell ist v. a. die Verzahnung wichtiger als früher.

Was hieße das denn z. B. für einen niedergelassenen Psychotherapeuten?
K. Hurrelmann: Ständigen Kontakt halten zum Kindergarten und insbesondere zur Schule, sich regelmäßig dort aufhalten, sodass einem die Breite der Verhaltensweisen bekannt ist und auch die Normalität des täglichen Umgangs wahrgenommen werden kann. Jede Woche eine ein- oder 2-stündige Sprechstunde in dieser Einrichtung. Man müsste nun nachdenken, wie so etwas fair finanziert werden könnte. Dies wäre ideal, um Kontakt zu halten, aber auch um zu signalisieren: Hier bin ich und ich bin ansprechbar und ihr könnt hier sehen, wie ich das mache. Es ist also auch eine Suche von Nähe, von Vertrautheit und Bekanntheit. Durch solche Kontakte würde auch eine Verbindung zu den Erzieherinnen und Erziehern entstehen, zu den Lehrerinnen und Lehrern und anderen Fachkräften, die sich in der Einrichtung aufhalten, und zu den Eltern – ganz praktisch im Alltag.

Also wegkommen von der Komm-Struktur und tatsächlich mehr ins Feld gehen?
K. Hurrelmann: Ja, das halte ich für sehr wichtig, weil die Komm-Struktur das eine Fünftel, das besonders dringend auf Unterstützung angewiesen ist, nicht erreicht. Die scheuen sich, da hin zu gehen. Deswegen muss diese Geh-Struktur stärker eingeschlagen werden.

Gibt es Unterschiede zwischen Mädchen und Jungen?
K. Hurrelmann: Mädchen und junge Frauen haben sich mit den heutigen Verhältnissen sehr geschickt arrangiert und haben an ihrem Geschlechterrollenbild gearbeitet. Das ist heute sehr flexibel. Man findet kaum noch ein Mädchen, das nicht in eine berufliche Laufbahn einmünden möchte. Also historisch gesehen eine veränderte Frauenrolle. Auf der männlichen Seite haben wir das so stark noch nicht. Darauf führe ich zurück, dass die jungen Männer auch leistungsfähig zurückgefallen sind, nicht so gut sind wie die Mädchen. Das strahlt auch in die anderen Bereiche aus. Wenn also in etwa ein Fünftel Schwierigkeiten hat, mit der heutigen Lebenssituation zurecht zu kommen, dann sind darunter zu mindestens 60 % – wenn nicht sogar etwas mehr – Jungen. Das bedeutet, wir müssen auch eine Komponente mit einbauen in alle Ansätze, die darauf hinausläuft, ein flexibles Bild von der männlichen Geschlechterrolle zu fördern und zuzulassen.

Eine stärkere Flexibilisierung? Also beispielsweise Familienvater zu werden, diese Rolle auch aktiver zu wählen?
K. Hurrelmann: Genau! Ein breites Spektrum, wie die Frauen, wie die jungen Mädchen sich das erschlossen haben. Dass ich unterschiedliche Formen von Frau sein und leben kann, auch die berufstätige Frau gehört voll mit dazu und die Karrierefrau – und auf der männlichen Seite eben auch der weiche Mann, der Mann, der gut mit Kindern umgehen kann, der Erzieher wird, der Lehrer wird. Dass das selbstverständlich wird und dass man damit nicht diskriminiert wird und sich wohl fühlt. Solche Schritte sind wichtig.

Herr Hurrelmann, haben Sie ganz herzlichen Dank für das Gespräch!

> „In Zeiten, in denen es nun endlich möglich ist, sorgfältig ohne jede Tabuisierung z. B. depressive Verstimmungen zu diagnostizieren, wird deutlich, dass wir eine enorme Unterversorgung haben."

Zur interviewten Person

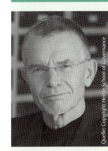

Prof. Dr. Klaus Hurrelmann ist Sozialwissenschaftler mit dem Schwerpunkt Kinder-, Jugend- und Bildungsforschung; seit 2009 Senior Professor of Public Health and Education an der Hertie School of Governance in Berlin; Mitglied des Leitungsteams der letzten World Vision Kinderstudien und der Shell Jugendstudien; 1986–1998 Leiter des Sonderforschungsbereichs Prävention und Intervention im Kindes- und Jugendalter der Deutschen Forschungsgemeinschaft; Aufbau des „Collaboration Centre for Child and Adolescent Health Promotion" im Auftrag der Weltgesundheitsorganisation (WHO); Gründungsdekan der Fakultät für Gesundheitswissenschaften an der Universität Bielefeld.

Beitrag online zu finden unter http://dx.doi.org/10.1055/s-0043-103859

Johanna Tränkner

„Typisch Teenie" oder echte Krise?
Erkenntnisse aus dem Internet

Krise oder Erkrankung? Liebeskummer, Elternkonflikte, Schule schwänzen … Die Adoleszenz ist von etlichen Krisen geprägt. Es geht um Identität und Selbstwertgefühl, Autonomie und Individualität. Das Teenageralter ist eine Zeit des Umbruchs auf allen Gebieten des Lebens. Doch wo liegt die Grenze zwischen „typischen Krisen" und einer ernsthaften psychischen Erkrankung im Jugendalter? Im Internet finden sich zahlreiche Anlaufstellen für betroffene Jugendliche und Eltern. Fachpersonal und Experten erhalten dort Informationen über Fortbildungsmöglichkeiten, neueste Studien und Veranstaltungen.

Psychische Störungen in der Adoleszenz

Internationale Studien geben an, dass gut ein Fünftel aller Jugendlichen psychische Auffälligkeiten aufweisen. Etwa 5 % der Jugendlichen in westlichen Industrieländern erkranken an psychischen Störungen. Jungen zeigen dabei eher extroversive Störungen wie exzessiven Alkoholkonsum oder auffälliges Sozialverhalten. Mädchen neigen häufiger zu introversiven Störungen wie Depression, Angsterkrankungen und Essstörungen. Häufig fühlen sich Jugendliche in Krisen hilflos, Eltern zögern oft trotz großer Sorge, professionelle Hilfen anzunehmen.

nummergegenkummer.de [1] Unkomplizierte und schnelle Hilfsangebote, neben Artikeln über typische Probleme bei Jugendlichen ein schnell erreichbares Gesprächs- und Beratungsangebot in ganz Deutschland. Die Anonymität der Telefonberatung in Form eines Jugend- und Elterntelefons macht es oft erst möglich, Hilfe wahrzunehmen.

jugendnotmail.de [2] soll jungen Menschen ermöglichen, ihren Seelendruck schnell und unkompliziert abzubauen. Sie können hier anonym ihre Sorgen über eine Einzel-Online-Beratung oder den offenen Themenchat thematisieren und dort Beratung durch Experten erhalten.

bke.de [3] Die Bundeskonferenz für Erziehungsberatung bietet professionelle Beratungsangebote für Eltern und Jugendliche an. Außerdem gibt es hier Adressen von Beratungsstellen vor Ort und bietet ein moderiertes Chat-Forum.

Schlecht gelaunt oder depressiv?

Depression und Suizidgedanken Leiden junge Menschen unter anhaltender Traurigkeit und treten weitere Symptome wie Rückzug aus der Familie und von Freunden, Schlafstörungen, extreme Selbstzweifel, Gereiztheit sowie Appetit- und Interessenverlust auf, so können das Hinweise für eine vorliegende Depression sein. Viele Jugendliche denken in Phasen starker psychischer Belastung vorübergehend an Selbstmord, ohne dass sie es ernsthaft vorhätten. Die Hilflosigkeit der Betroffenen spiegelt sich dann auch bei den Eltern wider, die häufig nicht wissen, wie sie Zugang zu ihren Kindern erhalten können.

buendnis-depression.de [4] Umfassende Informationen über Depression und Suizidgefährdung im Jugendalter sowie deren Ursachen und Behandlungsmöglichkeiten bietet die Internetseite des Deutschen Bündnis gegen Depression e.V. Lehrkräfte können hier zudem Materialien für die Unterrichtsgestaltung zu psychischer Gesundheit und den Umgang mit Krisen anfordern.

fideo.de [5] Im moderierten Selbsthilfe-Forum auf der FIDEO-Homepage („Fighting Depression Online") können sich Betroffene mit anderen Jugendlichen zum Thema Depression austauschen. Fideo wurde von der Stiftung Deutsche Depressionshilfe gegründet und hat auf seiner Seite viele weitere Infos zum Thema Depression zusammengestellt, auch für Angehörige und Pädagogen.

frnd.de [6] Eine Initiative, die sich an Jugendliche und junge Erwachsene richtet und viele prominente Unterstützer findet, ist die Webseite „Freunde fürs Leben". Hilfesuchende finden hier umfangreiche Fakten über Depression, Suizid und Therapiemöglichkeiten, Selbsttests und etliche Adressen zu qualifizierten Hilfsangeboten.

u25-deutschland.de [7], youth-life-line.de [8] Da die Hemmschwelle, sich an einen Erwachsenen zu richten, für Jugendliche oft zu hoch erscheint, bietet das Internet auch Beratungsangebote, in denen speziell ausgebildete Gleichaltrige („Peers") in akuten Krisen und bei Suizidgefährdung beraten.

Einfach nur schüchtern oder pathologisch ängstlich?

Angststörungen Ängste sind im Kindesalter weit verbreitet und gehören zur normalen Entwicklung. Bei manchen Kindern und Jugendlichen nehmen Furcht oder Angst jedoch ein übersteigertes Ausmaß an. Wenn die Ängste schließlich zu einem erheblichen Leidensdruck führen, die Lebensweise des jungen Menschen stark und anhaltend beeinträchtigen, langfristig die normale Entwicklung verhindern oder Probleme in der Familie und in anderen Lebensbereichen (z.B. Schule) auslösen, spricht man von einer Angststörung. Diese gehört zu den häufigsten psychischen Störungen in der Adoleszenz.

Trennungsangst, soziale Phobien, Prüfungsangst Während Kinder häufig an Trennungsangst leiden, handelt es sich bei Jugendlichen meist um eine soziale Phobie. Im Kontext von Schule und Ausbildung erleben junge Menschen häufig Angstzustände vor anstehenden Prüfungen oder Vorträgen, nicht selten entstehen in Folge somatische Beschwerden oder depressive Symptome.

pruefungsangst.de [9] Informationen über Prüfungsangst. Interessierte erfahren hier alles über Entstehung, Möglichkeiten der Selbsthilfe und Therapie von Prüfungsängsten. Daneben gibt es Videos und Fallberichte, Studien und Adressen von spezialisierten Therapeuten.

vssp.de [10], angstselbsthilfe.de [11] Konkrete Anlaufstellen im Netz für Betroffene einer Angststörung liefern die Internetseiten des Selbsthilfeverbandes für soziale Phobie (VSSP) und des Vereins Angst-Hilfe e.V., durch die sich Selbsthilfegruppen, Therapieangebote, Hintergrundinformationen zu Ängsten sowie Neues aus der Forschung ermitteln lassen. Hilfesuchende können zudem direkt über E-Mail oder Chat Kontakt zu Experten aufnehmen.

gefühle-fetzen.de [12] Auf der Internetseite gefühle-fetzen.de, einem Angebot der Bundespsychotherapeutenkammer (Bptk), berichten Jugendliche selbst über ihre psychischen Erkrankungen, so auch über Ängste. Betroffene erhalten hier Einblick in die Erfahrungen Gleichaltriger mit ihren Ängsten und wie sie diese bewältigen konnten.

Wenn Essen zum Problem wird: Essstörungen bei Jugendlichen

In der Pubertät durchläuft der Körper einen enormen Veränderungsprozess, wodurch auch die Psyche erheblich durcheinander gewirbelt wird. Für Eltern ist es dann nicht immer eindeutig, ab wann Gewichtsveränderungen nicht mehr normal und Verhaltensweisen krankhaft sind. Ob Magersucht, Bulimie oder Binge-Eating-Störung – allen Essstörungen gemein ist die Fixierung auf das Essen: jegliche Gedanken kreisen um dieses Thema, alle anderen Lebensbereiche werden davon überlagert und das Selbstwertgefühl wird von Gewicht und Figur abhängig.

bundesfachverbandessstoerungen.de [13] Neben Informationen über Essstörungen, Selbsttests und BMI-Rechner bietet die Internetseite des Bundesfachverbandes Essstörungen auch speziell Jugendlichen und deren Angehörigen verschiedene Beratungsoptionen an und informiert über Selbsthilfegruppen in Wohnortnähe. Lehrkräfte und Jugendeinrichtungen können Workshops und Unterrichtseinheiten zur Prävention von Essstörungen buchen.

anad.de [14] Über die Webseite des deutschlandweit vernetzten Vereins Anad e.V. erhalten sowohl betroffene junge Menschen und deren Angehörige als auch Experten und Fachpersonal umfassende Informationen rund um das Thema Essstörungen. Es finden sich z.B. neben kompetenter Beratung (online und persönlich) und multidisziplinären Therapieangeboten Selbsttests zum Essverhalten, Literatur- und Filmtipps, Adressen zu Kliniken und spezialisierten Therapeuten in ganz Deutschland, weiterführende Links, Informationen über Elternworkshops, Inhalte von vergangenen und anstehenden Fachvorträgen und Erkenntnisse aus neuester Forschung zum Thema.

Jugend-Droge Alkohol

Sich die Kante geben Immer häufiger treffen sich Jugendliche, um sich gemeinsam mutwillig zu betrinken, sich „die Kante zu geben", bis zur Bewusstlosigkeit. Gleichzeitig steigt dabei das Risiko für alkoholbedingte Unfälle, Gewalttaten und Suizide. „Binge drinking" oder Rauschtrinken zieht sich durch alle sozialen Schichten und betrifft aktuell noch mehr Jungen, auch wenn sich die Geschlechter zunehmend angleichen. Eine Drogenberatungsstelle kann dann erste Anlaufstelle für den Betroffenen und Angehörige sein.

www.null-alkohol-voll-power.de [15] Auf der Seite der Bundeszentrale für gesundheitliche Aufklärung werden neben konkreten Hilfsangeboten und Beratungsoptionen vielfältige Informationen über Alkohol und seine Wirkung auf Körper und psychisches Wohlbefinden geliefert, ohne dabei belehrend zu wirken. Besucher der Seite können Wissenstests zur Droge durchlaufen und erhalten Infos über die Auswirkungen von exzessivem Alkoholkonsum auf verschiedene Lebensbereiche, wie z. B. Sexualität und Partnerschaft.

elterninfo-alkohol.de [16] Speziell ratsuchenden Eltern bietet die Internetseite der Niedersächsischen Landesstelle für Suchtfragen viele hilfreiche Informationen über Alkohol, seine Wirkungsweise, die Verbreitung des Konsums und das Jugendschutzgesetz. Daneben finden sich praktische Tipps und Hinweise, die Eltern, sortiert nach Alter der Kinder, unterstützen sollen.

halt-projekt.de [17] Ein wichtiges Aktionsfeld im Bereich Jugend und Alkohol liegt in der Prävention und Aufklärung. Im Projekt HaLT, in welchem mit Kliniken, Schulen, Justiz und anderen relevanten Einrichtungen zusammengearbeitet wird, versuchen Experten junge Menschen auf verschiedenen Ebenen zu erreichen. Jugendliche mit riskantem Alkoholkonsum bzw. nach einer Alkoholvergiftung werden gemeinsam mit den Eltern von Mitarbeitern des Projekts

Dialog Links

Tab. 1	Übersicht der zitierten Webadressen mit jeweiliger Kurzbeschreibung	
Referenz	Kurzbeschreibung	Webadresse
Allgemeine Anlaufstellen und Beratung in Krisen		
[1]	Verein Nummer gegen Kummer e.V.	nummergegenkummer.de
[2]	Online-Beratung in Krisen	ugendnotmail.de
[3]	Bundeskonferenz für Erziehungsberatung	bke.de
Jugend und Depression		
[4]	Deutsches Bündnis gegen Depression	buendnis-depression.de/depression/kinder-und-jugendliche.php
[5]	Fighting depression online - Hilfeportal	fideo.de
[6]	Homepage „Freunde fürs Leben"	frnd.de
[7]	Peer-Beratung in Krisen	u25-deutschland.de
[8]	Peer-Beratung in Krisen	youth-life-line.de
Angsterkrankungen		
[9]	Hilfsangebote bei Prüfungsangst	prüfungsangst.de
[10]	Selbsthilfeverband für soziale Phobie	vssp.de
[11]	Verein Angst Hilfe e.V.	angstselbsthilfe.de
[12]	Hilfsangebot der Psychotherapeutenkammer	gefuehle-fetzen.de
Essstörungen		
[13]	Webseite des Bundesverbandes für Essstörungen	bundesfachverbandessstoerungen.de
[14]	Verein Anad e.V.	anad.de
Jugend-Droge Alkohol		
[15]	Bundeszentrale für gesundheitliche Aufklärung	www.null-alkohol-voll-power.de
[16]	Anlaufstelle für Eltern und Angehörige	elterninfo-alkohol.de
[17]	Präventionsprojekt HaLt	halt-projekt.de
[18]	Projekt „Feel ok"	feelok.de
[19]	Anlaufstelle für Kinder süchtiger Eltern	kidkit.de
Links für Experten und Fachpersonal		
[20]	Berufsverband für Kinder- und Jugendpsychiatrie	bkjpp.de
[21]	Deutsche Gesellschaft für Kinder- und Jugendpsychiatrie	dgkjp.de
[22]	Forschungssektion „Child Public Health"	child-public-health.org
[23]	Internationale Kinder- und Jugendgesundheitsstudie	hbsc-germany.de
[24]	KiGGS-Studie zu Gesundheit von Kindern u. Jugendlichen in Deutschland	kiggs-studie.de
[25]	Befragung „Bella" zu seelischem Wohlbefinden u. Verhalten	bella-study.org

Sie möchten die Links direkt aufrufen? Über den nebenstehenden QR-Code gelangen Sie direkt zu dieser Tabelle.

noch im Krankenhaus in einem „Brückengespräch" angesprochen und beraten. Daneben wird versucht, über regional unterschiedliche Schnittstellen Jugendliche zu erreichen.

feelok.de [18] Im Projekt „feel ok" erhalten Jugendliche und Eltern Beratungsangebote, Informationen über laufende Programme und weiterführende Links. Jugendeinrichtungen und Schulen bekommen hier zahlreiche didaktische Unterlagen wie Tests, Videoclips und Arbeitsblätter, die kostenlos heruntergeladen werden können.

kidkit.de [19] Kinder und Jugendliche, die weniger selbst, sondern durch Eltern oder Familienmitglieder mit Sucht und Gewalt konfrontiert sind, finden auf der Internetseite kidkit.de schnelle Hilfen per Chat oder E-Mail, wobei die Beratung anonym und kostenfrei erfolgt.

Weitere Informationen für Expertinnen und Experten

bkjpp.de [20], dgkjp.de [21] Wertvolle Informationen über Fortbildungsmöglichkeiten im Bereich der Kinder- und Jugendpsychiatrie, laufende und anstehende Veranstaltungen, Tagungen und Kongresse in ganz Deutschland, internationale Publikationen sowie Zugang zu führenden Fachzeitschriften liefern die Internetseiten des Berufsverbandes (BKZPP) und der Deutschen Gesellschaft für Kinder- und Jugendpsychiatrie, Psychosomatik und Psychotherapie e.V. (DGKJP). Über die Internetseiten erhält Fachpersonal Zugang zu neuesten Erkenntnissen aus Forschung und aktuellen gesellschaftsrelevanten Aspekten, wie z.B. Problemen und Chancen der Migration in Kinder-und Jugendpsychiatrie. Das deutschlandweite Versorgungsnetz in Kinder- und

Jugendpsychiatrie lässt sich über eine Postleitzahlen-Suche aufrufen.

child-public-health.org [22] Die Forschungssektion „Child Public Health" des Universitätsklinikums Hamburg-Eppendorf widmet sich dem Ziel, erfolgreiche Präventionskonzepte für Heranwachsende zu entwickeln. Mit der Durchführung von Surveys und epidemiologischen Studien zu psychischen Störungen und Verhaltensauffälligkeiten bei jungen Menschen, einsehbar über die Webseite, liefert sie ihren Beitrag zu Erkenntnissen der nationalen und internationalen Kinder- und Jugendgesundheitsforschung.

hbsc-germany.de [23], kiggs-studie.de [24], bella-study.org [25] Weitere relevante Ergebnisse präsentieren die internationale Kinder- und Jugendgesundheitsstudie in Zusammenarbeit mit der Weltgesundheitsorganisation (WHO), die KiGGS-Studie zu Gesundheit von Kindern und Jugendlichen in Deutschland sowie die Befragung zu seelischem Wohlbefinden und Verhalten „Bella".

Interessenkonflikt
Die Autorin gibt an, dass kein Interessenkonflikt vorliegt.

Fazit

Bei Jugendlichen ist zwischen normaler Pubertät und Erkrankung nicht immer leicht zu unterscheiden. Stimmungsschwankungen und extreme Denk- und Handlungsmuster gehören in der Übergangszeit einfach dazu. Heute sind Jugendliche besonders gefordert, aus vielen Angeboten auszuwählen, sich im wachsenden Leistungsdruck ohne Vernachlässigung eigener Wünsche zu positionieren und gleichzeitig anzupassen. Kinder- und Jugendpsychiater sowie Therapeuten sind nicht nur für die Jugendlichen da, sondern ebenso für die Eltern, die oft hilflos und überfordert sind.

Dipl.-Psych.
Johanna Tränkner

2006–012 Studium der Psychologie an der Friedrich-Schiller-Universität Jena und der Universität Wien, seit 2013 in Ausbildung zur Psychologischen Psychotherapeutin (VT) am IVS Nürnberg, 2013–2015 im psychosomatischen Konsildienst am Südklinikum Nürnberg und in der Akut-Psychiatrie des Isar-Amper-Klinikums München-Ost, seit 2015 in psychotherapeutischer Praxis und in der KPB Fachambulanz für Suchterkrankungen in München tätig.

Beitrag online zu finden unter
http://dx.doi.org/10.1055/s-0043-103870

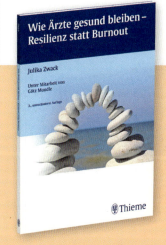

Tun Sie etwas – für sich

Etwa jeder fünfte Arzt entwickelt im Laufe seines Lebens eine seelische Erkrankung. Was schützt die anderen Vier davor?

Auf Basis der Empirie und neuester Erkenntnisse zur Burnout-Prävention vermittelt das Buch konkrete Strategien und „best practices" für den erfolgreichen Umgang mit prototypischen Stressoren des Arztberufs.

Erfahren Sie, wie es möglich ist, sich Freude und Gesundheit im anspruchsvollen Arztberuf auch unter schwierigen Rahmenbedingungen zu erhalten.

Wie Ärzte gesund bleiben - Resilienz statt Burnout
Zwack
2015. 2. unveränderte A.
104 S., 5 Abb., brosch.
ISBN 978 3 13 171632 3
39,99 € [D]
41,20 € [A]

Versandkostenfreie Lieferung innerhalb Deutschlands!

 Telefonbestellung:
0711/8931-900

 Kundenservice
@thieme.de

 www.thieme.de

Thieme

Dialog Books

Ann-Kathrin Fischer

Adoleszenz
Bücher zum Thema

Fachbücher

Jörg M Fegert, Annette Streeck-Fischer, Harald J. Freyberger: Adoleszenzpsychiatrie
Schattauer 2009
ISBN: 9783794524549
880 Seiten, 129,99 €

Annette Streeck-Fischer: Trauma und Entwicklung
Schattauer 2014, 2., überarb. Aufl.
ISBN 9783794529803
352 Seiten, 49,99 €

Robert Goodman, Stephen Scott: Kinder- und Jugendpsychiatrie
Schattauer 2016, 3., überarb. Aufl
ISBN: 9783794531493
478 Seiten, 79,99 €

Der Sammelband hat den Anspruch eines Gesamtwerkes und deckt alles ab, was man in der therapeutischen Arbeit mit Jugendlichen wissen muss. Den Herausgebern war es wichtig, die Herausforderungen, denen junge Heranwachsende ausgesetzt sind, und die großen Risiken, die diese heikle Phase birgt, zu beschreiben. In einem allgemeinen Teil wird ein Überblick über Entwicklungsaufgaben, Entwicklungspsychologie, Soziologie und wichtige Ergebnisse der Jugendforschung gegeben. In einem speziellen Teil werden Störungsbilder, besondere Verhaltensweisen und medizinische Grundlagen ausführlich beschrieben und die therapeutischen Zugänge für diese Altersgruppe erläutert. Eine Besonderheit dieses Buches ist die Zusammenführung von Erwachsenen- und Jugendpsychiatern als Autoren der einzelnen Beiträge, um ein Annähern dieser beiden Fächer zu ermöglichen.

Dieses umfangreiche Lehrbuch umfasst alle Aspekte, die man über die Arbeit mit Jugendlichen und jungen Erwachsenen kennen sollte. Es eignet sich somit für Erwachsenen- und Jugendlichentherapeuten gleichermaßen, da nicht die geläufige Altersgrenze bei 18–20 Jahren gezogen wird. Die Adoleszenz wird hier gesondert betrachtet und nicht wie in einigen kinder- und jugendpsychotherapeutischen Werken mit jüngeren Altersgruppen in einen Topf geworfen.

Das bereits in 2. Auflage erschienene Buch widmet sich dem Thema Trauma und Entwicklung in der kritischen Phase der Adoleszenz. Streeck-Fischer geht auf die Folgen ein, die traumatische Erlebnisse bei Heranwachsenden haben, und wie unterschiedlich sich diese manifestieren. Wichtig ist ihr, über den Tellerrand der klassischen Posttraumatischen Belastungsstörung zu schauen und sich der gesamten Breite der Beeinträchtigungen zu widmen.

Das Buch befasst sich zunächst mit den verschiedenen Ausdrucksweisen gestörter Jugendlicher. In mehreren Kapiteln werden psychoanalytische Konzepte der normalen und pathologischen Adoleszenz dargestellt und anschließend die Störungsbilder mit Hinblick auf deren diagnostische Erfassung beschrieben. Zum tieferen Verständnis tragen Kapitel bei, in denen Ätiologiemodelle, das Ausmaß der Folgen von Traumatisierungen in der Entwicklung, neue Erkenntnisse aus der Säuglings- und Bindungsforschung sowie neurobiologische Grundlagen behandelt werden. Zwei Kapitel widmen sich der Arbeit mit traumatisierten Jugendlichen. Abschließend werden die Besonderheiten der stationären Therapie dargestellt. Beispielfälle sorgen für eine ideale Veranschaulichung und ziehen sich wie ein roter Faden durch die Darstellung. Das Buch eignet sich für alle, die mit Jugendlichen und jungen Erwachsenen arbeiten.

Das Buch soll eine umfassende Zusammenschau aller Störungsbilder der Kinder- und Jugendpsychiatrie bieten. Auch bietet es sich als Handbuch zur Prüfungsvorbereitung an. Im Vergleich zur 1. und 2. Auflage mit dem Titel „Kinderpsychiatrie", in dem Jugendliche bereits berücksichtigt wurden, jedoch das Augenmerk stärker auf Störungen des Kindesalters gelegt wurde, wurden ergänzende Kapitel zu Essstörungen, bipolaren Störungen, Schizophrenie und Substanzmissbrauch hinzugefügt. Das Buch gliedert sich in 4 Teile: Nach einer kurzen Einführung beinhaltet der 2. Teil die Störungsbilder; der 3. Teil befasst sich mit Risikofaktoren. der letzte mit Therapiemethoden im Allgemeinen. Im 2. und auch dem Hauptteil des Buches, beschäftigt sich jedes Kapitel mit einem Störungsbild nach ICD-10 und DSM-5. Es werden dessen Symptomatik, Diagnostik und Differenzialdiagnostik, Ätiologie und Therapiemöglichkeiten unter Berücksichtigung neuer Forschungsergebnisse beschrieben.

Dieses Buch ist als Basisliteratur zu empfehlen. Es versorgt Leser mit ausreichend Störungswissen, aber auch mit therapeutischen Möglichkeiten. Es stellt das Wesentliche der Merkmale und der Therapie von Störungen im Kindes- und Jugendalter dar und vermittelt hilfreiche Tipps für die klinische Arbeit mit Kindern und Jugendlichen.

Rainer Thomasius, Michael Schulte-Markwort, Udo J. Küstner, Peter Riedesser: Handbuch der Suchtstörungen im Kindes- und Jugendalter
Schattauer 2008
ISBN: 9783794523597
588 Seiten, 69,99 €

Die Herausgeber wollen einen umfassenden Einblick in Suchtstörungen im Kindes- und Jugendalter geben. Das Buch besteht aus mehreren Teilen, die wiederum in Kapitel untergliedert sind. In einigen Teilen gibt es farblich hervorgehobene Praxisteile, die aktuelle Forschungsergebnisse aufgreifen und besondere Fragestellungen thematisieren. Der erste Teil behandelt Grundlagen zur Begriffsklärung, der Klassifikation und der Epidemiologie. Die weiteren Kapitel geben Informationen über klinisches Erscheinungsbild, Ätiologie, Pathogenese, Diagnostik, Behandlung, Verlauf und Prognose sowie Prävention. Vorhandene Versorgungssysteme werden betrachtet und im Praxisteil einige spezielle Programme erläutert. Ein eigener Teil widmet sich den rechtlichen Aspekten im Sinne des forensischen Rahmens der Suchttherapie. Der zehnte Teil gibt einen Überblick über suchtauslösende Substanzen. Abschließend wird auf die Versorgung und Forschung geblickt. Im Anhang sind Adressen bundesweit in der Suchthilfe tätiger Organisationen sowie kinder- und jugendpsychiatrischer klinischer Abteilungen mit suchtspezifischem Angebot als auch Internetseiten zum Thema Sucht zu finden. Insgesamt ein gutes, umfassendes Buch zum Thema Sucht bei Kindern und Jugendlichen. Wie die Zusammenstellung der Autoren aus Medizin, Psychologie, Pädagogik, Soziologie, Sozialarbeit, Pflegewissenschaften, Gesundheitswissenschaften, Pharmakologie und Biologie, so ist auch das Spektrum der Adressaten systematisch und breit gefächert.

Inge Seiffge-Krenke: Psychoanalytische und tiefenpsychologisch fundierte Therapie mit Jugendlichen.
Klett-Cotta 2015, 3. Aufl.
ISBN: 9783608949346
422 Seiten, 48,95 €

Ein Grundlagenwerk der Kinder- und Jugendpsychotherapie, das das psychotherapeutische Vorgehen aus Sicht der Psychoanalyse durchleuchtet. Zunächst wird deren Entwicklung und die Rolle der Entwicklungspsychologie in der Kinder- und Jugendpsychotherapie dargestellt. Im Kapitel zum diagnostischen Prozess geht es u. a. um Fragen wie „Wer ist eigentlich der Patient?" und „Wie kann man traumatische Erfahrungen kommunizieren und verstehen?". Hier werden auch Tipps zur Erstellung von Gutachten gegeben. Die wichtigsten Störungsbilder, Diagnostik, Psychodynamik und Behandlungsaspekte werden behandelt. Weiter geht es um das analytische Arbeiten im Allgemeinen, spezielle Herausforderungen in der Arbeit mit Kindern und Jugendlichen, Gegenübertragungsphänomene und spezielle Widerstands- und Abwehrformen sowie den Wechsel von Sprachlosigkeit und Agieren. Aspekte der Elternarbeit werden erläutert und die verschiedenen Rahmenbedingungen von der ambulanten Kurzzeittherapie bis zum stationären Setting. Im letzten Teil dreht sich alles um Qualitätssicherung und die Effektivität psychoanalytischer Behandlungen. Die insgesamt zehn Teile des Buches enden immer mit einer Zusammenfassung, die hilft, das zuvor Gelesene zu rekapitulieren.

Das Buch ist gut geschrieben und aufgrund der Themenvielfalt sehr abwechslungsreich. Es eignet sich für jeden, der sich der psychoanalytisch fundierten Kinder- und Jugendpsychotherapie nähern will.

Benno Graf Schimmelmann, Franz Resch: Psychosen in der Adoleszenz
Kohlhammer 2013
ISBN: 9783170216983
482 Seiten, 89,90 €

Der Sammelband widmet sich Psychosen bei Heranwachsenden. Da viele Menschen, die an einer Psychose erkranken, an der Schwelle zum Erwachsenwerden stehen, werden hier die Besonderheiten dieser Patientengruppe betrachtet. Begonnen wird mit Grundlagen, Ätiologie und Pathogenese, im zweiten Teil werden Psychopathologie und klinische Präsentation beschrieben, ein weiteres Kapitel dreht sich um die Diagnostik und Differenzialdiagnostik und im vierten Teil wird genauer auf die Früherkennung eingegangen, einen wichtigen Punkt im Hinblick auf psychotische Störungen. Es folgt der Hauptteil des Buches, der sich umfassend der Behandlung widmet und zunächst die beiden Pfeiler von psychosozialen Interventionen und Pharmakotherapie aufgreift. In zahlreichen Beiträgen werden Aspekte der Behandlung aufgeführt. Es werden immer wieder die therapeutischen Herausforderungen und Handlungsoptionen betrachtet und diskutiert und Vorschläge für neue Herangehensweisen aufgrund eigener Erfahrungen der Autoren gemacht. Im letzten Teil werden schließlich einige bedarfsgerechte Versorgungsstrukturen im deutschsprachigen Raum vorgestellt, wie das Projekt „Integrated Care", das PEB in Hamburg, das Adoleszentenprojekt in Heidelberg und das Konzept der Soteria in Bern. Insgesamt bietet das Buch vor allem im Hauptteil eine gute Auswahl von hilfreichen Interventions- und Behandlungsmöglichkeiten, sodass es für alle, die mit erkrankten Adoleszenten oder jungen Erwachsenen arbeiten, eine wertvolle Quelle sein kann.

Rudolf Eigenheer, Bruno Rhiner, Marc Schmid, Edith Schramm: Störung des Sozialverhaltens bei Jugendlichen
Hogrefe 2016
ISBN: 9783801725280
289 Seiten, 29,95 €

Vera King:
Die Entstehung des Neuen in der Adoleszenz
Springer VS Verlag für Sozialwissenschaften 2013
ISBN: 9783658013493
294 Seiten, 54,99 €

Manfred Vogt: Lösungsfokussierte Therapie mit Kindern und Jugendlichen
Beltz, 2016
ISBN: 9783621282987
256 Seiten, 36,95 €

Die Herausgeber stellen ein Behandlungskonzept für Störungen des Sozialverhaltens vor. Es ist Band 10 der Reihe „Praxis der Paar- und Familientherapie". Die sogenannte Multisystemische Therapie (MST) vereint kognitiv-verhaltenstherapeutische mit systemisch-familientherapeutischen Grundprinzipien in einem stark strukturierten, aufsuchenden und zeitlich begrenzten Therapieverfahren. Zunächst wird der Leser mit Hintergrundinformationen versorgt mit einer ausführlichen Beschreibung des klinischen Erscheinungsbildes sowie Hilfen zur Diagnostik und Differenzialdiagnostik, Prävalenz und Komorbiditäten. Ätiologie und Behandlungsstrategien, wie stationäre und teilstationäre Behandlung, medikamentöse Behandlung, Elterntrainings, Antiaggressionstrainings und verschiedene therapeutische Ansätze werden vorgestellt und diskutiert. Das Behandlungskonzept MST wird erklärt. Es folgt ein sehr praxisnaher Teil zur Indikationsstellung und Therapievorbereitung, vom Erstgespräch über die diagnostische Abklärung bis hin zum Behandlungsplan und dessen Durchführung anhand mehrerer Fallbeispiele. Studienergebnisse und Erfahrungen der Autoren zeigen eine langfristige Wirksamkeit. In weiteren Kapiteln werden Hilfen zur Implementierung von MST, insbesondere eines MST-Teams gegeben. Im Anhang befinden sich einige Arbeitsblätter, die speziell dafür entwickelt wurden.

Das Buch eignet sich für alle, die nach neuen Ansätzen in der Arbeit mit Jugendlichen mit einer Störung des Sozialverhaltens suchen.

Das zentrale Anliegen dieses Buches ist nach eigenen Angaben der Autorin, ein theoretisches Konzept der Lebens- und Entwicklungsphase zwischen Kindheit und Erwachsensein darzulegen und dabei soziale Wandlungen von Generationen- und Geschlechterverhältnissen zu berücksichtigen. In diesem Buch werden neueste und bestehende Forschungsergebnisse berichtet, die es auf dem Gebiet der Jugend- und Adoleszenzforschung gibt. Wer mit Jugendlichen arbeitet und ein besseres Verständnis für Verhaltensweisen, Ziele, Konflikte, Aufgaben und Herausforderungen in dieser Lebensphase entwickeln möchte, dem bietet dieses Buch eine Quelle an Informationen, die es einem leicht macht, Jugendliche und junge Erwachsene besser kennen zu lernen und sich in sie hineinversetzen zu können. Wichtige Schwerpunkte sind hier die Familie, die Körperbedeutungen und die Peergroup im Hinblick auf Individuation, Generativität und Geschlecht. Jedes Kapitel geht auch auf die symptomatischen Auswirkungen möglicher Konflikte ein und schlägt damit eine Brücke zur klinischen Arbeit.

Das Buch richtet sich an alle, die an der Jugend- und Adoleszenzforschung interessiert sind, insbesondere an Forschende und Studierende der Psychologie oder Erziehungs- oder Sozialwissenschaften.

Vorgestellt wird die lösungsfokussierte Therapie als pragmatischer Therapieansatz. Der Autor lädt ein auf eine Reise durch sein „Haus" und betitelt die Kapitel als „Flügel" und die Unterkapitel als „Galerien". Im 1. Flügel wird die therapeutische Praxis als Improvisationskunst bezeichnet und begründet; im 2. Flügel werden die zugrundeliegenden Annahmen lösungsfokussierter Therapie skizziert. Im 3. Flügel wird der konzeptionelle Arbeitsraum dargestellt. In den Galerien des 4. Flügels werden entwicklungspsychologische Aspekte beschrieben. Im 5. Flügel wird die Bedeutung des Spiels für eine kindergemäße therapeutische Praxis dargestellt. In Flügel 6 werden kindgerechte Interviewtechniken präsentiert und in Flügel 7 Anregungen für eine ressourcenorientierte Diagnostik gegeben. Der 8. Flügel beinhaltet gestalterische und kreative Interventionen. Im 9. Flügel werden lösungsfokussierte Interventionen in Form therapeutischer Aufgaben und Experimente für die Therapieplanung vorgestellt. Flügel 10 beschreibt Studien, die die Wirksamkeit der lösungsfokussierten Therapie dokumentieren.

Das Buch ist gut lesbar; viele sprachliche Bilder und Zeichnungen veranschaulichen die Darstellung. Beispieldialoge machen die Herangehensweise deutlich und erleichtern eine Übernahme von Techniken und Interventionen. Das Buch ist wegen etlicher Fallbeispiele sehr praxisnah und eine wertvolle Quelle für Kinder- und Jugendpsychotherapeuten im ambulanten, aber auch im stationären Rahmen.

Christian Fleischhaker, Barbara Sixt, Eberhard Schulz: Dialektisch-behaviorale Therapie für Jugendliche
Springer 2010
ISBN: 9783642130076
185 Seiten, 46,99 €

Ratgeber

Günter Reich, Silke Kröger: Ess-Störungen – Gemeinsam wieder entspannt essen
Trias 2015
ISBN: 9783830468837
144 Seiten, 19,99 €

Gunilla Wewetzer, Martin Bohus: Borderline-Störung im Jugendalter
Hogrefe 2016
ISBN: 9783801725631
114 Seiten, 15,95 €

Das Therapiemanual zur dialektisch-behavioralen Therapie für Jugendliche soll dem Therapeuten als Leitfaden für die praktische Umsetzung dienen. In einem Theorieteil wird der Leser mit Hintergrundwissen versorgt, die er eins zu eins in der Skills-Gruppe weitergeben kann. Praktische Handouts, die an Patienten als Hausaufgabe ausgegeben werden können, sind jedem Theoriekapitel angehängt. Die DBT-A setzt nicht nur bei den Jugendlichen an, sondern bezieht die Familien mit ein, was sich in den Arbeitsmaterialien widerspiegelt. Im Praxisteil werden die Arbeitsmaterialien aus dem Arbeitsbuch, das in Form einer CD beigefügt ist, erklärt und ihre Verwendung angeleitet. Man findet Arbeitsblätter zu Achtsamkeit, Stresstoleranz, Umgang mit Gefühlen und sozialen Kompetenzen. Auch gibt es eine Einheit samt Arbeitsblättern zu „Walking the Middle Path", welche den Patienten die Verhaltenstherapie und den Begriff der Dialektik vermittelt. Die DBT-A für Jugendliche basiert auf der DBT nach Linehan, wurde modifiziert und besteht aus einer Einzeltherapie, regelmäßigen Familiengesprächen, einem Fertigkeitstraining in der Gruppe unter Integration eines nahen Angehörigen, einer Telefonberatung durch den Therapeuten und einer Supervisionsgruppe.

Das Manual ist sowohl für Therapeuten im stationären Setting zur Anleitung und Durchführung von Skills-Gruppen als auch für das Einzelsetting im ambulanten Rahmen geeignet. Es erfüllt alle Erwartungen, die man an ein gutes Therapiemanual hat.

Das Buch von dem Psychologen Günter Reich und der Oecotrophologin Silke Kröger ist ein Ratgeber für Betroffene mit Essstörungen und deren Angehörige. Allgemeine Fragen wie „Was bedeutet Essstörung?" werden beantwortet und mögliche Ursachen erläutert. Therapeutische Maßnahmen und Abläufe werden vorgestellt und Techniken angeleitet, wie mit Gefühlen und Bedürfnissen richtig umzugehen und verzerrte Denkmuster zu überprüfen sind, sowie Übungen zur Entspannung und Achtsamkeit. Besonderes Augenmerk gilt Schwierigkeiten nach einer Therapie. Wie man die täglichen Herausforderungen beim Einkaufen, Einladungen bei Freunden bis hin zu Urlauben am besten meistern kann, wird gut beschrieben. Durch die zahlreichen Erzählungen Betroffener werden die theoretischen Anleitungen veranschaulicht und konkretisiert. Ein weiteres Kapitel widmet sich dem Wiederentdecken einer gesunden Ernährung, beschreibt Nährstoffe und erklärt, was im Körper damit geschieht und wie er mit Diäten umgeht. Es folgt eine Vielzahl von leicht umzusetzenden Rezepten, die diesen Prinzipien folgen. Im Anhang finden sich noch Beispiele für fertig ausgefüllte Essprotokolle, die man übernehmen kann, und Anleitungen zur selbstständigen Erstellung von Plänen.

Das Buch ist für Betroffene mit Essstörung zur Unterstützung in oder nach der Therapie sehr hilfreich. Aber es ist auch ein gutes Buch für alle, die sich für gesunde Ernährung interessieren und ihr Essverhalten optimieren wollen.

Dieser Ratgeber informiert betroffene Jugendliche und deren Eltern über die Ursachen, Symptome und Behandlungsmöglichkeiten von Borderline-Störungen. Die Texte und Erklärungen sind bewusst so einfach gehalten, dass sie für Jugendliche gut verständlich sind, und zahlreiche Fallbeispiele und Schaubilder machen die Texte anschaulich. Das Buch beginnt mit Fragen zur Selbsteinschätzung, wodurch die Jugendlichen sich direkt angesprochen fühlen und wiederfinden. Am Ende jedes Kapitels beantworten die Autoren häufige Fragen von Eltern und Jugendlichen. Die Grundlagen und Vorgehensweisen der dialektisch-behavioralen Therapie für Kinder und Jugendliche (DBT-A) werden beschrieben, es werden Anleitungen zu einigen Übungen gegeben und mit vielen Beispielen untermalt. Im Anhang finden sich zudem noch hilfreiche Arbeitsblätter und Informationen zu wichtigen Adressen.

Für Jugendliche und Eltern ist dieses Buch hilfreich und aufklärend. Es ist, mit ersten Anregungen zur Selbsthilfe, eine gute Vorbereitung auf eine Therapie.

Dipl.-Psych. Ann-Kathrin Fischer

annkathfischer@gmail.com

geb. 1988, seit 2013 Psychologische Psychotherapeutin in Ausbildung am IFKV, Bad Dürkheim, seit 2015 Mitarbeit in der Lehrpraxis Broda und Dinger-Broda, Dahn, und in der Institutsambulanz in Bad Dürkheim, 2013–2015 klinische Tätigkeit in der Klinik für Psychiatrie, Psychotherapie und Psychosomatik, Merzig.

Beitrag online zu finden unter
http://dx.doi.org/10.1055/s-0043-103856

Adoleszenz

Resümee
Neue Rollen, neue Risiken

Geschlecht

Wie in diesem Heft sichtbar geworden, bewegt sich Adoleszenz „im Grenzbereich zwischen biologischen Realitäten, sozialen Rollen und symbolischen Bezügen" (Levi & Schmitt, Band 1, S. 16) und ist somit stets soziohistorisch geprägt. Fokussiert man zunächst auf die biologischen Realitäten, so rückt nach wie vor der Geschlechterunterschied ins Zentrum der Identitätsbildung und der sozialen Konstruktionen. Die Zunahme der klinischen Zuweisungen im Zeitraum zwischen 1974 und 2014 zu Zentren, die auf Geschlechtsdysphorie und Geschlechtsinkongruenz spezialisiert sind (siehe Beitrag Becker et al.) ist dabei auch vor dem Hintergrund eines gegenwärtigen Diskurses zu sehen, der das binäre Verständnis von Geschlecht (entweder männlich oder weiblich) zunehmend in Frage stellt. Diese wiederum ist eingebettet in postmoderne Dekonstruktionen vormals selbstverständlicher Unterscheidungen, wie das der Geschlechterdifferenz. Wie Hurrelmann im Interview ausführt, kann es dabei zum langfristigen, ganz lebenspraktischen Nachteil der vormals sozial privilegierteren männlichen Heranwachsenden führen, wenn die Lebensentwürfe nicht genügend Rollen-Flexibilität in Genderaspekten aufweisen.

Digitale Medien

Die aktuellen symbolischen Bezüge zeigen sich insbesondere im Bedeutungs- und Beziehungsangebot digitaler und Massenmedien. Das „being digital native" muss als Daseinsform betrachtet werden, bei der klassische Themen der Adoleszenz – wie das der Abgrenzung und Individuation - auf andere Weise als in der vordigitalen Welt erlernt werden (müssen) (siehe u. a. King in diesem Heft). Wie auch Eichenberg und Müller darstellen, bieten digitale Medien neue Erfahrungsräume für Beziehungen, die jedoch dann problematisch werden können, wenn sie psychische Krisen katalysieren.

Ressourcenorienter Zugang

Insgesamt stellen die benannten Zusammenhänge den lebensweltlichen Horizont jeder psychotherapeutischen Begegnung mit Adoleszenten dar, in der sich meist alle Aspekte – die biologischen Realitäten, die sozialen Rollen, aber auch die symbolischen Bezüge zwischen Therapeut(in) und Klient(in) – unterscheiden und eine Herausforderung darstellen können (siehe dazu auch Beitrag Timmermann im Zusammenhang der Diagnostik). Fegert und Freyberger weisen explizit darauf hin, dass diese Unterschiede wahrgenommen und genutzt werden sollen, indem beispielsweise Freundschaften in sozialen Netzwerken oder Computerspielinhalte in die therapeutische Arbeit und das Internet in die Psychoedukation einbezogen werden. Diese Betrachtungsweise ist als ressourcenorientiert zu beschreiben, da sie Aspekte der Lebenswelt der Adoleszenten nutzt, ohne sie sogleich pädagogisch zu überbauen. Auch Spitczok von Brisinski hebt im Kontext des systemischen Behandlungsmodells den ressourcenorientierten Zugang hervor, wie er auch in der Multifamilientherapie von Bedeutung ist (Beitrag Haderer & Riediger). Die Familie als Schutz-, aber auch als Risikofaktor – neben Medien und der Peergroup – steht auch im Fokus des Beitrages von Reich im Hinblick auf die Entstehung und Aufrechterhaltung von Essstörungen; drei Aspekte, die sich mit den Veränderungen des eigenen Körpers auf vielschichtige Weise verknüpfen.

Störungen

Ob die diagnostische Kategorie „Persönlichkeitsstörung" eine bereits im Jugendalter angemessene ist, bejahen Sevecke & Bock in ihrem Artikel, wobei sie das Konzept der Mentalisierung nach Fonagy für diesen Zusammenhang nutzbar machen. Im zeitlichen Verlauf in die umgekehrte Richtung verweist Stieglitz insofern, dass ADHS nicht mehr nur als eine Diagnose für das Kinder-/Jugendalter verstanden werden darf, sondern vielmehr auch ein Störungsbild darstellt, welches sich bis ins Erwachsenenalter fortsetzt (siehe PiD-Heft „ADHS im Erwachsenenalter", 3/2011). Die Adoleszenz stellt hierbei eine besonders kritische Phase dar, in der v. a. „sekundäre Folgen und Konsequenzen einer unbehandelten ADHS Ansatzpunkte für psychotherapeutische Interventionen" liefern und einer multimodalen Behandlung zugeführt werden sollten. Die Wichtigkeit eines multimodalen Therapiekonzeptes sehen Diestelkamp et al. auch bei der stationären Behandlung von alkoholbezogenen Störungen, bei der somatische und pharmakologische Behandlungsverfahren durch psychotherapeutische, körpertherapeutische und sozialtherapeutische Verfahren ergänzt werden. Durch die Betrachtung des Alkoholkonsums im Kontext der Bewältigung von Entwicklungsaufgaben wird zusätzlich die Notwendigkeit von Frühinterventionen betont.

Adoleszenz und Flucht

Eine besondere Risikogruppe bilden adoleszente geflüchtete Menschen, die unbegleitet im Aufnahmeland ankommen (Beitrag Kleefeldt & Meyeringh; siehe zum Thema Migration und Identität auch Streeck-Fischer in diesem Heft). Entwicklungsaufgaben der Adoleszenz stellen sich nach Fluchterfahrung als erzwungene und plötzliche Ablösung von den Eltern, Verlust der Peergroup und dem weiteren schützenden Umfeld dar – mögliche traumatische Erfahrungen müssen alleine getragen werden; ca. die Hälfte dieser Personengruppe entwickelt eine psychische Störung. Der eingangs erwähnte Zusammenhang von biologischen, sozialen und symbolischen Aspekten der Adoleszenz ist hier in allen drei Bereichen tangiert. Ein „doppelter Transformationsprozess" ist notwendig und bedarf aufgrund dieser Komplexität einer flexiblen und interprofessionellen Zugangsweise (siehe weiterführend: Borcsa & Nikendei 2017).

Weitere Aspekte

Die Wichtigkeit der sekundären Sozialisierung durch Schule – auch in einem Leben mit einer psychischen oder chronisch-somatischen Erkrankung – betonen Jansen et al. Die Klinikschule als „Mittler zwischen den Welten" ist auch ein wichtiger Beitrag zur subjektiven und objektiven Normalisierung von Krankheit.

Mit der kreativen Seite der Adoleszenz befassen sich last but not least Kasten und Zeiler, indem sie die Frage stellen, ob Tattoos selbstbewusst machen, und dabei den Motiven und Effekten von sogenannten Body-Modifications nachgehen. Sie weisen auf den Abgrenzungsaspekt von der Gruppe der Erwachsenen und der Entwicklung von Subgruppen hin, deren Gruppenkohärenz umso größer wird, je stärker die Stigmatisierung von außen ist.

Das Thema „Adoleszenz" ist mit diesem PiD-Heft alles andere als erschöpft – wir hoffen, Sie mit den Beiträgen zur Diskussion und zum Weiterlesen angeregt zu haben!

Maria Borcsa   Silke Wiegand-Grefe

Borcsa M, Nikendei C. Psychotherapie nach Flucht und Vertreibung. Eine praxisorientierte und interprofessionelle Perspektive auf die Hilfe für Flüchtlinge. Stuttgart: Thieme; 2017
Levi G, Schmitt JC. Einleitung. In: Levi G, Schmitt JC, Hrsg. Geschichte der Jugend. 2 Bände. Frankfurt: Fischer; 1996

Beitrag online zu finden unter http://dx.doi.org/10.1055/s-0043-103857

Fallbericht Depression, Essstörung und selbstverletzendes Verhalten

„Mit meiner Mutter kann ich nicht über Gefühle reden…"

Eine Jugendliche sucht die Therapeutin wegen zahlreicher Störungen auf, in deren Zentrum eine Depression steht, begleitet von einer leichten Essstörung und Ritzen. Die komorbiden Symptome bestehen schon seit geraumer Zeit, ohne dass sie durch die Mutter bemerkt worden waren. Erst in der Folge eines Suizidversuchs reift der Entschluss der Tochter, sich in Psychotherapie zu begeben.

Erstvorstellung Zum Erstgespräch erscheint ein hübsches 15-jähriges Mädchen, dessen zierliche Figur unter weit geschnittener Kleidung versteckt ist. Die Patientin wünscht sich nach einem stationären Aufenthalt in der Kinder- und Jugendlichenpsychiatrie eine ambulante Psychotherapie.

Psychische Symptome Valentina wirkt im Erstkontakt sehr ängstlich und unsicher und spricht sehr leise. Während des Gesprächs sitzt sie mit herabhängenden Schultern auf der Stuhlkante und zupft sich an der Haut der zitternden Hände. Ihre Fingernägel sind stark abgekaut. Sie schildert zögerlich und knapp ihre Symptome. Ihre Stimmung ist traurig und niedergeschlagen, sie berichtet über seit einiger Zeit bestehende Essprobleme, früher hätte sie sich auch geritzt. Das alles sei schlimmer geworden seit sie vor einem Jahr von ihrer Oma erfahren habe, dass ihr Vater gar nicht ihr leiblicher Vater sei.

Konflikt mit der Mutter Sie leide auch unter der Bevorzugung ihrer beiden jüngeren Geschwister durch die Mutter. Valentina gibt an, kaum über ihre Themen zu sprechen, weil sie der Mutter nicht zur Last fallen wolle. „Mit meiner Mutter kann ich nicht über Gefühle reden, sie fragt nach der Schule, aber nicht wie es mir geht". Die Mutter lese ihr Tagebuch und stelle sie dann über das Gelesene zur Rede. Sie habe den Eindruck, alles nicht zu schaffen.

Somatische Beschwerden Valentina leidet unter Asthma, Neurodermitis und diversen Allergien. Gewichtsverlust durch die Essstörung bis auf 45 kg bei 162 cm Körpergröße. Wiederholt auftretende Bauchschmerzen ohne somatischen Befund. Valentina hat sehr starke Menstruationsbeschwerden mit der Befürchtung durchzubluten und bleibt deswegen oft der Schule fern.

Vorgeschichte Valentina wurde vor 6 Monaten in die Kinder- und Jugendpsychiatrie kurzzeitig aufgrund eines Suizidversuchs aufgenommen. Seit einem Jahr Entwicklung bulimischer Tendenzen. Ihr derzeitiges Essverhalten beschreibt sie als unregelmäßig: Manchmal esse sie tagelang kaum etwas und dann große Mengen, wonach sie erbricht. Sie leide seit etwa 4 Jahren unter starken Stimmungsschwankungen, oft unter Traurigkeit und Lustlosigkeit, könne sich in der Schule kaum konzentrieren, weswegen ihre Leistungen sehr schlecht geworden seien. Seit ihrem 13. Lebensjahr schneide sie sich gelegentlich mit der Schere in Hände und Arme; sie könne nicht angeben, warum.

Elterngespräch Die Mutter berichtet, Valentina leide sehr darunter, dass ihr Vater nicht der leibliche Vater ist, was sie vor einem Jahr auf unangemessene Weise erfahren hat. Seit wann ihre Tochter so depressiv sei, könne sie nicht sagen („Ich weiß nicht wann das alles angefangen hat mit der Traurigkeit."), auch von dem Ritzen hätte sie nichts bemerkt. Die Mutter redet sehr viel, und in der Stunde nimmt ihre schwierige Beziehung zu ihrem jetzigen Ehemann, der viel trinkt, großen Raum ein, ebenso ihre Überforderung durch die 3 Kinder. Sie ist genervt von Konflikten mit Valentina, diese möchte mehr Unabhängigkeit.

Gemeinsames Gespräch Später gibt es eine gemeinsame Sitzung mit der Mutter und Valentina. Wiederum füllt die Mutter die Stunde überwiegend mit Klagen zu ihrer eigenen schwierigen Lebenssituation. Valentina wirkt im Beisein ihrer Mutter sehr still, fast abwesend. Sie spricht nicht, und ergänzt auch nicht, als ihre Mutter in der 3. Person über sie spricht.

Biografische und soziale Anamnese

Als ungewolltes Kind geboren Valentinas Mutter wurde mit 16 von ihrem 17-jährigen Freund schwanger. Sie wollte abtreiben, ließ sich von ihm aber überreden, es nicht zu tun. Ihre Stiefmutter schlug eine Adoption vor. Schon vor Valentinas Geburt standen die Adoptiveltern fest. Einige Stunden nach der Geburt entschied sich die Mutter gegen die Adoption. Noch in der Klinik wurde sie von ihrem Freund verlassen. Ihre geschiedenen Eltern verweigern beide, sie aufzunehmen. So wurde ein Vormund bestellt und ein Platz im Mutter-Kind-Heim organisiert.

Frühe Kindheit Valentina kam nach einer komplikationslosen Schwangerschaft per Notkaiserschnitt zu Welt. Sie maß 49 cm und wog 2900 g. Sie sei nicht gestillt worden. Die Mutter beschreibt Valentina in den ersten 12 Lebenswochen als besonders ruhig. Sie habe mit 7 Monaten sitzen und mit 13 Monaten laufen gelernt, früh zu sprechen begonnen und sei mit 3 Jahren trocken gewesen. Es habe weder bezüglich des Essens noch des Schlafens Probleme gegeben.

Jetzige Familie Als Valentina 3 Monate alt war, lernte die Mutter ihren jetzigen Mann kennen. Zu diesem Zeitpunkt war sie 17 und er 19 Jahre alt. Es gibt 2 gemeinsame Kinder (8 und 5 Jahre, beide männl.). Als die Eltern sich kennenlernten, war der (Stief-)Vater ebenfalls minderjährig und habe bereits anfängliche Probleme mit Drogen und Alkohol gehabt. Über die Vaterproblematik wird in der Familie nicht gesprochen. Bis heute wissen die jüngeren Geschwister nicht, dass Valentina einen anderen leiblichen Vater hat als sie.

Kindergarten und Schulzeit Valentina sei mit 3 Jahren in den Kindergarten gekommen. Zuvor wurde sie im Mutter-Kind-Haus von den dortigen Mitarbeitern und ihrer Mutter betreut. Der Übergang in den Kindergarten sei für Valentina problemlos gewesen. Derzeit besucht sie die Hauptschule. Ihre Leistungen sind mäßig. Wegen der Menstruationsbeschwerden und teilweise auch wegen der Depression fehlt sie häufig im Unterricht. Valentina hat nur wenige Freundinnen, was sie u. a. auf das strikte Ausgehverbot ihrer Mutter zurückführt.

Wohnsituation Valentina lebt mit ihren Eltern und den beiden jüngeren (Halb-)Geschwistern in einer 3-Zimmer-Wohnung in einem sozialen Brennpunkt.

Großeltern Die Mutter beschreibt die Beziehung zu ihrer Herkunftsfamilie als sehr schlecht: Ihr Eltern hätten sie damals mit dem Baby nicht aufgenommen, und sie hätte daraufhin jeden Kontakt abgebrochen. Die Beziehung zu Herkunftsfamilie des (Stief-)Vaters beschreiben beide Eltern als warm und unterstützend. Valentinas Mutter gibt an, ihre Schwiegermutter sei für sie eine rettende Mutterfigur gewesen. Diskrepant zu diesen Schilderungen der Mutter ist, dass die Großmutter väterlicherseits in betrunkenem Zustand Valentina über die wirkliche Vaterschaft aufgeklärt hat.

Beziehung der Eltern zueinander Über die Beziehung ihres leiblichen Vaters zur Mutter weiß Valentina nichts, und im Erstgespräch schweigt sich ihre Mutter ebenfalls darüber aus. Die Beziehung der Mutter zum (Stief-)Vater war geprägt von anhaltenden familiären Konflikten aufgrund der Suchtstruktur des Vaters. Diese habe dazu geführt, dass er im betrunkenen Zustand die Mutter bedrohte, weil er Geld zur Befriedigung seiner Spielsucht wollte. Dabei sei es öfters zu gewaltsamen Auseinandersetzungen gekommen.

Suchtproblem des Vaters Valentina berichtet, dass sie sich regelmäßig schützend vor die Mutter gestellt und ihren Vater angefleht habe aufzuhören. Einmal habe sie den Vater von der Mutter weggeschubst, der so betrunken gewesen sei, dass er davon umgefallen sei. Valentina berichtet weinend, dass sie noch heute große Angst habe, wenn der Vater betrunken nach Hause komme, da sie sich noch immer für den Schutz der Mutter und der jüngeren Geschwister verantwortlich fühle. Dies sei seit mehreren Jahren so und erst neuerdings etwas besser. In den Elterngesprächen bestätigten die Eltern, dass der Vater über weite Strecken der Kindheit der Patientin (Geburt bis 13. Lebensjahr) alkohol- und drogenabhängig war. Er habe aber eine stationäre Entzugskur gemacht und sei seitdem nicht mehr abhängig.

Erziehungsverhalten der Eltern Die Mutter gibt an, Valentina wolle „behandelt werden wie die Kleinen". Daher würde sie Valentina in allen wesentlichen Erziehungsfragen wie die jüngeren Geschwister behandeln. Valentina muss viele Betreuungsfunktionen für ihre jüngeren Geschwister übernehmen, wird aber zugleich wie ein viel jüngeres Kind behandelt (Schlafenszeit 19 Uhr, Ausgehverbote). Das Umgangsverbot, das die Eltern Valentina für bestimmte Jugendliche erteilen, begründen sie mit der Sorge, Valentina könne alkoholabhängig werden wie der Stiefvater.

Prof. Dr. Inge Seiffge-Krenke

Kostheimer Landstr. 11
55246 Mainz-Kostheim

Inge Seiffge-Krenke ist Psychoanalytikerin und lehrt und forscht seit ihrer Emiritierung an den Universitäten Berlin und Lima. Sie ist in der Ausbildung von Kinder-, Jugendlichen- und Erwachsentherapeuten tätig und hat u. A. ein Standardwerk über die analytische Jugendlichentherapie geschrieben, für das ihr der Heigl-Preis 2007 verliehen wurde. Sie ist Sprecherin der Arbeitsgruppe Konflikt der OPD-KJ und des Beirats der Lindauer Psychotherapiewochen.

Kommentare zum Fallbericht

Verhaltenstherapeutische Perspektive

Diagnostische Abklärung In einer weiterführenden multiperspektivischen und -methodalen Diagnostik sollte man die depressive Symptomatik und die Essstörung abklären sowie mögliche Differenzialdiagnosen (z. B. Angststörungen) und somatische Ursachen ausschließen. Besonders der großen Heterogenität depressiver Symptomatik im Jugendalter gilt es hierbei Rechnung zu tragen.

Hypothesen Anhand der vielen imponierenden, depressogen wirkenden Faktoren lassen sich dennoch Hypothesen aufstellen:
- Valentinas Sozialisations- und Bindungserfahrungen mit ihrer Mutter und ihrem Stiefvater führten womöglich zu einer vulnerablen Bindung an diese.
- Hinzu kommen u. a. prekäre Rahmenbedingungen, wie die deutliche Belastung der Eltern und ein scheinbar invalidierendes Interaktionsmuster.
- Die Umweltbedingungen können Ursache für mangelnde Kontrollerfahrungen, negative Selbstbewertung sowie dysfunktionale Bewältigungsmuster sein.
- Es kann zur Verfestigung dysfunktionaler Emotionsregulationsstrategien gekommen sein (Anspannungsreduktion durch selbstverletzendes Verhalten, Essanfälle), die bei Antriebsreduktion und Verstärkerverlust (Schulabsentismus) einen Teufelskreis der Depression begünstigt haben.

Ideen zur Therapie Zur Förderung von Valentinas Selbstwirksamkeit sollte sich die Therapieplanung an ihren Zielen orientieren. Vorrangig gilt es, Umgangsstrategien mit Suizidalität und selbstverletzendem Verhalten (SVV) in Form eines Notfallplans zu erarbeiten. Zur Psychoedukation sollte man ein Störungsmodell auf Basis individueller Erfahrungen entwickeln, aus dem Maßnahmen zur Stimmungsaufhellung und -stabilisierung abgeleitet werden. Valentina sollte überdies Selbstwirksamkeits- und Kontrollerfahrungen machen, Ressourcen entdecken sowie Problemlösetechniken erlernen. Negative Gedankenspiralen bezüglich ihres Selbstbildes können mithilfe der Identifikation und Disputation durch funktionale Gedanken ersetzt werden. Anhand von Situationsanalysen sollten so auch dysfunktionale Emotionsregulationsstrategien im Zusammenhang mit dem Essverhalten sowie dem SVV behandelt werden.

Angehörige einbeziehen Unabdingbar erscheint außerdem die Arbeit mit den Bezugspersonen. Diese sollten über das individuelle Störungsmodell ein Verständnis für die Symptomatik entwickeln und in altersangemessenem Erziehungsverhalten gestärkt werden.

Sören Friedrich, M.A.

geb. 1986, Studium der Erziehungswissenschaft an der TU Dortmund, Ausbildung in Kinder- und Jugendlichenpsychotherapie mit dem Schwerpunkt Verhaltenstherapie am Ruhr-Institut für Kinder- und Jugendlichenpsychotherapie und Verhaltensmedizin der Ruhr-Universität Bochum (2016) und dort als Kinder- und Jugendlichenpsychotherapeut im Krisendienst tätig.

Systemische Überlegungen

Auftragsklärung Aus systemischer Sicht ist zunächst zu klären, worum es in der gemeinsamen therapeutischen Arbeit gehen soll. Einerseits ist in Valentina das große Mädchen sichtbar, welches Verantwortung für die Familie trägt, die überforderte Mutter unterstützt und schützt – andererseits erscheint sie als Kind. Bislang noch nicht sichtbar wurde die Jugendliche, die ihre eigene Identität finden möchte. Was möchte Valentina für sich erreichen?

Würdigung der schwierigen Zeiten Die Symptome lassen sich als Bewältigungsversuch im Umgang mit Valentinas schwieriger Rolle in der Familie einordnen. Sie hat Gewalt erlebt und sich schützend vor Mutter und Geschwister gestellt. Sie konnte keine geborgene Kindheit erleben. Es scheint wichtig, dieses Leid zu würdigen und Valentina auch deutlich zu machen, dass es völlig verständlich ist, dass sie darauf mit „Symptomen" reagiert. Auch die Mutter erscheint sehr bedürftig. Hier könnte es sinnvoll sein, der Mutter ebenfalls Einzelgespräche anzubieten, um ihr einen Raum zu geben, ihre Anstrengungen und ihre Situation zu würdigen.

Familienbrett Valentina erscheint als starke Verantwortungsträgerin in der Familie weit über das angemessene Maß hinaus. Ihre Rolle könnte mit dem Familienbrett in einer Aufstellung der Familienmitglieder angeschaut werden. Wo positionieren sich die Eltern, wo positionieren sie ihre Kinder? Wie sieht Valentina die Positionen? Angenommen, Valentina würde eine gesunde Entwicklung durchlaufen, und das tun, was 15-Jährige so tun: Was würde das für die Familie, für jeden einzelnen bedeuten?

Genogrammarbeit Der elterliche Fokus auf die vermeintliche Vulnerabilität der Tochter zur Alkoholabhängigkeit ist interessant. Möchte die Mutter – durch ihre strengen Restriktionen der Tochter gegenüber – nicht eher unbewusst eine frühe Schwangerschaft der

Tochter und somit eine Wiederholung ihres eigenen Lebensweges vermeiden? Für diese latente Sorge würde auch das Interaktionsmuster von Mutter und Tochter sprechen, dass Valentina noch „wie ein Kind behandelt werden will". Hier wäre die Arbeit mit dem Genogramm interessant, um diese Vermutung mit Mutter und Tochter im Blick auf die Generationen zu erkunden.

Tagebuch als Kommunikationsmittel Der Tagebuch-Konflikt könnte als Ressource gesehen werden. Valentina sehnt sich nach Nähe zur Mutter, deren Liebe wird aber über Sorge und Kontrolle ausgedrückt. Im Sinne eines positiven Reframings könnte das Tagebuchlesen als Interesse am Leben der Tochter umgedeutet werden. Valentina kann angeregt werden, die Tagebucheinträge bewusst als Kommunikationsmittel zwischen Mutter und Tochter zu nutzen.

Dr. Phil. Dipl.-Psych. Katharina Weitkamp

Systemische Therapeutin; Studium in Heidelberg, Adelaide (Australien) und Jena. Weiterbildung zur systemischen Therapeutin am Institut für Systemische Studien e. V., Hamburg; Promotion in der Kinder- und Jugendpsychiatrie am Universitätsklinikum Hamburg-Eppendorf; derzeit methodische Leitung der Abteilung Forschungsinnovation und Nachwuchsförderung an der MSH Medical School Hamburg und wissenschaftliche Mitarbeiterin im Bereich Psychotherapieforschung.

Psychodynamischer Ansatz

Erster Eindruck Ein hübsches, zierliches, traurig wirkendes 15-jähriges Mädchen, mit hängenden Schultern und abgekauten Fingernägeln versteckt sich unter ihrer weiten Kleidung. Vielleicht schämt sie sich, befürchtet Kritik, Unverständnis. Sie löst Mitgefühl aus und viele Fragen nach dem, was ihr passiert sein mag. Ihr Verhalten und die Schilderung der Symptomatik deuten auf eine tiefe innere Verunsicherung hin.

Zur auslösenden Situation Die Information, dass ihr Vater nicht ihr leiblicher Vater ist, die sie im Alter von 14 Jahren durch die Oma in betrunkenem Zustand erhält, dürfte ihre Beziehung zu den primären Bezugspersonen zutiefst erschüttert haben – nicht die Information an sich, sondern Zeitpunkt und Kontext. Bei den ohnehin konflikthaften familiären Beziehungen dürfte Valentina diese Mitteilung einerseits als Verrat (die Mutter hat es verschwiegen), andererseits als Erleichterung erlebt haben. Allerdings erfährt sie auch, dass sie nicht so zur Familie gehört wie ihre Geschwister. Dies alles dürfte ein Gefühlschaos in ihr ausgelöst haben, das zu ertragen sie innerlich nicht stabil genug war.

Die Beziehung zur Mutter Es ist zu vermuten, dass Valentina schon früh die Aufgabe übernahm, die Mutter zu trösten. Die Parentifizierung zeigt sich später deutlich, als sie Mutter und Geschwister vor dem betrunkenen und gewalttätigen Vater beschützt. Sie selbst kommt permanent emotional zu kurz, da die Mutter völlig überfordert ist. Schon früh wendet Valentina ihre Wut und Enttäuschung gegen sich selbst, indem sie sich verletzt (Nägelkauen, Ritzen, Rückzug, Essproblematik), was die Mutter nicht einmal bemerkt. Die emotionale Sprach- und Beziehungslosigkeit zeigt sich im Lesen des Tagebuchs. Auch in der aktuellen Situation zeigt die Mutter kein Gespür für die Bedürfnisse einer 15-Jährigen, indem sie die Tochter einerseits mit der Betreuung der Geschwister betraut, aber ihr andererseits altersentsprechende Freiheiten untersagt.

Diagnostische Überlegungen Valentina ist schon früh in ihren existenziellen Bedürfnissen nach Sicherheit, Geborgenheit und emotionaler Zuwendung unterversorgt bis vernachlässigt. Bis zum Beginn der Pubertät geben die familiären und sozialen Strukturen dennoch so viel Halt, dass sie – von außen betrachtet – funktioniert. Mit beginnender Pubertät und der entwicklungsbedingten Labilisierung von Ich- und Überichstrukturen kommt es zu einem narzisstischen Zusammenbruch, der sich in einer vielfältigen psychischen und somatischen Symptomatik äußert, letztlich im Suizidversuch. Hinter der lärmenden Symptomatik besteht eine depressive Problematik auf dem Hintergrund ichstruktureller Defizite, verknüpft mit einer adoleszenten Ablösungskrise.

Vorschlag Ich kann ich mir für Valentina eine längerfristige psychodynamische Therapie gut vorstellen. Dabei sollte man auch die Eltern – v. a. die Mutter – einbeziehen: Zum Einen, um Verständnis für die Situation der Tochter zu wecken, zum Anderen, um die Eltern in ihrer Rolle als Eltern zu unterstützen.

Dr. phil. Helene Timmermann

Kinder- und Jugendlichenpsychotherapeutin mit Fachkunde Psychoanalyse/TP; Familientherapeutin, Supervisorin am Michael-Balint-Institut/Hamburg u. a. Ausbildungsinstituten für Kinder- und Jugendlichenpsychotherapie; Dozentin an der Medical School Hamburg; Veröffentlichungen zur Elternarbeit, Geschwister in der Psychotherapie, Angststörungen und Depression sowie Mitarbeit an der OPD-KJ-2, Achse Konflikt.

Beitrag online zu finden unter http://dx.doi.org/10.1055/s-0043-103858

Ian McEwan: Nussschale
Sein oder Nicht-Sein? Ein Fötus im Dilemma

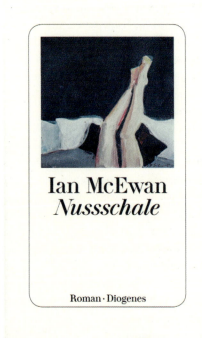

Diogenes 2016
978-3-25706982-2
22,– €, 288 Seiten

O Gott, ich könnte in eine Nussschale eingesperrt sein und mich für einen König von unermesslichem Gebiete halten, wenn nur meine bösen Träume nicht wären.
(Hamlet, 2. Aufzug, 2. Szene)

Irgendwie dilettantisch. Dieser Mord. Das begreift auch der Fötus, gezeugt von der Mörderin und dem Opfer. Soll ein derart schlampiges Werk etwa von Erfolg gekrönt sein? Das kann, das darf im Lande Shakespeares nicht durchgehen. Und wenn schon nicht Shakespeare, dann wenigstens Agatha Christie oder Edgar Wallace. Aber nein – denn das Ganovenpärchen liest nicht. Zu dumm.

Der Vater unseres Erzählers ist Dichter und wird weder von seinem Bruder noch von seiner Frau – deren Verbindung im Sex beruht – für voll genommen. Doch das heruntergekommene Haus in London, das der Erstgeborene erbte, ist gleichwohl 7 Millionen Pfund wert: viel Geld, das man gemeinsam in guten Wein investieren könnte. Denn eines ist sicher: Unser Fötus kann mittlerweile die Lagen der Anbaugebiete unterscheiden. Nur der Scotch bekommt ihm nicht, da erscheint ihm sein Vater als rächender Wiedergänger, als Geist aus dem Jenseits. Ja, Sie verstehen schon… Sonst ist der angehende Erdenmensch rational veranlagt: hört genau hin (Radiofeatures), zieht aus den Körperreaktionen der Mutter und den Floskeln des Onkels seine Schlüsse. Ein pränatales Verhältnis zur Welt, das zumeist weniger regressiv scheint als das der Erwachsenen.

Diese Perspektive ist bestechend, berührend und erschreckend – denn die Verantwortungslosigkeit der Zeitgenossen gegenüber den Nachgeborenen zeigt sich in zahlreichen Details. Die Bedürfnis- und Lustbefriedigung der aktuellen Generationen, die die Grenze zur Gier längst überschritten hat, wirft seine Schatten voraus. Unser Homunculus lernt von seiner Umgebung und kann dieser nur mit philosophischem Sarkasmus begegnen:

„Ich werde fühlen, also werde ich sein. Soll Armut ruhig betteln, der Klimawandel in der Hölle schmoren, die soziale Gerechtigkeit in Tinte ersaufen. Ich werde zum Aktivisten der Emotionen, ein lauter, engagierter Geist, der mit Tränen und Seufzern darum kämpft, die Institutionen meinem verletzlichen Ich anzupassen. Identität wird zu meinem kostbaren, einzig wahren Besitz, Zugang zur einzigen Wahrheit. Wie ich muss auch die Welt sie lieben, nähren und schützen. Falls mein College sie nicht bestätigt, mir nicht seinen Segen und all das gibt, was ich offensichtlich brauche, drücke ich dem Vizekanzler mein Gesicht ans Revers und weine. Dann verlange ich seinen Rücktritt." (S. 204)

Es kommt, wie es kommen muss, zu einem Show-down wie bereits vor 400 Jahren (siehe 5. Aufzug, 2. Szene). Kein gutes Ende, für niemanden in diesem existenziellen Kammerspiel. Auch das Wesen macht sich unschuldig schuldig – mit der leisen Hoffnung, dass nach Gram und Gerechtigkeit schließlich Sinn einkehrt.

Der Rest ist …

Prof. Dr. Maria Borcsa, Nordhausen

Beitrag online zu finden unter
http://dx.doi.org/10.1055/s-0043-103846

Besondere Fähigkeiten

Es war einmal ein Termin bei einer Krankenkasse. Zwei Männer und eine Frau fuhren hin, um ein Anliegen voranzubringen. Wer von Ihnen diese Art Treffen kennt, weiß, dass sie meist von Kaffee und Mineralwasser begleitet werden – und wenn man etwas vom Gegenüber will, auch mal von sogenanntem Gebäck, sprich Keksen. In diesem Fall litt einer der Besucher seit der Nacht an einer Enteritis, auch Magenverstimmung genannt, und hatte im Vorfeld des Besuchs – so wörtlich – mehrfach die Toilettenschüssel umarmt. Im Konferenzraum angekommen, erschienen auch schon die ersten Gesprächspartner, und man begann, sich die Hände zu geben. Nicht jedoch der besagte Kollege, der darauf hinwies, dass er befürchte, möglicherweise ansteckend zu sein. Spontanes Mitgefühl breitete sich bei den Gastgebern aus.

Und jetzt geschah das Unglaubliche: Ein weibliches Mitglied der Verhandlungsgruppe unterbreitete sofort das Angebot, dem Kollegen einen Salbeitee zuzubereiten, was dieser ebenfalls sofort annahm. Kurze Zeit später erschien die Dame mit dem Tee und einem Glas Honig. Beides wurde mit liebevoll unterstützenden Worten vor dem leidenden Herrn auf dem Tisch plaziert, der es nun im Vergleich zum Rest der Gesprächsrunde, die bei Wasser und Kaffee (ohne Kekse!) saß, deutlich besser getroffen hatte und wie das sprichwörtliche Honigkuchenpferd vor sich hin grinste.

Sie wollen wissen, was mich an diesem Szenario so faszinierte? Erst wenige Wochen zuvor durfte ich den heilenden Effekt eines Rollstuhls beobachten: Nach einer Gehirnerschütterung war ein Mitglied unserer Reisegruppe zur Beschleunigung des Umsteigens bei mehreren Anschlussflügen von einem Mitarbeiter des Flughafens in einem Rollstuhl von Gate zu Gate geschoben worden und hatte diesen Vorgang – nach Besserung der zunächst noch beeinträchtigenden Symptomatik – außerordentlich genossen. Schon bei der Notfallbehandlung zuvor in der Ambulanz eines Krankenhauses hatte er angemerkt, dass er sich auch vorstellen könne, noch etwas zu bleiben, weil die Assistenzärztin so schöne dunkle Augen habe …

Seitdem höre ich den Wunsch nach einer Beschwerlichkeitserleichterung in Form rollender Gehhilfen immer wieder und frage mich, ob es Zufall war, dass das Konstrukt des sekundären Krankheitsgewinns erstmals von einem Mann beschrieben wurde.

Dr. Bettina Wilms, Querfurt

Beitrag online zu finden unter
http://dx.doi.org/10.1055/s-0043-103861

Das nächste Heft „Dissoziative Störungen"
erscheint im September 2017 mit diesen Beiträgen:

Standpunkte
▶ Dissoziation – Begriffsentwicklung und aktuelle Konzepte und Fragen
Harald Freyberger, Carsten Spitzer

Aus der Praxis
▶ Die Depersonalisations-Derealisationsstörung: Diagnose und Behandlung
Matthias Michal

▶ Dissoziative Symptome bei psychischen Erkrankungen – Wie erkennen und reduzieren?
Kathlen Priebe

▶ Zur psychoanalytischen Sicht auf dissoziative Phänomene
Wolfgang Wöller

▶ Dissoziation als Kompetenz – Mit hypnosystemischen Methoden die Selbstwirksamkeit stärken
Stefanie Neubrand, Daniel Dietrich

▶ Psychometrische Diagnostik dissoziativer Symptome und Störungen
Carsten Spitzer, Harald J. Freyberger, Judith Daniels

▶ Intrusionen als Indikator für dissoziatives Funktionieren nach Trauma
Ursula Gast

▶ Dissoziative Störungen in der Neurologie – Psychodynamisch relevante Aspekte für den Konsiliar- und Liaisondienst
Martina Zaindl

▶ Gründung einer Ambulanz für dissoziative Anfälle – Ein Pilotprojekt
Anna Philine Senf-Beckenbach

▶ Differenzialdiagnose Anfälle – Keine leichte Aufgabe
Anke Maren Staack, Bernhard J. Steinhoff

▶ Neurobiologische Aspekte der Dissoziation
Carolin Gebauer, Judith K. Daniels, Freya Thiel, Carsten Spitzer

▶ Therapie dissoziativer Symptome – Eine integrative Perspektive
Ueli Kramer

▶ Ego-State-Therapie zur Behandlung von Traumafolgestörungen
Kai Fritzsche

▶ Von der Konversion zur artifiziellen Störung – Ein Fallbericht
Michael Käfer

▶ Dissoziative Identitätsstörungen
Reinhard Plassmann, Harald Schickedanz

Über den Tellerrand
▶ Dissoziation in anderen Kulturen
Peter Fiedler

▶ (Ab)Spaltung – Pierre Janet und die „Geschichte" der Dissoziation
Gerhard Heim

Dialog Links
▶ Dissoziative Störungen – Angebote im Internet zum Thema
Johanna Tränkner

Dialog Books
▶ Dissoziative Störungen – Bücher zum Thema
Katharina Gladisch

Die Themen der nächsten 4 Ausgaben im Überblick:
▶ Achtsamkeit & Selbstfürsorge
▶ Emotionen
▶ Das Böse
▶ Burnout 2.0